城市残疾人社区服务多元主体建设研究

Research on Multi-subject Construction of
Urban Disabled People's Community Service

杨玉宏 著

中国社会科学出版社

图书在版编目（CIP）数据

城市残疾人社区服务多元主体建设研究/杨玉宏著．—北京：中国社会科学出版社，2020.7
ISBN 978 – 7 – 5203 – 6764 – 6

Ⅰ.①城⋯　Ⅱ.①杨⋯　Ⅲ.①城市—残疾人—社区服务—研究—中国　Ⅳ.①D669.69

中国版本图书馆 CIP 数据核字（2020）第 115055 号

出 版 人	赵剑英	
责任编辑	刘晓红	
责任校对	周晓东	
责任印制	戴　宽	

出　　版	中国社会科学出版社	
社　　址	北京鼓楼西大街甲 158 号	
邮　　编	100720	
网　　址	http://www.csspw.cn	
发 行 部	010 – 84083685	
门 市 部	010 – 84029450	
经　　销	新华书店及其他书店	
印刷装订	北京君升印刷有限公司	
版　　次	2020 年 7 月第 1 版	
印　　次	2020 年 7 月第 1 次印刷	
开　　本	710×1000　1/16	
印　　张	16.75	
字　　数	242 千字	
定　　价	99.00 元	

凡购买中国社会科学出版社图书，如有质量问题请与本社营销中心联系调换
电话：010 – 84083683
版权所有　侵权必究

前　言

　　1987年9月，民政部在武汉市召开全国城市社区服务工作座谈会，会议提出了建设具有中国特色的社区服务，拉开了中国社区服务的序幕。经过30多年的不懈努力，我国社区服务取得了举世瞩目的成就，受到国际社会组织和国内广大社区居民的一致赞誉。残疾人社区服务是以现有社区服务为基础，针对社会弱势群体的残疾人提供有效服务，解决他们在社会生活中遇到的困难。残疾人社区服务促进了残疾人社会权利的实现，为残疾人生存和发展创造了良好的物质和精神条件，使残疾人在事实上成为社会平等的一员，实现充分参与社会生活的权利，共享社会发展和经济进步所带来的物质财富和文化成果。

　　在梳理与残疾人相关的理论文献后发现，我国残疾人研究多集中于对残疾人权利、权能感、残疾人发展等理论研究，偏重于理论性研究；也有少许专门针对残疾人的社会调查研究，分别从医疗、康复、残疾预防、就业、无障碍设施建设等方面论述我国残疾人生活状况，并针对所出现的问题提出相应对策。本书以社区的视角对我国残疾人社区服务状况进行较为全面的透视，通过访谈、问卷调查、实地考察及文献等调查方法，重点考察社区服务主体间的关系，总结出我国残疾人社区服务所面临的困境，并提出相应的对策。残疾人社区服务尽管取得了一些成就，但依然存在一些问题，服务的有效性和效率难以满足居民生活需要，没有取得令人满意的社会效果。经济发展水平不高是影响社区服务水平因素之一，突出表现在社区服务范围狭窄、服务水平低下，多以满足物质需求为主，很少涉及居民的文化生活；多关注残疾人的基本生活状况，忽视对残疾人发展能力的培养。除经济发展水平因素外，现有社区服务主体间缺乏默契、各自为政等问题，严重削弱了残疾人社区服务的效果。

　　社会互构论认为，个人和社会的关系是社会学的元问题和基本问题，个人和社会之间是一种互构共变关系；个人和社会的连续体之间也存在这种关系，即政府部门、社会部门和经济部门之间存在互构共变的关系。社会互构论摒弃以往对立关系，它是调节各部门间的关系，使之默契合作，从而形成合力作用促进社会和谐发展，良性运行的基础。社区服务的主体包括政府部门、经济部门、社会部门和社区居民，在现有生产力水平不高、服务质量不尽如人意的状况下，应发挥好政府部门的主导作用，充分调动各服务主体的积极性，实现残疾人社区服务社会化发展之路，促进社区服务的可持续发展。概括而言，社区服务社会化具有下列特征：服务对象多元化、服务内容多样化、服务主体社会化、服务资金社会化、社区服务专业化。在服务对象方面，在确保社会弱势群体社会保障的基础上，为社区所有居民提供服务；在服务内容方面，力求对社区居民需求的全面概括，只要是残疾人需要的，社区就能提供相应服务内容，在确保政府主导地位的同时，动员社会组织、企业和社区居民共同参与残疾人社区服务；在资金投入方面，争取社会各界对社区服务的捐赠和融资行为；在专业化方面，形成以专业志愿者为核心、社区居民共同参与的残疾人服务模式。多元服务主体间密切合作，势必会对我国残疾人社区服务质量产生正面影响，有助于提高残疾人生活水平，使其与正常人一起平等共享社会发展成果。

目　录

第一章　导论 ························· 1

第一节　研究缘起 ························· 1
第二节　研究意义与创新之处 ··············· 14
第三节　研究思路与文献回顾 ··············· 17
第四节　研究方法与理论基础 ··············· 30
第五节　基本概念的界定 ··················· 33

第二章　社区服务体系 ················· 41

第一节　社区服务体系的结构 ··············· 41
第二节　社区服务运行机制 ················· 46
第三节　社区服务所遵循的原则 ············· 65

第三章　社区服务主体的政府组织 ······· 70

第一节　政府职能理论 ····················· 70
第二节　政府社区服务职能 ················· 79
第三节　街道办事处与社区残疾人服务 ······· 88
第四节　民政部门与社区残疾人服务 ········· 106
第五节　残联与社区残疾人服务 ············· 125

第四章　社区服务主体的市场组织 ······· 147

第一节　企业社会责任理论 ················· 147
第二节　市场组织在社区服务中的作用 ······· 153

第三节　企业参与社区服务所遭遇的困境及对策 …………… 160

第五章　社区服务主体的社会组织 ………………………… 166
　　第一节　社会组织的含义、分类和特征 ………………………… 166
　　第二节　发展社会组织理论依据 ………………………………… 169
　　第三节　社会组织在社区服务中的作用 ………………………… 178
　　第四节　社会组织所面临的主要问题及解决之道 ……………… 180

第六章　社区服务主体的居民委员会 ……………………… 188
　　第一节　居民委员会的发展历程、性质 ………………………… 188
　　第二节　居委会在社区服务中的作用 …………………………… 193
　　第三节　居民委员会面临的主要问题和对策出路 ……………… 195

第七章　调查对象的残疾人社区生活状况 ………………… 205
　　第一节　调查对象的总体状况 …………………………………… 205
　　第二节　残疾人生活的基本状况 ………………………………… 207
　　第三节　残疾人与社区服务主体 ………………………………… 216

第八章　社区服务社会化发展道路 ………………………… 220
　　第一节　社区服务社会化的含义和理想模式 …………………… 220
　　第二节　社区服务社会化的具体内容 …………………………… 226
　　第三节　社区服务社会化所要重点解决的问题 ………………… 231

第九章　结论与展望 ………………………………………… 239

附　录 ………………………………………………………… 246

参考文献 ……………………………………………………… 250

第一章 导论

残疾始终与人类社会发展过程相生相伴，从人类产生的那一刻起，就出现了残疾现象。中国自古就有善待、帮扶、体恤残疾人的优良传统。扶残济困是中华民族优秀文化的重要组成部分，《礼记·礼运》记载："大道之行也，天下为公，选贤与能，讲信修睦。故人不独亲其亲，不独子其子。使老有所终，壮有所用，幼有所长，鳏寡孤独废疾者，皆有所养。男有分，女有归。货恶其弃于地也，不必藏于己。力恶其不出于身也，不必为己。是故谋闭而不兴，盗窃乱贼而不作，故外户而不闭，是谓大同"。"废疾皆有所养"，是专门针对残疾人特殊困难群体所实行的社会保障。

第一节 研究缘起

关心残疾人，发展残疾人事业，是社会文明进步的重要标志。截至2006年4月1日，全国第二次残疾人普查数据显示，中国各类残疾人的总数是8296万人，占全国总人口的6.34%，涉及全国1/5的家庭、2.6亿社会人口因残疾人而饱受折磨。发展残疾人事业是建设有中国特色社会主义事业的重要组成部分，有利于促进社会公平正义，让全体社会成员共享改革开放发展成果；有利于调动残疾人参与社会活动的积极性、主动性和创造力，发挥出残疾人聪明才智；有利于促进中国的人权发展，充分显示社会主义制度的优越性，树立良好的国际形象，为发展中国家树立良好的人权保障榜样。

一 中国社区研究的兴起

人类学家、社会学家和民族学家吴文藻先生，从20世纪30年代起就开始对中国社区进行研究，并取得了丰硕的研究成果，对后世社区研究具有积极的引领和导向作用。

第一，把社区研究当作社会学中国化的主要途径。在如何实现社会学中国化的问题上，吴文藻先生认为应该把社会学的理论和方法与文化人类学和社会人类学相结合，进行各种类型的社区研究，既可以作静态社区研究，了解社区的社会结构状况；又可以作动态的社区研究，了解社区的社会变迁过程；或者静态和动态相结合进行研究，了解社区的社会组织和历史变迁。这样就可以对中国社会有更加深入的了解和把握，使国外社会学理论中国化。

第二，用功能主义学派的理论和方法研究社区。社区核心是文化，文化的单位是制度，制度的运用叫功能。在吴文藻先生看来，英国功能主义学派的理论和方法是与社区的本质特点完全一致的。社区研究就是要把社区看成是一个整体，以此为出发点考察其全部社会活动，揭示社区整体各有机组成部分之间的联系。

第三，积极倡导开展社区实地调研。在社区研究问题上，吴文藻先生始终坚持实地调查是社会研究的根本所在，研究人员应积极参加社区实地调查。林耀华在福州进行了社区宗教组织的调查；李有义在山西徐沟进行了农村社区组织调查。[1]

在较早的中国社区研究学术领域内，费孝通先生是最具代表性和最卓越的代表者。其社区研究主要成就在于：

第一，第一个使用"社区"概念。费孝通先生在1933年翻译美国学者帕克作品时，把滕尼斯德文的"Gemeinschaft"一词译成英语的"Community"，再翻译成中文的"社区"。

第二，广泛进行社区研究。费孝通先生对中国社区研究最早可以追溯到20世纪30年代中期，1935年他到广西瑶山开展社区调查研

---

[1] 唐忠新：《现代城市社区建设概论》，上海交通大学出版社2008年版，第23—24页。

究，出版了《花篮瑶社会组织》一书。1936年，在对江苏省吴江县开展江村的社会调查之后，写出《江村经济》一书，该书被人类学家马林洛夫斯基誉为社会人类学发展史上的一个里程碑。抗战时期，费老到了云南昆明，在那里创立了一个小规模社会学研究室。在极其艰苦的环境中，他与一批社会学学者共同努力，进行了一系列社区调查，形成了一批卓有成效的不朽之作，包括费孝通的《禄存农田》、张之毅的《易村手工业》和《玉村农业和商业》、田汝康的《芒市边民的摆》和《内地女工》、史国衡的《昆厂劳》和《个旧矿工》。①

第三，在社区研究领域中提出了富有启迪性的理论观点、提倡运用社区研究方法。费孝通先生坚持认为，社区研究重要目的是科学地认识中国社会状况，从而更好地改造和建设中国。因此，对于中国社区实地调查要根据中国的具体情况、运用本土化的社会学理论加以研究，反对利用国外理论简单模仿和生搬硬套等方法来研究中国社区。费孝通始终反对"为研究而研究"的观点，认为这是一种寄生性的学术之风，而真正的学者之风应该是运用社会学的理论和知识来推动中国的社会进步。

人们对社区的熟悉和了解始于我国政府发动的自上而下的社区建设运动。社区的崛起是我国经济和社会转型的必然产物，与我国20世纪80年代开始的经济体制改革、城市管理体制改革、社会保障制度改革的稳步推进有关，有着较为强烈的时代背景和社会背景。

第一，经济体制改革受到最大冲击群体是企业职工，特别是国有企业。政府对计划经济时代的企业"全盘式"管理和"保姆式"照顾模式加以总结，把经营自主权交还给了企业，明确了企业的责权利，企业的最主要目标就是追求经济利益最大化。要求企业把所肩负的社会福利包袱全部交还到了社会手里，企业只负责市场经营，把与市场经营无关的职能，如生活服务、娱乐保健、儿童教育、社会保障等责任交由社会职能部门全权处理，从而使企业可以轻装上阵，减轻

---

① 郑杭生、李迎生：《中国社会学史新编》，高等教育出版社2000年版，第141—145页。

了企业的社会负担。

第二，国有企业改革带动了经济效益提升，解放企业的生产力，但也带来了一定的负面效果：企业精简机构过程中出现了一定数量的下岗失业职工，再就业和社会保障的责任应该由社会承担。企业机制性转变、企业单位保障的弱化、社会保障职能的强化，改变了企业与政府的关系，改变了企业和社会的关系。企业从全面办社会转化为依托、参与和依赖社会，社区理所当然地成为实现政府和企业所托付任务的实现平台，成为一种新型社会整合机制和缓冲社会矛盾的工具，发挥了社会稳定剂的作用。

第三，从城市管理体制的变化过程来看，城市管理的权利、责任、重心逐渐向社区下移，社区事务中的社会保障、社区治安、社区规划、社区市场管理等方面都不断地发挥了越来越大的作用。随着城市化进程的不断加剧，大量农村剩余劳动力涌入城市社区，加上城市化所带来的失地农民问题，要求城市社区在参与基层管理方面发挥一定的职责作用，以维护社会稳定。

第四，从社会结构变化所带来的家庭规模变化来看，家庭规模在不断缩小、老年化加剧、单亲家庭增加、空巢家庭的涌现等因素导致家庭社会服务需求的多元化，社区居民对于社区的环境卫生、治安管理、社会保障、社会文化、社区服务的要求会更高。以社区服务为起点，一场声势浩大的社区建设运动在全国开展起来。

二 社区服务发展历程

在滕尼斯提出社区概念之后，学者和专家就社区的内涵和外延展开了激烈的讨论，社区也因此成为广受欢迎的研究课题之一。作为人们生活工作的居住地，社区的存在要比概念的历史长远。社区之所以没有得到人们的关注与社区居民生活状态是息息相关的：生活在社区之中本来就是一种不需要反思的社会事实，自古就应如此。换言之，之所以关注社区研究是因为工业化和城市化的推进过程中，社会急速变化使人无所适从，生活方式的变化所引发的社会问题引起了人们的关注和兴趣，学者们开始思考如何在比社会更小的层面上合理解决现代化所带来的社会矛盾和社会问题。从理论层面对社区加以研究，找到解决问题的方法,带来了包括中国在内的全球性社区建设实践和社区研究浪潮。

工业化和城市化运动使19世纪末的欧洲出现了一系列社会问题:工业化所带来的贫富分化问题、城市化人口增加所带来的环境问题、社会治安问题、社会失业问题、犯罪问题等,对社会和谐发展和良性运行提出了挑战、对社会稳定和经济繁荣带来了负面影响。在此历史背景下,以发达资本主义的英、美为代表的国家就出现了社区服务组织,旨在缓和社会矛盾。可见,社会服务本身带有强烈的价值介入属性。1869年,英国伦敦在一名叫作索里牧师的领导下,成立了世界上第一个以济贫为主要目的的社区服务组织、慈善组织会社。1877年美国水牛城成立了美国第一个慈善组织会社。到1883年,美国慈善组织会社发展到25个,有力地推动了社区服务的兴起。继慈善组织会社之后,又一社区组织在英国出现,即睦邻组织。1884年,英国牧师巴尼特在伦敦市的东区贫民窟创立了首个社区睦邻服务中心汤因比馆;1889年在美国芝加哥也成立了"胡鲁邻居会馆"。[1] 与慈善组织会社有所不同,服务中心大多设置在贫困社区,根据社区成员实际需求开展服务项目,要求工作人员与社区贫民一起生活,利用社区现有资源,号召社区居民自发参与、互助合作、共同合力对抗贫困。

第二次世界大战后,面对战争所带来的大量伤残人员,各国政府开始建立收容机构,对伤残者施加康复医疗,并提出保障他们其他权利,如社会保障等。西方国家的社会结构、人口状况和家庭结构发生了巨大变化,老年人问题、残疾人问题、妇女儿童问题进一步外显,这些问题的解决都必须置于社区背景之下,提高社区服务质量是必由之路。在第三世界国家,政府所面临的问题比发达资本主义国家更加严重,如疾病、贫困、失业、经济落后、发展停滞、政府力量有限性等,合理利用社区资源、运用民间力量,发挥社区自助互助运动也顺势应运而生。

---

[1] 王健:《社区服务社会化体系建设研究》,四川出版集团巴蜀书社2009年版,第10—11页。

20世纪70年代以前的英国，残疾人及其家属能够获得帮助的社会组织十分有限，包括保健服务协会、残疾儿童援助学会、大脑麻痹协会等民间组织。社会组织所能够提供的内容相当有限，如咨询服务、指导和物质帮助等。西鲍姆报告使残疾人享受的服务状况发生了改变，1970年的政府机构重组和《慢性病和残疾人法案》的出台彻底改变了英国残疾人的命运，并影响到世界范围内残疾人的社会待遇。为了发展和扩充对肢体残疾人的服务，西鲍姆报告提出了七条建议：对肢体残疾人提供服务；深入研究制订周密的服务计划；社会部门为残疾人及其家庭负责提供社会服务；对残疾走读儿童提供服务并对残疾青年提供就业指导；加大对残疾人服务工作的统筹协调；加强对残疾人个人帮助及对其家庭的社区帮助；政府和民间组织共同合作是开展残疾人社会服务成败的关键。[①] 在西鲍姆报告的建议之下，依据1970年地方政府社会服务法案的规定，各地设立了一直沿用至今的社会服务部，形成了较为规范的社区服务工作模式和工作内容。

中国的社区服务始于20世纪80年代，是由政府提议并推动的社会实践活动。社区服务是由社会转型所引发的，是社会转型的产物。我国社会服务大体分为以下几个阶段：

（一）社区服务的探索阶段（1986—1990年）

1986年，随着国家经济体制改革和社会保障制度改革的不断推进，民政部提出在城市基层开展以民政救济对象为主体的"社区服务"活动，第一次把"社区"概念引入政府的实际工作中。此后，社区服务在全国范围迅速开展，社区服务的对象、范围、内容都被不断拓展。

1987年9月，由民政部组织的全国城市社区服务经验交流工作座谈会在武汉市召开，在会上提出了建立具有中国特色的社区服务系统，就社区服务的性质、目的和作用做了详细界定："在社区内为人们的物质和精神生活所提供的各种社会福利与社会服务，它的目的就在于调节人际关系，缓解社会矛盾，创造一个和谐、良好的社会环

---

① 奥利弗·萨佩：《疾人社会工作》，中国人民大学出版社2009年版，第4—5页。

境。"同年11月，民政部在浙江杭州召开社区服务经验交流研讨会，认为应该把社区服务纳入街道工作的管理范畴。

1989年12月，全国人大通过《城市居民委员会组织法》，第一次将"社区服务"以法律条文的形式固定下来，并把社区服务确定为居委会的主要职责和任务。

在社区服务的探索阶段，政府把社区服务作为深化城市社会福利制度改革的一项突破口，政府监管、民政实施，具有明显的试探意味，还无法形成系统的指导政策；服务内容单一，缺乏实际可操作性，只是把社区服务定性为"社区范围内开展的互助社区服务"，没有对社区服务的内容加以具体规定，因而对社区服务的实际推进作用不明显。

(二) 社区服务的发展阶段（1990—2000年）

随着社区服务不断深入和发展，配套性的社区工作也迅速展开，社区服务概念明显已经无法概括全方位的社区工作。从中国国情出发并借鉴国外经验，民政部提出了开展"社区建设"的提议。1991年5月，民政部在社区服务的基础上，提出在社区内调动社会各界的力量，开展"社区建设"的工作思想。社区建设内容范围广泛：社区秩序管理、居民社区服务、社区文化建设、社区环境治理、社区卫生防治、社区社会治安、社区经济发展、社区劳力就业等，把社区服务视为社区建设的组成部分。社区服务从比较单一的"社区服务"走向全方位建设的阶段。

经济体制改革带动了城市管理体制的变化，一方面，经济发展打破了城乡隔距，流动人口数量不断增多，政府和企业把社会服务与管理的职能归还到社会，城市社区就承担社会管理和提供服务的责任。另一方面，随着人们生活水平的提高，城市社区居民对生活环境、公共服务、社会福利水平有更高要求，社区福利服务就成为社区服务的重要组成部分，社区服务不仅关系到居民生活质量，更关系到残疾人等弱势群体生活水平，同时也体现了中国社会的文明程度和社会主义精神文明建设的成果。国务院1992年出台了《关于加快发展第三产业的决定》，明确社区服务业的第三产业性质。1993年，民政部、国家计委、财政部、卫生部、公安部等14个部委联合发布了《关于加快发展社区服务业的意见》，该意见明确指出社区服务业是"在政府倡导下，为满足社会成员多种需求，以街道、镇、居委会和社区组织为依托，具有社会福利性的居民服务业"。两个文件都带有明显的时代特点，邓小平同志南方谈话所引发的全民经商的社会风气在此有充分显现，重点强调社区服务的营利性质，虽然在文件中也提到了社区服务的福利性和公益性，但第三产业属性决定了其商业性质。以该文件精神为指导，各地方社区把原来用于社区居民活动的场所或设施出租或出售给了企业和私人经营，社区服务业成了名副其实的市场化商业。

尽管社区服务业有了大幅的发展和长足的进步，但也有明显的弊端：过于强调经济利益，忽视了社区服务的福利性质。发展第三产业性质的社区服务业，给居民生活带来了某种程度的便捷和实惠，但管理者以经济利益为衡量产业绩效标准导致社区居民的不满和怨言，居民从社区服务中所得到的实惠很少。相反，经营占道、噪声扰民等投诉事件屡见不鲜，居民对社区服务的认可度不高、参与意识低，社区服务的福利性目的无法得到体现。

（三）社区服务推广阶段（2000年至今）

国有企业改革推进进程中，企业职责单一化，要求企业把社会职能交还给社会。但现有社区服务项目无法满足人们日益增长的物质文化需要，就必须不断扩大社区服务范围，把社区康复、社区文化、社区治安等新内容纳入社区服务范围。民政部强调要强化基层社会管理、加强街道及居委会建设，在加大社区服务的同时，提出在政府的领导下开展社区建设。2000年11月，民政部在调研和总结全国社区建设试验区经验的基础上，颁发了《关于在全国推进城市社区建设的意见》（中办发〔2000〕23号）（以下简称《意见》）。《意见》指出：大力推进城市社区建设，是在新的历史条件下坚持党的群众路线，做好群众工作和加强基层政权建设的重要内容，是新的历史时期我国城市现代化建设的重要途径；加强城市社区建设，对于中国的经济、社会协调发展，提高人民的物质和精神水平和生活质量，具有重要意义。

《意见》要求各级政府切实重视城市社区建设，把社区建设工作作为日常工作来抓，切实解决在社区建设过程中所遇到的困难和问题；充分调动社会各界的力量，形成合力，共同推进社区建设不断前行，提升社区服务的质量。

2001年7月，民政部在青岛组织召开全国城市社区建设工作会议，拟定在全国范围内推广社区建设工作。青岛会议后，民政部颁发了《全国城市社区建设示范活动指导纲要》（以下简称《纲要》），《纲要》要求各级政府要选择有条件的大中城市和市辖区作为示范，有组织、有计划、有步骤地开展城市社区建设示范工作，并对城市社区示范建设提出了基本建设标准。在民政部《纲要》的要求和各地政府的大力支持下，很多地区制定了社区建设示范活动的具体实施方案和实施细则，使社区建设和社区服务向新的深度和广度不断前行。

2002年9月，民政部在吉林省四平市召开"全国城市社区建设四平现场会"，总结了四平社区建设的新经验，在全国确定了27个社区建设示范市、148个全国社区建设示范区；进一步明确了社区建设的目标、任务和要求；四平社区建设经验会的召开，增强了各地社区建设的信心和决心。

2003年6月，中共中央办公厅、国务院办公厅转发了劳动和社会保障部等多部门的《关于积极推进企业退休职工社会化管理服务工作意见》，对城市社区承接企业退休人员的管理和社会化服务做出了部署。

2004年9月，在党的十六届四中全会上，提出了构建社会主义和谐社会的战略任务，强调在城市社区建设方面要适应新形势，进入全面建设和谐社区的现阶段。2005年5月，民政部在长春召开全国社区建设工作会议，总结全国各地在全面推进社区建设的工作经验，分析新形势，提出新思路，部署和谐社区建设任务，这标志着城市社区建设进入了构建和谐社区的新阶段。

2006年4月，国务院出台的《关于加强和改进社区服务工作的意见》，再次强调了社区服务的主要意义："对于提高居民的生活质量、扩大就业、化解社会矛盾、促进和谐社会建设都具有重要意义"。认为社区服务的重点包括：社区就业、社会保障、社会救济、社区卫生和计生、社区文化教育体育服务、社区流动人口服务七个方面，确定社区服务的福利性和公益性的本质属性。社区服务要在政府指导下进行，政府的投入是社区服务发展的主要经济来源，体现出社区服务公益性质，要提高社区群众社会参与的积极性，对于残疾人等弱势群体要突出公益性和福利性，以及为其他社区居民提供有偿或低偿的社区服务，福利性和市场性并存是今后社区服务发展的总趋势。

社会主义和谐社区建设是构建社会主义和谐社会最基本的组成部分，构建和谐社区要依据"民主法治、公平正义、诚信友爱、充满活力、安定有序、人和自然和谐相处"的原则和要求，大力发展新型社区。2006年10月，党的十六届六中全会审议通过了《中共中央关于构建社会主义和谐社会若干重大问题的决定》，为和谐社区建设指明了正确的方向："推进社区建设，完善基层服务和管理网络。全面开展城市社区建设，积极推进农村社区建设，健全新型社区管理和服务体制，把社区建设成为管理有序、服务完善、文明祥和的社会生活共同体。"①

三 中国残疾人社区服务现状

从19世纪80年代的英国产生了社区服务的观念，到20世纪30年代，社区服务就作为一种促进社会公平、发扬人道主义精神的工具被纳入社会政策之列。目前，就我国残疾人社区服务的研究内容方面看，主要研究的焦点在于残疾人服务体系研究，从残疾人总体出发思考并解决所存在的问题，就残疾人服务主体的研究很少。而残疾人社区服务是一项具有专业性和实践性的服务工作，目前，全国已经有很多地方就残疾人社区服务的建设状况进行了充分考察和研究，比如江苏的常州和北京市的西城区等，它们总结了很多值得借鉴的经验，为其他地方残疾人社区服务的开展积累了宝贵的实践经验。

残疾人是社会弱势群体中的弱势部分，与健全的社会成员相比，

---

① 《中共中央关于构建和谐社会若干重大问题的决定》，人民出版社2006年版，第26—27页。

残疾人在社会行动、劳动就业、教育康复、娱乐文化、社会保障等方面都存在差距。尤其是计划经济时代专门为改善残疾人社会状况所修建的托养和照料机构，以及为残疾人而设立的社会福利企业，受到市场经济的冲击而分崩瓦解，残疾人原有的保障内容被简化或干脆消失，残疾人的基本生活水平无法得到保障，依靠家庭成员的照顾几乎成为唯一最可靠的方式。但家庭的照顾仅限于基本的衣食住行等生存条件的简单供给。残疾人要想回归社会，公平享受社会劳动与发展成果，还必须借助于社区这一平台，通过社区服务走出家庭，走向社会。残疾人社区服务的开展能够极大地改善残疾人的基本生活条件，获取更多的社会帮助、理解和支持。所以，从一定意义上讲，国家层面的残疾人照顾只有落实在社区层面，借助于社区服务的平台，才能够在经济资源有限的条件下，大力改善残疾人生活条件的出路所在，社区俨然已经成为残疾人社会工作的把手和落脚点，残疾人事业发展的基础就是在社区层面开展残疾人服务。

目前我国残疾人人数为8296万人，占全国人口总和的6.34%，全国有1/5的家庭会因为其成员或亲属是残疾人而生活质量受到影响，有1.26亿的全国人口与残疾人息息相关。

(一) 残疾人社区服务的内容

如前所述，残疾人的基本生活需要通过家庭和社区得到满足，但家庭的满足仅限于基本生存方面，残疾人要走向社会，必须以社区为中介，通过社区服务让更多的服务主体参与到这类弱势群体的生活改善中。根据残疾人需求满足的方法不同，可将残疾人的社区服务简单区分为直接性社区服务和间接性（中介行）社区服务。

直接服务是指在社区资源能力范围内直接能够生产和提供的服务。在残疾人的日常活动中，始终离不开社区的帮助，社区可以为残疾人提供很多的帮助。社区可以为残疾人提供必要的家庭日常服务、残疾人无障碍设施建设服务、残疾人保健健康档案服务、残疾人社区就业服务等，这些服务可以由社区直接提供或部分直接提供。硬件设施建设有助于残疾人充分融入社区社会生活，不仅能够直接满足其物质性社会条件的改善，也有利于其精神需求的满足。残疾人精神生活也受到了学者们的关注，主要表现为社会排斥，如观念排斥、就业排斥、教育排斥和物质环境排斥等。① 就业排斥、教育排斥以及物质环境排斥是以社会观念排斥为存在前提的。针对残疾人社会观念排斥包括两方面的内容：其一，普通社会成员对残疾人持有偏见和排斥意识；其二，残疾人自身所产生的自我排斥意识，即残疾人所感受到的主观性的外在排斥意识。从社会排斥的缘由可以看出，要从根本上解决残疾人的社会排斥，就应该从两方面入手，即健全人所应该持有的正确残疾观和残疾人自身的正确社会残疾观，从精神上让残疾人融入社会。社会是一个较为笼统和抽象的概念，而社区则是更为细致和形象的概念，社区可以为残疾人提供工作娱乐活动，使残疾人有机会与健全人接触，从而让健全人和残疾人相互理解，消除隔阂，共享社会发展成果，形成帮助残疾、理解残疾人的良好的社会氛围。

　　间接性社区服务是指在社区资源无法满足残疾人需求的状态下，社区充当媒介或桥梁作用，为残疾人提供各种服务，如为残疾人就业收集信息。在社区资源有限的条件下，残疾人的需求无法全部得到满足，借助社会力量成为社区为提高残疾人生活质量的必然选择。间接性残疾人社区服务包括残疾人就业、残疾人教育、残疾人社会保障、残疾人专业康复、残疾人扶贫等。

　　当然，残疾人直接性社区服务和间接性社区服务的区别是一个相对性的，如果简单地把这两种社区服务用二分法认为是两个不相交的圆，就会出现片面化理解。直接和间接往往出现相互交叉的关系，很多看起来社区本身就能完成的直接性服务必须借助于其他部门的支持和配合才能顺利完成，比如就业和康复。也只有在得到相关部门的配合和支持后，社区服务的效果才更真实，才能够满足残疾人的实际需要，实现社区服务的初衷。

　　（二）残疾人社区服务的社会支持系统

　　现阶段我国残疾人社区服务的主体主要涵括了政府部门、社区企业的经济部门、社区居民委员会和残疾人及其家庭等。政府部门是较

---

① 周林刚：《社会排斥理论与残疾人问题》，《研究青年研究》2003年第5期。

为笼统的称呼，包括民政部门、教育部门、卫生部门、残联部门、人力资源和社会保障部门，以及街道办事处等。社会部门主要指各种社会组织，包括社会团体、基金会、民办非企业单位。居委会是居民委员会，是居民自我管理、自我教育、自我服务的基层群众性自治组织。国家宪法规定了我国居民委员会是不同于国家政权组织或机关的群众性自治组织，政权机关包括行政机构、权力机关、审判机关和检察机关，而社区居委会不属于其中任何一个分类，更不是政权机关的派出机构。社区残疾人是社区服务最直接和最大的受益者，社区服务质量的好坏要通过残疾人体现出来，只有残疾人才最有权对残疾人服务做出最终评价。所以，残疾人自身的主动参与是保障服务质量的根本出路所在。

不同部门在社区服务中的作用和地位是不相同的，政府部门在社区服务中发挥着主导性作用，在残疾人公共服务中是最重要的资金提供者，是残疾人服务社会政策的制定者，是基础设施的出资者和使用的监督者。其主要职责是制定社会政策、提供财政支持和资源调配。企业是以营利为目的的经济组织，社区内的企业除要生存，完成利润的获取外，还兼有完成政府所委托和指派的为残疾人服务的义务。当然，企业的社区服务一方面要体现出利益原则，政府用财政补贴方式来促使企业为残疾人提供优质服务，既保证了企业基本利润，又可提高残疾人享受服务的质量；另一方面，社区内企业也要发扬企业的社会责任，自觉地为社区残疾人提供劳动岗位、完善社区基础设施建设、为社区残疾人就医、社区残疾人文体活动提供帮助，积极参与社区志愿服务等。只有两者紧密结合才能充分提高企业参与社区残疾人服务的积极性。就企业自身而言，借助社区服务提高了企业在社区乃至在全社会的知名度，有利于把社会效益转化为经济效益。从国家和政府的层面上看，社区企业的参与能够解决政府自身无法完成的任务，在投入有限的状况下，更加有效满足残疾人社区服务的需求。居委会是社区服务最直接的执行者，一方面要完成街道办或区级政府下派到社区服务的任务，对上负责完成所委派的任务；另一方面要直接面对社区残疾人，了解残疾人需求，负责向上级政府部门反映居民实际需求，真正体现出自我管理、自我服务、自我教育、自我监督的"四自"原则。

正是由于不同部门在残疾人社区服务中所承担的职责不同，同时又必须坚固本部门的利益。因此，在社区服务中就会出现交叉现象，有利的事务争相为之，相互间会为一己之利，损坏对方的利益，而不是以残疾人利益为根本出发点，呈现出对立性的二元关系。要促进不同部门间的配合和默契，使分散的社会力量形成合力作用，发挥好各部门应然职责，同时相互配合，以为残疾人生活质量提高为根本出发点，在构建和谐社会的大局中发挥各自的优势。

第二节 研究意义与创新之处

一 实践意义

第一，结合现代城市社区服务实践，在总结正反面经验基础上，探讨出更加有效率的工作模式，提高残疾人的社区服务质量。残疾人社区服务包含的内容相当宽泛，如社区医疗、康复、就业、教育、救济、文体活动等。按照"纵向到底"的残疾人工作原则，边缘群体的残疾人社会保障工作最终要在社区这一基层得到落实，更好地提高社区残疾人社区服务的工作质量、把政府对残疾人的帮扶政策落到实处、培养残疾人的权能感、减少残疾人在社会实践和日常生活中的身体和精神障碍；如何发挥市场的功能，尤其是企业在残疾人社区工作方面的积极作用；充分利用社会组织的作用、提高社区残疾人生活质量。残疾人问题不仅是摆在各级政府面前的一项重大挑战，也是社会学学者的社会责任。我们应深入社区进行调查研究，收集大量翔实有效的资料，认真总结社区社会服务中有特色、高效率、更合理的工作方法；同时，要发现在残疾人社区服务方面存在的不足之处，正视社区在残疾人社会服务方面的不足和缺陷。在实践中，促使政府、市场、社会的"合作三维"的通力配合；与社区工作者一起全力共同提高社区残疾人社会服务工作的质量，切实帮助残疾人解决实际困难，提高残疾人的生活质量。

第二，总结武汉市Z街道社区在残疾人社区服务方面的优点和不足之处，认真归纳出新颖实用的工作方法，在全国范围内都将具有推广价值。随着人们经济生活水平的不断提高和居民思想道德水平的不断提升，社会成员对残疾人的态度有了极大的改观，理解、尊重、关心、帮助残疾人的社会风气已经蔚然成风；社会福利观念也自觉地发生了转变，从过去的"剩余式福利"逐渐转向为"制度性福利"；党中央、国务院高度重视残疾人问题，把残疾人社会生活状况的改善视为社会文明和进步的标准；各级地方政府也在积极探索更加有效的残疾人工作方法，民政部门和残联认真组织和指导社区开展社区残疾人服务；各社区也在因地制宜地制定残疾人工作制度，采取各种措施提高残疾人社区生活质量。民间社会组织主动参与到残疾人社区服务之中，社会职业工作者和志愿者用专业知识落实残疾人社区服务工作。

二　理论意义

目前，有关残疾人研究大多集中于制度建设和对不同类型残疾人实体性研究，社区建设和社区服务研究大都停留在社区规划、社区教育和文化、社区党组织建设、社区问题和控制等方面。本书要把残疾人问题放在城市社区这一特定的地理领域，并从社区视角出发探讨和研究残疾人社区服务问题，把微观视野和宏观视野相结合，使社区服务与残疾人社会帮扶有机地集合在一起，在一定程度上能够弥补以微观社区视角研究残疾人方面的不足。新中国成立以后，中国政府对残疾人的关注度在不断提升，在党和政府的关心和领导下，残疾人事业有了飞跃式发展，残疾人生活质量有了极大的提高：在残疾人康复方面，中国残联开展了残疾人矫治手术和白内障免费手术，残疾人的健康状况有了明显改善；在残疾人扶贫方面，残联联合中国农业银行开展康复扶贫贷款活动，使上千万的残疾人摆脱了贫困；在社会无障碍建设方面，全国大中型城市都设立了盲道和无障碍设施建筑物，极大地方便了残疾人日常居住和外出；在残疾人教育方面，残疾儿童义务教育的入学率、残疾学生接受中专、大专和本科教育的人数有了很大提高，教育水平的提高为残疾人今后的生活提供了有力的保障；残疾人的文化娱乐活动广泛开展，使残疾人能够保持乐观的心态；残疾人的温饱问题基本得到解决，残疾人已经或正在奔向小康。在城市社区建设活动开展得轰轰烈烈，城市社区服务取得了巨大成效，残疾人已获得极大利益的情况下，如何让生活在社会底层的残疾人弱势群体更好地共享改革开放成果，平等参与社会建设，是政府部门和学者们共同面前的一道难题。要让残疾人更好地参与社会活动，就要让他们走出残疾的阴影和困境，基层社区具有其他任何社会机构都无法替代的优势地位：社区是残疾人日常生活的地理领域，社会活动参与的积极性会更高；社区是残疾人熟悉的熟人世界，更容易得到理解和帮助。

在我国社区服务开展之前，残疾人只能到社会机构进行康复活动，教育活动多集中在特殊教育学校，就业大多依靠残联、民政或人力与社会保障部门加以解决。有了社区服务，残疾人上述问题就可以在社区范围内加以解决或部分解决，从一定程度上能够解决政府、社会和家庭的压力。总而言之，残疾人社区服务就是要把残疾人问题和社区视角相结合，分析政府、市场、社会三维之间在合作过程中的"真空、断裂"状况及分工配合的互构协作关系，以解决残疾人所面临的困难和问题，扩展残疾人研究的范围。试图提出中观理论——社区服务社会化理论，即社区服务对象多元化、服务内容多样化、服务主体社会化、服务资金社会化、社区服务专业化。

三 创新点

本书的特色之处在于运用社会学互构论视野来审视城市社区地域内残疾人社区服务多元主体互动问题。社会互构论在国内的影响已越来越大，很多学者已经运用该理论分析各类社会学问题，如贫困问题、社区建设、弱势群体、群体性事件等，但运用社会互构论专门研究社区残疾人问题的还很少，有关残疾人研究的大多数围绕着下列理论进行，即人权思想、权能感理论、发展理论、弱势群体理论等。残疾人问题首先是个人问题同时又是社会问题，这是我们必须坚持的原则，一定要抛弃传统个人主义模式，认为残疾人是个人问题，解决残疾人问题就是要对个人实施医疗康复，改变其残疾状况，改善其社会生存能力。我们要坚持社会型模式的观点，残疾人问题是个人和社会所共同面对的问题，其实质就是个人和社会的关系问题，政府、市场、社会部门及残疾人之间利益格局的配置过程，社区服务主体之间要排除分歧对立的立场，在协同合作的氛围中共同改善残疾人生活状况，实现人类解放的目标。残疾人是社会弱势群体，有着特殊需求，残疾人问题不仅是如何解决8300万残疾人这一特殊群体的社会需求问题，也是构建社会主义和谐社会的主要组成部分，更是社会主义制度优越性的充分体现。残疾人社区服务不仅要处理好三大部门间的关系，也要处理好部门内部关系。残疾人问题牵涉政府的科教文卫部门、社会组织、社区、市场等多个部门，它们都是社会的有机组成部分，社会问题的解决需要社会各部门的共同参与，社会各要素的互构谐变、通力合作是解决社会问题的基础。

第三节 研究思路与文献回顾

一 研究思路

残疾人社区服务研究是把残疾人问题放在社区视野之中加以考察和论述，通过对武汉市Z街道社区残疾人和社区工作者的实地调研，着重考察包括政府、市场、社会部门、社区、社区残疾人等社会服务主体在残疾人服务方面互构谐变关系，总结在社区残疾人服务工作方面已经积累和正在尝试的优秀的方式方法，并试图指出其在工作之中存在各自为政、缺乏有效配合的不足之处，讨论Z街道社区的工作模式在全国范围内的推广价值所在。具体来说，就是要探讨在社区范围内，社区服务主体如何才能够相互通力合作、最大限度地减少残疾人在康复、就业、教育、救济、娱乐、建筑设施障碍化等诸多方面所面临的障碍，让残疾人更方便、直接、平等地参与社会生活、共享社会发展成果；建议政府有关部门更加关注残疾人弱势群体，从实际出发，实事求是地开展残疾人服务工作；呼吁更多的公益团体、慈善机构及个人积极参与到残疾人福利事业中来，同政府部门和市场部门一起，用爱心和真诚共同构建和谐的人类社会；倡议广大社会成员主动扶残救弱，形成一个良好的理解、尊重、关心、帮助残疾人的社会风气。

在梳理现有残疾人和社区服务研究成果的基础上，对武汉市 Z 街道社区的残疾人服务状况进行了实地调查，了解他们在生活中享受社区服务的实际状态。利用问卷法、访谈法、观察法获取残疾人社区生活状况的感性材料；通过文献法查阅相关理论，把理论和材料相结合，探讨不同服务主体在残疾人社区服务中的职能、地位、存在的问题、对策建议。探讨服务主体间缺乏默契是导致社区服务质量不高，无法满足居民需求的主要原因所在，并以此为基础，提出残疾人社区服务的中观理论，残疾人社区服务社会化理论。

二　文献回顾

（一）社区服务的价值

关于社区服务的地位和价值，国内学者与国外学者观点分歧较大，由于不同政治立场和道德标准，有时会出现截然相反的看法和意见。有些学者对社区服务保有乐观肯定的态度，只要能够借助社区服务就可以得到更多服务主体的支持和帮扶，而不是社会弱势群体本人或家庭承担起照顾自己和家人，政府的负担会因为服务主体数量的增加而减轻。而且，专业性社区服务对社会弱势群体会更加有效，会大力促进其社会权益的实现，包括残疾人在内的社会成员能够参加正常的社会政治活动，实现人人共享的政治民主。学者瓦思（Vass）认为，专业社区服务组织或机构的位置特征有利于社区居民社会利益的实现，是连接政府和居民的桥梁，可以为居民争取到更多的社会福利。在现有制度框架内对社区服务进行变革，并在制度之外不违背制度的前提下为居民利益加以抗争，以此取得"里应外合、相辅相成"的效果。布拉吉尔（Brage）则认为，社区工作的重点是为弱势群体请命、消解民困的工作。海科（Hick）认为，社区工作的意义在于能够使社会弱势群体团结在一起，借助于社会改革活动消解社会现存的结构性障碍。

社区服务价值是体现出社区服务必要性的关键所在，学者们看到其促进社会进步，尤其对社会弱势群体的正功能作用，认为社区服务是消除残疾人等社会弱势者解决贫困和维持正常生活的必要手段。社区服务能够拉近政府和居民的距离感，有利于局部利益的实现，获取更多的社会福利。但是，我们也应该看到他们大多以肯定资本主义制度为前提的一种观点，的确，社区服务对无论是普通居民还是残疾人都起到改善生活条件的功能。而这种功能的发挥是以维护其社会制度为实施前提，带有一定的虚伪性，同时，社区服务在实施过程中的社会公平问题在这些学者的文章中都没有论述。可见，上述学者们是资本主义制度坚实的支持者和维护者，是从正向功能的角度阐述社区服务价值的。

同时，有学者对社区服务的地位与现有价值加以否认：社区服务实质上是政府有意逃避对人们福利责任所采取的策略。戴维斯（Davis）则对社区服务工作的价值抱有无奈和失落的怀疑态度，认为社区服务是政府以及统治阶层的买办，是控制社会秩序的媒介手段。学者弗考特（Foucault）认为，社区服务的性质是巩固统治阶层势力的工具，是加强制约和管制社会弱势群体的行为和手段。沃尔克在考察了社区照顾实施效果后，对其应有效果持怀疑态度，认为社区照顾政策本身使被照顾者的家人、朋友甚至是邻居等所提供的非正式系统照顾的负担在日益加重。[1]

在我国，学者们对社区服务价值的评价更多是肯定和赞扬。王来华认为，社区服务具有参与功能，在社区服务过程中，社区居民最初是一种被动员到自助、互助的社会活动中，逐步发展为一种由许多人自觉投入的社会行为，这种参与具有更深刻的社会价值和意义。社区成员的社会参与意识和参与能力，是一种推进社区甚至整个社会民主意识发展前行的可贵力量。[2] 唐钧则从理论角度阐述了我国社区服务的价值所在：民政部门学习了解社区工作理论，在吸取国外同行对总结国外社区发展方面的失败教训和有益成果经验的基础上，深入中国

---

[1] 陈雅丽：《国外社区服务相关研究综述》，《云南行政学院学报》2007年第4期。
[2] 王来华：《论城市社区服务的基本特征和社会功能》，《天津社会科学》1991年第5期。

社区进行实地社会调查研究，从中国现有具体国情出发，对国外加以借鉴，形成具有中国特色的社区服务理论，其实用性是显著的，有效地指导了我国城市市区部门、街道办和居民委员会的实际社区服务工作，提高了自身工作效率。① 高鉴国认为，社区服务本身应该是"市场失灵"条件下的合理调节收入再分配的手段，为社会公共支持提供了替代性途径，成为我国社会保障制度有益的组成部分。②

从上述部分可以看出，我国学者大多是从社区服务的社会功能出发，阐述了在现有经济和社会发展程度不高的状况下，社区服务存在的必要性，特别强调在各部门协同合作的前提下社区服务的价值性，对我国社区服务的发展起到了有益的推进作用。但是，他们都忽视了社区居民参与社区服务的重要性，把社区居民视为简单的接受者，是一群被动的试用对象，只有发挥出他们的积极性和主观能动性，社区服务才能取得令人满意的社会效果。

（二）社区服务的性质

美国行政学家戴维·奥斯在《改革政府：企业精神如何改革着公营部门》一书中指出，政府部门应该给予基层社区更多的公共管理的权限，重视对社区服务工作本身逐渐转化为对社区实际权限的授权。社区服务实际上就是社会公共服务的社会缩影，成了为社会提供公共服务方面的具体单个的"小社会"。阎革指出，西方国家的社区服务的起源是西方国家财政在第二次世界大战后日益紧张，甚至出现不堪重负，迅速成为社会保障事业包袱，是"福利国家"失败的见证，政府把部分社会保障项目向基层单位转移，以解决国家财政困境，是国家政策层面上的社会保障项目下放到社区的必然结局。③

可见，奥斯和阎革都认识到国外社区服务的性质问题，要从实际的社会发展状况出发，认为社区服务是福利国家失败的结果，最终成为社会的包袱。社区服务是福利国家的替代品，充分反映了资本主义

---

① 唐钧：《关于城市社区服务的理论思考》，《中国社会科学》1992年第4期。
② 高鉴国：《城市公共社区服务的性质与目标》，《泰山学院学报》2003年第3期。
③ 阎革：《我国城市社区服务的起因、性质和发展趋势》，《广西大学学报》（哲学社会科学版）1993年第2期。

国家力求巩固社会制度的决心。但是，笔者认为在社区服务性质方面只看到了资本主义国家的无奈，但忽视了对社会稳定的积极作用。毕竟在福利国家失败后，人们的生活水平急剧退步，人们对社会的不满是显而易见的，社区服务起到了维持社会秩序的作用，利于资本主义的发展。

社区服务的社会性质之争的重点在于社区服务的福利性和营利性关系问题。观点之一：福利性、公益性是社区服务所必须坚持的唯一、根本性质。弗里德兰德（W. A. Friedlander）指出，社区服务的目标是确保社区范围内的社会福利需求与该区内所能获得社会福利供给间能够保持满意的平衡状态。所以，社区服务包括三个主要的工作目标：决定社区实际需要、通过审慎的策划工作来解决社区居民的需要、动员社区力量达到实现社区福利的目标。莱恩（R. P. Lane）则认为，社区服务目的性是"实现及保持社会福利资源与社会福利需要间的同步、有效地适应"。[1]"社区服务不等于社区内存在的所有服务活动，它应该只包括为社区居民提供的社会共同体属性的福利性、公益性、互助性、义务性服务"。[2] 徐永祥（2004）指出，我国社区服务是整体社会福利制度组成部分中最为重要的环节，认真坚持和不断维护社区服务的公益福利性本质属性，是我国今后社区服务所应当坚守的根本方向。[3] 观点之二：社区服务既要坚持服务福利性又要坚持服务的经营性，认为社区服务是一种产业，要按照市场规律办事，要破除社会福利无偿服务的传统观念，主张以第三产业方式来经营社区服务，从根本上解决资金短缺和可持续发展的问题，以提高服务质量及经济效益。这种观点受到全民经商社会风气的影响：1993年，由民政部牵头，与其他14个部委共同发布的《关于加快发展社区服务业的意见》，强调社区服务的出路在于要走社会化、产业化、实体化发

---

[1] R. P. Lane, *The Field of Community Organization*, *Preceding of National Conference of Social Work*, New York: Columbia University, 1939.
[2] 郭伟和：《社区服务的性质功能和目标之我见》，《中国社会工作》1998年第1期。
[3] 徐永祥：《社区服务的本质属性与运行机制》，《华东理工大学学报》（社会科学版）2004年第4期。

展道路，社区服务目标之一就是要确保产值增长，用第三产业的眼光和思路来发展社区服务业。唐忠新认为，福利性服务是社区服务本质属性所在，由于现阶段我国的经济发展水平条件下所导致的社区服务低水平状况，就需采用福利性服务和经营性服务并举的形式，实行无偿服务、低偿服务和有偿服务的有机结合。[1] 王学义、龙少华（2003）认为："社区服务是走福利型道路还是走经营型道路，焦点是社区服务经费以政府资助为主，还是以社区组织自行筹集为主，它是关系到社区服务走福利型还是走经营型道路的关键。这可能需要中国社区服务的长期实践来回答。"[2]

由上述可知，社区服务的性质最大争议点在于其福利性和营利性，不同的时间点上，体现出不同的观点，反映出社会政策对人们观点的巨大影响力。营利性和福利性之争反映出人们对社区服务目的性的看法，坚持福利性为主原则，就是把握住了社区服务的实质和本源要求；坚持营利性和福利性相结合的原则，是看到了我国现有生产力水平所限的一种无奈之选。但是，它们的共同弊端在于过度依赖政府政策来解释社区服务性质，忽视社会学者应该坚持的公立性原则，即价值中立原则，不是采用推理获取结论。社区服务的基本原则是福利性，在坚持福利性的前提下，可以在社区采用第三产业的方式经营社区服务，把营利所得再投入社区服务，以保障其可持续发展和不断扩充壮大。

（三）社区服务的目标

依据自身的研究旨趣，学者们对社区加以实际调查和研究，体现出一种仁者见仁的状况。罗夫曼（Rothman）认为，社区工作目标表现出两种状况：一是工具目标：解决特定社会问题、社会矛盾，实现某些社会福利的初始目标，用以满足社区居民的生活与工作需要。二是过程目标：改进并提高社区居民一般能力，使不同社区群体能够建

---

[1] 唐忠新：《中国城市社区建设概论》，机械工业出版社2002年版，第79页。
[2] 王学义、龙少华：《社区服务与管理：影响因素及实证研究》，《四川行政学院学报》2003年第9期。

际的状况到底该怎样区分，显现出一种主观判断的态势，缺乏科学性。

(四) 社区服务的原则

为了规范社区服务，联合国专门为社区服务所要遵守的准则颁布了专门性文件：1955 年，《通过社区发展促进社会进步》[1] 列举了十大原则：社区活动必须符合社区基本实际需求，以社区居民的愿望为依据制订工作方案；社区各种活动可局部性地改进社区质量，全面的社区发展则需要建立起多目标的行动计划和多主体的协调行动；推行社区发展之初，改变居民的态度与改善物质环境同等重要；社区发展要促使居民积极参与社区事务，提高地方行政的效能；选拔、鼓励和训练地方领导人才，是社区发展中的主要工作；社区发展工作特别要重视妇女和青年的参与，扩大参与基础，求得社区的长期发展；社区自助计划的有效发展，有赖于政府积极的、广泛的协助；实施全国性的社区发展计划，须有完整的政策，建立专门行政机构，选拔与训练工作人员，运用地方和国家资源进行研究、实验和评估；在社区发展计划中充分运用地方、全国和国际民间组织的资源；地方的社会经济进步，须与国家全面的进步相互配合。除联合国的专门文件之外，巴特恩（T. R. Battern）列举出社区工作的四大原则："一是社区发展机构必须与其所希望影响的居民建立友善及可依赖的关系；二是社区发展机构所期望的任何变迁都必须与居民达成协议；三是社区发展机构必须表明计划中的变迁是安全的；四是社区发展机构必须有兴趣与社区内各种群体一起工作，促进变迁的实现。"[2] 从社区建设的角度，德尔加多（Delgado）也列举出了社区工作的指导性工作原则："促进社区参与；将采纳和建设社区精神作为奋斗目标；系统地组织跨代际的活动；实现跨组织的合作目标；将增进社区能力作为一个中心目标；

---

[1] UN, *Social Progress Through Community Development*, New York: United Nations Bureau of Social Affairs, 1955.

[2] 吴铎：《社区服务若干理论问题的探讨——内地与香港社会福利发展第四次研讨会观点综述》，《中国社会工作》1997 年第 6 期。

注重基层居民,给予他们尽可能大的资助。"①

由上述可知,无论是联合国或学者个人,都对社区服务的原则论述采用了归纳法,列举出应有的原则,这有利于指导和检测社区服务的实际效果。他们的共同之处是从居民、机构、社会三个层面列举出社区服务所须坚持的基本原则,对于社区服务的健康发展起到了推进作用。但是,这种分层的操作化过程上存在质疑,如依据何在?到底有多少实际价值?

中国学者就社区服务原则发表了自己的看法和见解。吴铎借鉴国内学者研究成果,归纳出我国社区服务应该坚持以下四条原则:"一是参与分享,即社区成员对社区服务的广泛参与,在社区参与过程中实现社会的互动、互助,共享社会发展的成果;二是效益一致,即经济与社会效益的一致性,要坚持以社会效益为主经济效益为辅的原则,否则,将会导致社区服务实践和其目标与宗旨的背离;三是资金统筹,即多渠道、多层次地筹集社区服务资金,主要筹资渠道包括政府投资、企事业单位集资,社会投资包括个人捐资以及经营筹资等;四是资源整合,即根据社区资源实际需要,以满足服务需求为起点,合理整合社区资源,形成资源与服务需求相结合的合理格局。"② 有的学者则认为社区服务应当坚持三个原则:广泛参与原则,动员社会力量广泛参与社区服务,调动社会各种力量参与的积极性,指出社区服务发展的动力所在就是共同参与的积极性,同时,它也是社区服务发展的必然要求和发展趋势;追求效益原则,要重视社会效益和工作的效率,坚持社区服务的福利性和公益性;资源整合原则,须合理整合有限社区资源,把社区居民的实际需求作为工作的根本点,大力开发利用资源,以满足社区居民的社会需要。③

---

① 陈雅丽:《城市社区服务供给体系及问题解析——以福利多元主义理论为视角》,《理论导刊》2010 年第 2 期。

② T. R., Batten, *Training for Community Development:A Critical Study of Method*, London:Oxford University Press, 1962.

③ Delgado, *New Arenas for Community Social Work Practice with Urban Youth*, Columbia University Press, 2000.

可见，中国学者比较一致地认为，我国社区服务的发展原则是多家部门的合力分工合作，形成社会合力作用，在资金筹集、资源整合和效益一致等原则方面都将有利于社区服务的发展。但是，在实际的具体性操作化方面，没有可行性的量化标准，只能停留在理论层面实际的操作作用式微。

（五）残疾人社区服务的主体

国外学者大都坚持认为，社会工作者的整合能力是社区服务质量的最重要保障，社会工作者要运用多元化的方法。沙凯（Sharkey）认为，社区服务工作成效要依靠社会多方合作，当社区服务资源未必被充分发掘及运用时，社区工作者的职责就尤为重要，要用多元化的方法去协助和组织社区居民更有效地发现、开发、利用这些资源。波勒（Boyle）指出，社区工作者的工作不仅仅是单纯提供服务，还是组织者、规划者、行政者和管理者，服务领域也非常广泛，包括教育、社会服务、住房、城市规划、健康服务、社区发展等方面。因此，社区工作成效在某种意义上就取决于社区工作者自身所具有的综合素质和组织能力。扬哈思本（Younghusband）认为，只有"多面手"才能胜任社区工作者的角色：巧妙地化解矛盾与冲突，处理好权力与政治问题，有能力收集资料和快速、准确地分析所得信息，具备良好的社交能力，能够与各种人、群体和组织建立与维持良好的交往关系；社区工作者既是事实收集与分析者、计划项目实施者、监督者，又充当协调者、管理者、教师的角色，同时，他们又是倡导者、鼓动者、中间人、谈判者和亲密伙伴。[①]

可见，国外社区服务大多是以社会工作者为主体所实施的服务行为，强调社区工作者在服务工作和最终结果方面的决定性作用，提高社区工作者的素质将对提升服务质量起到决定性作用。但是，这种论调只适用于发达国家，对我国社区服务只是具有很多的指导意义。我国国内在社区服务主体研究方面与国外的研究有很大的不同之处，学

---

① 陈雅丽：《城市社区服务供给体系及问题解析——以福利多元主义理论为视角》，《理论导刊》2010年第2期。

者们的研究角度多集中在一元主体、二元主体和多元主体的问题上,与社区服务到底坚持公益性、福利性还是坚持营利性问题是交织在一起的。

(六) 残疾人社区服务理论视角

周林刚从社会排斥理论视野论述了残疾人在社会生活方面所遭受的不公平待遇,社会排斥理论对残疾人行为的个人归因有自我责任论、社会结构生成论、社会政策创造论。社会排斥思想或行为会带给残疾人许多不便,当前残疾人所面临的社会排斥行为包括:观念排斥,用宿命论的观念看待残疾和残疾人,把残疾人认为是上帝或神灵对个人惩罚的结果;就业排斥,由于肢体或智力等原因,残疾人无法获取与健全人同样的就业机会,同时,即使有同工现象,也多表现出无法同酬的结果;教育排斥,残疾人无法获取公平的教育机会或在接受教育过程中会受到各种不公正的待遇;其他排斥,如环境排斥和交往排斥等。[1] 周文林以交换理论视角对我国残疾人社区服务加以分析,认为残疾人目前所面临的主要问题体现在教育、婚姻、就业和社会保障四个方面,而引起残疾人困境危机的缘由在于转型结构、人口老化、生产高科技化。[2] 赵竹良从公民权利理论视角对我国残疾人服务状况加以研究,认为当前中国残疾人面临:生存危机的威胁、教育机会的不均等、就业障碍的困扰、医疗保障的缺失、婚姻家庭的不幸五个方面问题。"残疾人问题作为人权问题的一个重要组成部分,其焦点就是残疾人平等的公民权利由于人为的漠视、误识甚至剥夺而造成的现实中的严重丧失或实现不足。因此,在事实上承认残疾人的公民权,在实际中解决机会均等与平等参与的问题,就成为我们社会与残疾人共同面临的中心任务。"[3]

由上述可知,受到重视结构和个人旨趣的影响,人们用不同理论视角来研究中国社区服务中的残疾人所面对的重要困境危机,并利用

---

[1] 周林刚:《社会排斥理论与残疾人问题》,《研究青年研究》2005 年第 5 期。
[2] 周文林:《中国残疾人状况分析》,《社会学研究》1993 年第 5 期。
[3] 赵竹良:《在现代化进程中的中国残疾人问题》,《社会科学》1994 年第 5 期。

该理论对其缘由加以分析，提出克服困境的出路和方法，是中国残疾人研究较为成功的典范，具有重要的理论价值和实践指导意义。但由于时代发展条件的限制，在具体困境方面还无法穷尽残疾人所面临的问题，在对策方面以一种就事论事的态度加以分析，难免出现以偏概全的嫌疑。

（七）残疾人社区服务的内容

就社区残疾人服务的内容，丁建定教授认为为了更好地促进残疾人利益的实现，须建立起"五位一体"的服务体系：坚持以残疾人为出发点，"将普惠和与特惠相结合，重点保障与特殊扶助相结合，一般性制度安排与专项政策倾斜相结合，构建起政府公共服务、残疾人专业机构服务、社区服务、社会组织服务与残疾人自助服务"。不同服务主体在社区服务中所担当的职责应有所区别：残疾人康复、预防、托养、就业、教育、扶贫、文体、维权无障碍服务等，部分服务项目应交由政府部门管理，采用公共服务方式；部分服务项目既可以采用官办民助和官民结合的方式，也可以采用残疾人自办的方式。[①]谢建社认为，残疾人社区服务的内容包括康复服务、家庭服务、教育服务、就业服务、社会服务、职能服务等。要推进残疾人社区服务专业化发展道路，采用渗入式、嵌入式、准入式、购买制和淘汰制等实现社区工作人员的专业化发展。[②]

由上述可知，就残疾人社区服务具体内容上的差异性而言，学者们有着较为一致性的认识，主要包括残疾人就业、教育、文体活动、预防康复、托养、无障碍及维权等具体事项，表述得很清晰，只是在具体实现手段方法上呈现出很多差异：有人强调各服务主体间的配合作用，有强调专业化职业化之路的。当然，也应该看出，残疾人社区服务是一项涉及多层次、多部门合作的大工程，究竟各服务主体该如何配合还没有明确表述，也为服务主体研究提供了巨大的伸展空间。

---

① 丁建定：《我国残疾人服务体系的完善对策》，《社会工作》2012年第10期。
② 谢建社：《推进残疾人服务职业化、专业化转变——以广州为例》，《福建论坛》（人文社会科学版）2008年第10期。

第四节 研究方法与理论基础

一 研究方法

依据研究目的,本书采取的主要方法包括观察法、访谈法、问卷调查法与文献法的研究方法。社区作为研究的对象,把以上几种研究方法综合运用以达到整体了解与个案深入相结合。

(1) 观察法。观察法是研究人员利用感觉器官或录音机、相机等辅助性工具,直接、有目的地对社会现象进行了解的一种实地研究方法。进入社区观察了解残疾人的出行、住宅的无障碍建设状况;观察社区残疾人的就业和教育状况;了解社区的娱乐文化体育活动状况;留心社区非残疾人助残帮扶状况。通过实地观察可以更加直观地了解在书本和资料中无法发现的东西,有更加真实的体验和感受。

(2) 访谈法。访谈是质性研究收集资料的重要方法,是研究者"寻访""访问"被研究者并与其进行"交谈"与"询问"的一种活动,是获得有效信息的重要途径。一方面,本书通过对20多个残疾人个案的深度结构访谈或灵活多样的非结构访谈,了解被访者的生活状况,包括康复、就业、教育等多方面内容,根据了解的状况,提出有针对性的建议和意见。另一方面,通过对残联、民政、扶贫办、社区负责人等当事人的访谈,掌握在残疾人工作方面所遭遇的困难或困境、所取得的成绩和成功经验。

(3) 问卷调查法。问卷调查法是通过问卷的形式,对经过科学抽样的调查群体进行调查的一种调查方法。问卷对象既可以是残疾人本人、残疾人家属,或其他相关部门当事人,也可以是社区成员。通过问卷资料可以较为清晰地了解残疾人的实际需求和现实供给之间的差异矛盾。

(4) 文献法。文献法是通过收集和分析现存的,以文字、数据等形式存在文献资料,来探讨和分析社会状况的一种研究方法。通过中国知网等中介媒体了解国内外最新研究状况,提供必要的理论支撑与内容借鉴。查阅书籍，掌握国内外社区残疾人研究的动态，引用其中的数据或文字信息，以充实本书内容。通过中国残疾人联合会网站或武汉市残联网站查阅并参考有关的数据、新闻、文件资料，依据本书的实际需要加以适当引用。

几种研究方法交叉应用且侧重点也因此不同，以观察和结构访谈、非结构访谈为主，在内容上会更加真实可靠，多用于作定性分析。问卷调查受到被调查者自身文化、身体状况、表达能力等限制，在内容方面可能会有失真现象的发生，正如前面所言，这是本次研究所面临的最大困难。所以，关于此部分内容的运用会慎之又慎，会对收集的资料加以分析研究。文献内容多涉及理论方面的需要，既可以作为本书的理论支架，也可以用其中的数据资料做定性分析。

二 理论视角

从20世纪80年代开始，郑杭生教授就开始进行中国特色社会学理论研究，提出了"社会运行论""社会转型论""学科本土论""社会互构论"。社会学家共识性认为个人和社会关系问题是社会学的元问题和基本问题，社会互构论就是关于个人与社会这两大社会行为主体间的互构谐变关系的社会学理论。

社会互构论对西方文化价值观的旧式现代性及其沉重代价进行了批判性反思："倒行逆施的自然政策导致了越来越严重的'绿色惩罚'，促使旧观念所建构的自然事物和社会事物之间的界别悄然消融，以这种界别为基础的各种裂变左与右、激进与保守的政治意识形态，以及人类生活样式、社会组织模式、文明类型乃至国家界限所造成的分隔也在漂移和重构。"[①] 对中国社会转型过程中新型现代性实践进行了建设性探索，将社会与自然、个人与社会之间的"同构互生、互构共变"视为新型现代性应当确立的基本关系。在理论上，反对把人和社会的任何一方"优先性选择"；在实践中，不赞成把两者视为"主导或从属、支配或服从、强制或被制"对立关系。"在'互构共变'关系过程中，个人和社会形成相应的、协同的、共时的演变，使不同

---

① 郑杭生、杨敏：《社会互构论的提出》，《新华文摘》2003年第11期。

社会主体的行动关联得以构成一种新型的关系性状。"① 除论述个人和社会互构共变的原理和关系之外，社会互构论也重视个人和社会间连续体的研究，认为政府、市场和社会"三维"之间是共存、制约和相互形塑的关系。社会互构论认为，政府、市场、社会之间的对立统一关系使现代人的共同社会生活成为可能；"合作三维"实质上是一种新的社会分工体系，现代中国社会必须充分发挥各自的才能，"政府、市场、社会组织之间的合作可以增强社会的整体优势，从而共同应对社会生活中出现的各种风险，并且避免'失灵'——市场失灵、政府失灵以及社会失灵"。② 社会互构的类型包括正向谐变、方向冲突和悖向同变。正向谐变是指互构各方谐和、协调、一致或相应、协同、共时性变化。反向冲突是指互构各方差异、分歧、斗争关系。悖向同变是指一个变化过程中同时存在着正、反两种并立、同行而悖逆的运动趋向，正向反向同变，是上述两种类型的交叉综合。

残疾人社区工作着重研究残疾人群体与社区双方的互动情形，既要求残疾人个体的积极参与，也需要利用各服务主体的有效资源，改善残疾人状况，促进残疾人个人和社会双重互动参与。社会互构论不仅着眼于个人和社会的两端互构，还强调介于个人与社会两者之间的其他社会实体的互构互动。家庭、社区、社会慈善机构、社会组织、市场组织甚至国际社会组织等都要在残疾人工作上发挥其应有的作用。由于社会行动主体之间的互构共变关系，意味着残疾人问题绝对不是某个部门或单位的责任，更不是单项社会政策所能够单独解决的问题，制度的合理衔接在解决残疾人问题过程中就显得尤为重要。既要强调各项残疾人社会政策之间的衔接，同时也强调与其他相关制度安排之间的有效衔接。

---

① 杨敏、郑杭生：《社会互构论：全貌概要和精义探微》，《社会科学研究》2010年第4期。
② 杨敏、高霁宇：《社会互构论视野下民间力量和社会和谐》，《天津社会科学》2011年第2期。

第五节 基本概念的界定

一 残疾人

(一) 世界卫生组织的界定

1997年世界卫生组织(WHO)依据不同的残疾对人生理功能和社会功能所造成的不同影响,把残疾人分为三类:一是功能形态残疾,由于意外伤害或疾病所带后遗症,使身体结构或功能方面出现缺陷或异常;二是丧失功能残疾,由于人体的结构缺陷和功能障碍使人体丧失应该具有的功能;三是社会功能残疾,由于身体形态和功能的缺陷或异常而影响人正常参加社会日常活动。

(二) 欧美国家的界定

一是损害,身体或心理的缺陷或限制;二是失能,损害所必然导致的身体功能的减少或丧失;三是残障,失能者受到社会歧视或环境的限制,使其无法发展潜能或独立生活。依据身体的功能障碍部位的不同,把残疾人分为智残、肢残、视障、听障、语言障碍和其他类型障碍者。

(三) 中国的界定

依据《中华人民共和国残疾人保障法》的规定:残疾人是指在心理、生理、人体结构上,某种组织、功能丧失或不正常,部分或全部丧失以正常人方式从事某种活动能力的人。残疾人可以分为视力残疾、听力残疾、言语残疾、智力残疾、精神残疾、肢体残疾、多重残疾和其他残疾。

二 社区服务

社区服务是社会学、社会政策学和社会工作学所共用的一个专有名词。由于交叉使用的关系,在对社区服务的概念问题上目前还没有统一界定,有的学者侧重于实证分析,有的学者侧重于规范分析。关注实证分析的学者认为:社区服务是在社区内动员社区资源为社区居民提供的福利服务和便民利民服务,它包含福利性服务和商业化服务两部分。① 关注规范分析的学者认为：社区服务只应该是在政府支持下，通过调动社区内外的各种资源而进行的福利性服务，不包含商业化服务。②

1. 社区服务的内涵

1987年，时任民政部部长崔乃夫同志，在大连召开的全国性的社区服务座谈会上把社区服务定义为："在政府的倡导下，发动社区成员开展互助性的社会服务活动，就地解决本社区的社会问题，这就是社区服务。"1987年，张德江同志在武汉召开的全国性城市社区服务工作座谈会上就社区服务定义加以界定："社区服务是指在社区内为人们的物质生活和精神生活所提供的各种社会福利与社会服务。"③ 上述定义是由社区市级工作者对社区服务实践经验的感悟和理解，在各级民政部门、区级街道办、社区居委会的实际工作中影响深刻。随着社区服务的不断深入发展，我国社区服务需要更加成熟且实用性的理论发挥指导作用，在此背景下，我国的学者们就社区服务做了深入的理论探讨，并取得了可喜的成就。学者陈良瑾对社区服务界定为："城市社区服务是指在一定层次的城市社区内，建立在自愿、自治和自助、互助基础上的，既面向全体社区成员，又突出重点对象和特殊需求的福利性服务。"陈社英指出："所谓社区服务，就是以社区为单位开展的服务，又叫社区社会服务或社区社会工作。""社区服务是对居民群众的就地服务，是在政府、专门指导人员指导、组织和帮助下，社区居民所进行的自我互助服务，目的在于增进社区或居民的福利，解决社区的社会问题，调节社区的人际关系，以创造一个和谐良好的社会环境。"④ 虽然学者们在社区服务定义的表达方式上存在较大差异，但依然存在较为明显的共同之处，即社区性、福利性和互助性。

（1）社区性。社区服务的地理特征就是在一定的"层次不同的地

---

① 刘伟能：《社区服务的理念、功能和特色》，《中国社会工作》2001年第2期。
② 关信平：《社区服务的福利属性及其资源调动途径》，内地与香港社会福利第四次研讨大会发言稿，1997年。
③ 唐钧：《关于城市社区服务的理论思考》，《中国社会科学》1992年第1期。
④ 陈社英：《社区服务讲座》，《中国民政》1988年第1期。

域社会"，不仅是指人们生活的地理载体，更深层含义在于人类社会生活的共同体，包含着一系列的社会关系。社区服务的主体既是基层社区组织，也是社区服务最主要的组织者和管理者。政府所扮演的角色十分重要：社区服务的策划者和倡导者，以本社区的全体社区成员作为社区服务的服务对象。其根本目的在于以满足本社区居民的社会需求、解决本社区的社会问题。

（2）福利性。社区服务的福利性是就广义的福利定义而言的，是人类生活的幸福、和谐和美满，是建立在人类共同利益基础上的互助、互济行为。因此，福利性社区服务的受益者是社区全体居民，服务主体包括居民个人及其家庭、社会组织、市场部门和政府部门等。社区服务关注对象是社会上有特殊困难的群体即民政对象，同时还应该包括全体社区成员。社区服务必须以经济手段为出发点，在保证现有生活水平基础之上不断提升社区居民的生活质量。同时，我们认为，社区服务具有的需求是一种层次性关系：一方面满足社区居民物质生活的基本需求，另一方面满足他们的精神文化更高层次需求。在具体形态方面，社区服务既包含为社区成员提供服务基础设施、设备，又涵括具体的服务项目和内容。

（3）互助性。互助性是指社区服务的群众广泛参与，并依赖于社区成员和社区社会组织共同努力满足居民需要。社区服务成败的关键在于群众积极广泛的参与。社区服务要求本社区成员能够广泛参加，共同开发社区现有资源和实行民主管理，评价社区服务工作成绩的主要指标之一就是社区成员参与的积极性。社区服务首先要反映居民需求，要求社区居民的主动参与和自助行动，即个体社区居民须用一种积极态度来对待社区问题和自身需要；又要求群体自助，即以共同行动、互帮互助的方式来共同解决社区所面临的问题。社区服务深层目标是要求社会个体实现自我完善、自我发展和自我实现，使社区服务从政府推动转化成为"自觉、自治"行为。

从对社区服务几种界定及特点来看，社区服务内涵应该理解为：社区服务是指在政府的统一规划和指导下，以一定层次的社区组织为主体或依托，以自助互助的广泛群众参与为基础，既突出重点对象，又面向全体社区成员，用服务设施和服务项目来增进公共福利、提高生活质量的区域性社会服务。

2. 社区服务的外延

社区服务的外延在于其福利性和营利性的争论，笔者比较赞成将福利性和营利性相融合的观点。社区服务的外延应该包含三个层次：核心层次，社区福利性服务；中间层次，社区公益性服务；边缘层次，社区商业性服务。社区福利性服务涵盖的对象主要是社区内的社会弱势群体，主要的服务形式有：为老、残、贫困家庭提供社区救助、社区助残、社区养老服务。社区公益性服务涵盖的对象为社区所有成员，包括上述弱势群体，具体形式包括：社区就业服务、社区卫生服务、社区青少年帮扶服务、社区公共安全服务、社区文化教育服务和社区体育服务等。社区商业性服务是针对社区内的所有成员，与社区公益性服务相比较，主要特征是对普通的社区居民实行有偿服务、对特殊困难群体实行低偿或无偿的服务，其主要形式包括：社区商业、便民利民服务、社区物业管理、社区家政服务等。

三 多元服务主体

社区服务有三个基本利益相关的主体，即生产者、消费者和提供者。[①] 社区服务的生产者是生产社区服务的个人或组织；消费者是指能够直接获取服务的个人或组织；提供者是能够连接生产者和消费者的中介地位的个人或组织。社区服务的治理主体是社区服务的生产者和提供者，是各种利益相关主体的集合体，主要包括政府、市场和社会。

社区服务过程中，政府起着主导作用。社区服务发展与完善是一个漫长的过程，从社区发展的总体趋势来看，通过不断壮大社区自治组织和民间组织的力量，提高社区居民的自治能力。这与政府所起的作用并不相悖，在社区服务渐进完善中，政府不仅仅是重要的推动力和主导力量。一方面，社区服务是涉及方方面面的系统工程，牵涉社

---

① 贾先文：《农村公共服务社区化运作机制的构成》，《现代经济探究》2012 年第 3 期。

区所有居民的利益，需要一个最具权威性的组织从整体出发，制定科学可行的法律、法规政策来规范和监督社区服务的实施。与众多的社会组织相比，政府是最具权威性的部门，具有管理国家经济社会生活、制定社会政策的法定职责。即政府组织可以利用其独有的政治优势，有效运用行政、经济、法律手段协调各种有效力量，协调各种社会组织间关系。另一方面，政府在财政方面具有独特优势地位，是公共财政和公共资源最大的支配主体，决定了政府是社区服务资金和社会资源最主要的提供者。强调政府主导地位，并不是否认社区居民的自治组织、民间组织和其他社区力量的作用，没有它们基础性角色的辅助作用，政府主导地位也失去了应有的意义。当然，随着社区服务渐进发展，政府作用会逐渐被削弱，甚至会从台前走向幕后。到那时，政府的主导地位就会受到一定的威胁，这是社区服务发展趋势所在。但是，当前中国政府部门依旧起着其他组织无法替代的主导作用。

街道办是不设区的市和市直辖政府的派出机构，街道办的任务是处理市、市辖区的人民政府有关居民工作的交办事项、指导居民委员会的工作，反映街道居民的要求和建议、意见。作为半官方、半民间的街道办在社区服务中优势还是较为明显的，街道办的最大特点在于处在城市社会管理的最基层，直接面对居民群众和群众性组织，党和国家的方针、政策、法律、规章都要依靠街道办去组织、宣传和落实。街道办是社区服务的重要依托，决定了街道办的职责和社区服务内容的一致性。街道办在城市建设中所承担的职责有民政工作、劳动就业、人口管理、社区治安治理、社区文化建设，而上述工作正是社区服务的内容所在。因此，街道办事处是社区服务的重要依托，是与其工作职责相符的。街道办在社区服务领域具有相对高效性，特别是在社区设施的利用和社区资源的配置方面，与居委会相比较自身优势明显，可以在一定程度上避免由于服务范围小等问题而造成社区设施的重复建设、浪费或闲置现象。

民政部门是政府的重要职能部门，主要承担着社会福利服务和社会行政事务的管理。在1998年所实施的政府机构改革中，国务院赋予民政部的职能是"指导社区服务管理,推动社区建设"。可见,各级民政部门在社区服务方面起着引领作用。首先,社区服务是在民政部门的提议、倡导、推动下逐渐发展起来的,并由民政部门分工负责。其次,民政部门是社区服务工作的主管部门,其他社会组织和部门的工作都必须与民政部门密切配合,否则难以收到满意的效果。最后,民政部门的业务范畴和社区服务中社区福利性服务是相重合的,比如优抚安置、最低生活保障、民间组织的管理、救助救济等。

残疾人联合会是具有半民间半官方性质的事业团体。残疾人事业的总目标是:通过政府、社会、残疾人和残疾人工作者的共同努力,创造良好的物质条件和精神条件,使残疾人在事实上成为社会平等的一员,享有全面参与社会生活的权利,履行公民义务,共享由劳动和社会经济发展所带来的物质文化成果。[1]残联的工作对社区服务起到了有益的补充作用,同时,对社会弱势群体中的残疾人社区服务而言,起到了关键性作用。残疾人联合会代表了全国8300万的残疾人共同利益,把全心全意为残疾人服务视为唯一宗旨。中国残联是把政府、社会、残疾人这三个环节联系起来的纽带。残联有三项功能:代表功能、服务功能、管理功能。残联在社区服务方面的职责是帮助解决残疾人在社区生活中所遭遇的困境,包括残疾人就业、残疾人教育、残疾人培训、残疾预防、残疾人康复、残疾人最低生活保障、残疾人扶贫、残疾人出行等。残联在残疾人社区服务方面有其得天独厚的优势,残联工作人员与社区残疾人有共同的感受和经历,容易得到残疾人的信任和爱戴,加上残联工作人员细致耐心的工作态度,成为其工作成功的有力保障。此外,残联与政府和民政部门有着千丝万缕的联系,有着独特的政治优势和资源优势,这些是其他社会组织所不具备的。

市场组织在社区服务中的地位和作用越来越受到人们的认可和重视。1993年8月,民政部等14个部委共同颁发了《关于加强社区服务业的意见》,国内学者和行政主管部门认为:营利性的便民利民服

---

[1] 邓朴方:《人道主义的呼唤》(第一辑),华夏出版社2006年版,第221页。

务应该纳入社区服务范畴之中。社区服务中的营利性服务是手段,福利性服务是最终目标,在社会主义市场经济条件下,要面向市场,用营利性社区服务供养福利性社区服务,以保证社区服务的可持续发展。市场部门在社区服务方面的作用除了便民利民服务外,还在于它能够吸纳数量巨大的就业劳动力,尤其是劳动技能低下的劳动者和下岗职工,包括部分残疾人,这既给社区成员提供了就业机会,获得了一定的劳动收入,又有利于社区的和谐稳定。

居民委员会是在党领导下的社区居民实行自我管理、自我教育、自我服务的群众性自治组织,是我国人民民主专政和城市基层政权的重要基础,是城市两个文明建设的重要力量,也是党和人民政府联系群众的桥梁和纽带。居民委员会、村民委员会设人民调解、治安保卫、公共卫生等委员会。主要的职责是:①宣传宪法、法律、法规和国家的政策,维护居民的合法权益,教育居民履行依法应尽的义务,爱护公共财产,开展多种形式的社会主义精神文明建设活动;②发展本居住地区居民的公共事务和公益事业;③调解民间纠纷;④协助维护社会治安;⑤协助人民政府或者它的派出机关做好与居民利益有关的公共卫生、计划生育、优抚救济、青少年教育等项工作;⑥向人民政府或者它的派出机构反映居民的意见、要求并提出建议。

在现代社会中,政府不是万能的,市场也不是万能的。所以,在经济和社会领域内,当出现市场机制失灵时,社会部门凭借着其非政府、客观公正的特点成为沟通政府和市场的桥梁和纽带,具有政府和市场所无法具有的独特优势,成为政府职能转变的承接者。从城市社区服务现有现状来看,政府主导模式下的社区服务无法满足社区居民需求。公共选择学派认为,"政府组织规模庞大和复杂性以及所提供的商品与服务成本过高,是政府缺乏效率和效能的根源"。① 政府主导模式的社区服务主要特征是:政府是社区服务资源的主要提供者,单一的供给方式导致无法得到充裕的财政资金来支撑社区服务项目的开

---

① 段建军:《引入市场模式:改善社区服务供给的必然选择》,《广州广播电视大学学报》2008年第1期。

展，出现社区服务可利用资源的匮乏。社区服务要满足社区居民各方面的需求，如果居民需求全部由政府部门提供，就会使本来庞大的政府组织更加庞大，导致两种后果出现：一是政府社区服务运作的成本倍增；二是社区服务的供给效率加速下降。换句话说，政府主导模式根本无法满足社区居民日益增长的物质文化需求。政府主导下的社区服务供给模式的目标是满足社区弱势群体基本社会需求，服务面窄、服务内容单调，导致社区服务效能流于形式。对于企业而言，社区服务本身可以为企业提供企业发展所需要的商业机遇，提升企业的知名度，从而达到营利的目的。对于社会部门和企业来说，是在合作基础上的互惠互赢。此外，政府公共部门追求政府政绩、市场部门追求市场绩效、社会部门追求社会评价，社会部门能够在政府部门和市场部门之间进行沟通和运作，起到桥梁的作用。

第二章　社区服务体系

所谓体系是指在一定范围内或同类事物按照一定的秩序和内部联系组合而成的整体，是不同分系统组成的总系统。自然界的体系遵循自然法则，而人类社会体系则要复杂得多，影响社会体系的因素除人性的自然发展之外，还包括人类对社会发展的认识程度。社区服务是一个庞大而复杂的总系统，其运行要依靠多个系统合作来共同完成，社区服务的成绩和效率取决于各个系统的默契配合程度，只有充分发挥各组成部分的功能，才能最终实现服务社区群众的目的。社区服务体系的构成主要包括社区服务的主体系统、内容系统、信息系统和管理系统等几个部分。

第一节　社区服务体系的结构

一　社区服务的主体系统

社区服务主体系统就是在社区服务过程中所需要的产品和劳务的最终输出来源地或出处，能够提供社区服务的主体主要包括政府、市场部门和社会组织等。为了能够满足多样化、多层次化的社区居民需求，我国社区服务采取在各级政府的引导、参与和支持下，基于市场化资源配置的复合型社区服务供给模式，涉及各层面的供给对象、多样性的供给主体、多效用的供给内容、多渠道的供给投入和多元化的供给形式等构成要素。社区服务的供给对象是接受社区服务的个人或家庭，包括社区全体居民，从民政优抚对象延伸到所有社区居民；包括户籍所在地人口和非本地户籍或流动人口。

政府部门在社区服务过程中起主导作用，是整合政府、市场、社会资源的核心力量。在各社区服务实施过程中，政府都起到了主导作用，保证了政府在社会公共服务中的主体地位。此外，民政部门所确立的是社区服务"社会化、产业化"的发展道路，社区服务在运行中所采纳的无偿、低偿或有偿服务相结合的运行原则，依据"费随事转"的工作原则，调配划拨经费，确保了政府购买服务的能力，使政府以外的各类组织，包括以营利为目的的企业和少数非营利组织等都被纳入社区服务领域中来，共同构建我国社区服务的主体系统。

社区居委会行使社区自治的功能。社区居民委员会作为常设性的居民自治组织，在很多地方被政府行政化。在国家的"十一五"规划中所确定的重点任务之一就是要以社区服务站为重心，逐步完善社区服务设施建设，在全国范围内建立社区、街道、区（市）共建共享的社区服务机构分工协作性质的社区服务网络。理顺各方关系，明确社区居民委员会与街道办事处、地方政府部门的关系为指导与协助、服务与监督的关系，而非行政上下级的关系。社区居委会依法享有自治组织的权力，应把工作的重心放在开展社会性事务、为社区居民做好群众性服务，真正履行其宪法和法律所赋予的职责，成为名副其实的社区服务机构，认真发挥出其对街道办、区（市）社区服务机构的行政监督职能。

市场和其他社会机构要发挥其有益补充的职责和作用。政府财政投入是社区服务资金的最主要源泉，为了更好地开展保障服务，必须鼓励各类民间组织、慈善组织、志愿组织等参与到社区服务，把市场化、社会化筹资机制相结合，鼓励社区范围内社会企事业单位、驻区单位包括社区居民以各种形式参加社区服务，逐步建立并完善多元化、多渠道的资金筹集机制。

二　社区服务的内容系统

社区服务内容系统就是社区服务所涵盖的范围。按照不同分类标准，社区服务内容也有所不同。夏学銮认为，可以依据服务主体和服务客体为标准，把社区服务内容分为个人相互社区服务、人际相互服务、社区和企业相互服务、社区为居民服务、政府（民政部门）为民政对象的服务、政府为社区服务六类。①

根据社区服务福利性和营利性的性质，把社区服务分成三个部分内容：社区福利性服务、社区公益性服务和社区商业性服务。

社会福利概念模糊而复杂，其有广义和狭义两种解释，广义社会福利可以理解为包括满足社会成员基本生活需求的社会保障内容；狭义的社会福利主要是指由公共组织和志愿者组织为社会中不能依靠个人资源来满足个人或家庭所提供的非营利目的的产品或服务。这些被资助的对象统称为社会弱势群体，包括儿童、妇女、老年人、残疾人、贫困家庭和在社会、精神或情感方面遇到困难的特殊群体。在服务对象方面，社区福利性服务对象既可以是社区全体居民，也可以是社会弱势群体。政府、社区组织或个人等服务主体，为社区社会弱势群体所提供的非营利性的产品或服务，其主要形态包括为老、残、贫困家庭提供的社区救助、社区助残、社区养老等服务。

社区公益性服务包括由政府向社区居民所提供的公共服务、社区组织所提供的无偿或低偿服务、社区成员所提供的互助志愿服务。具体包括：社区就业服务、社区卫生服务、社区青少年帮扶服务、社区公共安全服务、社区文化教育服务和社区体育服务等内容。

社区商业性服务在方便社区群众生活、增加社区就业量、促进社区经济发展等方面发挥出一定的补充作用。社区商业性服务也越受人们的关注，是政府部门和市场部门关注社区服务的一个新的突破口和着力点。社区商业性服务包括社区商业、便民利民服务、社区物业管理、社区家政服务等。

社区福利性服务是社区服务的出发点和最终归宿，离开福利性，社区服务就会偏离最初的设立目标。社区公益性服务意义重大，在实施过程中要注重成本核算，做到收支平衡，以维持可持续发展需求。要理顺社区服务公益性和商业性之间的关系，商业性服务除了提供便

---

① 夏学銮：《中国社区服务的内容体系、运行机制和其他》，《社会工作》1998 年第 1 期。

民利民服务外，还能为社区服务筹措服务资金，维持社区服务可持续发展并保证服务的适度扩大；如果完全着眼于营利活动，社区服务同样也会偏离终极目标。

三　社区服务的信息系统

社区信息服务发展历程最早要追溯到第二次世界大战后期，英国政府为了解决因战争原因所导致战时家庭人口的离散、战争人员的撤离等问题，成立的"市民通告事务处"（CitiZens' Advice Bureaux, CAB），随后，CAB传统得到了进一步开发和利用，增加了包括处理家庭与个人其他问题，为他们提供信息方面的帮助。

随着互联网和通信技术迅猛发展，社区信息网络得到了大面积、高效率的开发和利用。网络信息化成为现代社会的标准之一，网络系统信息化表现为以下几方面：一是随着计算机信息技术的飞速发展，社区服务中计算机使用及网络普及，保障了社区服务手段适应了社会发展的需要。二是社区服务职能的转变。由过去满足和方便居民生活正在逐步扩大为社区成员之间、社区内部与外部世界沟通交流手段，提供非物质化、非劳动性服务，即网络信息服务。三是社区建设具有网络信息化特征，表现为居民住宅智能化和公共小区智能化。在很多新建的小区，信息网络布线有严格的规定，如支持语音听话、数据、视频、多媒体、家居自动系统、环境管理、保安、音频、电视、探头、警报等服务。公共社区智能化除能为住宅智能化提供网络环境外，还扩大到社区管理的智能化。[①]

以区、街、居委会三级组织为基本构架的社区管理体系在我国城市中已基本形成，社区不仅是居住生活、工作场所，而且也是人与人之间获取可靠信息主要的方式之一。有效促进社区成员间、社区内部与外部世界间信息沟通交流，把现代信息技术应用到社区信息网络建设之中，建立较为完善的社区信息服务体系，深化社区服务的信息化进程，既有利于提高社区居民的生活质量，提升社区现代化建设水平，又有利于现代城市社会信息化的发展。

---

① 刘小敏：《社区信息服务体系有关问题的研究》，《情报科学》2003年第4期。

社区服务信息化的基本目标体现在以下方面：一是可以把现代信息技术引入社区服务之中，互联网就成为社区服务的主要手段。二是信息服务成为社区服务的主要内容，为居民提供一种无形的服务。三是提高社区成员的信息技术水平和信息意识能力，适应信息社会发展的需要。

社区信息系统的社会功能包括：一是社会保障应用功能，申报、统计社会保障的人员信息；制作社会保障卡存储及个人信息识别，实现社会保险申报情况的查询及个人账户信息查询等相关服务；系统信息的互联网衔接，使社区保障性服务方便、简洁、高效。二是网上医院应用功能，居民可以更方便地得到医疗和健康方面的信息服务。利用家里的电脑进行看病挂号、专家预约、病床预订和网上诊断等服务。三是远程教育应用系统，把授课内容集成到社区信息服务网站上，足不出户实现网上课程内容点播，同时，网络可自动记录"学生"上课的总课时，特别适合没有固定上课时间和出门不便的残疾人士。四是虚拟图书馆应用功能，当社区客户向虚拟图书馆提出服务请求时，虚拟图书馆就会自动把客户服务请求发送到当地实体图书馆，实现多个图书馆资源共享。五是政府便民应用功能，居民可以通过社区网络、利用 E‐mail 等形式把自己的需要、诉求向政府或相关部门反映，相关部门在获取消息后，可以通过网络方式或现场解答方式来对有关问题加以答复。

四 社区服务的管理系统

社区服务的管理体系主要功能是解决社区服务数量、质量、效率和水平等问题，促使多个服务主体间相互配合，以最效率性的方式为社区成员提供急需的产品和服务。社区服务管理体系的目的是积极探索建立以城市社区基层党组织领导为核心、村民自治为基础、社区居民广泛参与、各类社区组织互动合作的城市社区管理体制，切实提高城市社区管理水平。创新城市社区服务管理是应对新形势下基层社区变革现实理性化的主动选择。社区服务管理系统创新是通过社区服务组织、社区管理制度和社区运行机制共同实现的。

社区行政化是指政府将本身职能转移到街道办事处下属的居民委

员会，居民委员会在承担政府的职能后自治性质发生变异，表现在组织设置、组织功能、自治章程、工作制度、人事决定、经费收支、运行方式、考核机制的行政化。① 社区行政化的表现形式很多，诸如行政目标替代社区目标；社区组织行政化。社区管理方式行政化：下级对上级的决定的服从，缺少互动与沟通，社区关系紧张，甚至对立；重视行政执行力；忽视民意表达与疏导沟通。目前具有代表性的社区理论，都具有单向度特征，即仅仅依据我国社会转型中的某一种社会变迁趋势进行理论建构，没有考虑与之相关的其他变迁趋势，这种单向度性导致现有社区理论面临无法摆脱的理论难题。②

社区问题被动反应模式是指社区管理服务从现实主义出发，发现问题后或预见到问题时，才采取措施化解问题，是一种被动解决问题的管理模式。③ 社区问题被动反应模式的症结在于过于重视社区问题本身，忽视了社区服务与管理体系自身的建设；过于重视社区社会问题干预、危机处理和事故预防，忽视了社区各部门关系的认识、体系制度建设与运行机制建立。从理论根源上看，社区服务理论是社会学家和法学家所制造的社会学理论，有共同的理论旨趣，遵循因果规律，发现问题，寻求问题的解决答案。要么采用较为温柔的改良派作风，用温和的方式解决当前的社会矛盾和社会问题；要么采用较为强硬的革命派作风，用暴力方式解决社区建设中出现的问题。

第二节　社区服务运行机制

"机制"一词包含三层含义：一是指事物各组成要素的相互联系，即结构；二是指事物在有规律性的运动中发挥的作用、效应，即功

---

① 向德平：《社区组织行政化：表现、原因及对策分析》，《学海》2006年第3期。
② 周业勤：《我国城市社区的理论建构及其实践路径》，《安徽大学学报》（哲学社会科学版）2012年第1期。
③ 黄安心：《关于创新城市社区管理服务的几点重要思考》，《城市观察》2012年第2期。

能；三是指发挥功能的作用过程和作用原理。[①] 依据以上定义，社区服务运行机制是指在社区服务过程中，能够促使其运行的各个构成要素结构、功能及相互联系，以及它们之间所能够相互产生影响、发挥功能的作用过程和原理。本节将重点对社区服务资金供给机制和志愿者队伍建设机制加以介绍。

一 社区服务资金投入机制

社区服务资金投入机制，主要是指在社区服务过程中所需要的资金支出、运作和监管等方面所形成的一整套行之有效的办法和制度性安排。社区服务正常运作是以充足的资金作为保证的，目前社区服务的资金供给陷入一个进退为难的境地，一方面，社区服务福利性使以营利为目的的经济部门不愿意把资金投入该领域，导致社区服务无法满足居民福利性需求；另一方面，政府虽然对社会福利采取大包大揽的做法，但福利性的本质决定了政府是社区服务最主要的出资人和投入者，由于无法提供充足的投入资金，政府把社区服务担子交到了社区，希望社区能够承担居民福利性社会功能，未能从根本上改变无力出资的困境。从全国社区服务现实状况来看，社区服务发展离不开政府和市场的投入，但不能完全依赖于其中任何一方。理由一，社区服务就是由社区来承担过去由政府所必须承担的福利功能，社区难以从政府部门获取足够的资金支持；理由二，为了适应服务行业市场化的需要，社区服务场地设施、资金物品和人力资源被不断吸引到以利润最大化为经济导向的商业化服务之中，导致本来就资源有限的福利性社区服务所需资源更加短缺。在这种情况下，社区服务不得不利用市场机制来获取所需资源，就出现了"以商业化的服务养福利性的服务"现象。

（一）社区服务的资金筹集

国外社区服务的资金供给结构有四大源泉：政府资金投入（是社区服务的主要来源，占全部所需资金的一半，中国为30%）、社会组

[①] 郑杭生主编：《社会学新修概论》（第三版），中国人民大学出版社2003年版，第33页。

织和个人的捐助、社区服务项目所产生的收益和再投入的收益、通过博彩业和有奖募捐基金的部分收入。① 中国社区服务的资金供给结构与国外的状况基本相同，但比例差异较大。

1. 政府财政投入

政府是社区服务的资金最大投入者，政府投资者的身份具有很强的符号意义和现实意义，一方面，政府投入大量的资金开展社区服务项目，表明政府关心民众生活，特别对社会弱势群体的关注，带有一定的政治符号意义；另一方面，社区服务福利性、公益性本质使政府在社区服务资金投入方面必须承担责任，有利于提高居民的生活水平，满足群众的生活需要，具有强烈的现实意义。政府资金投入，分为以下几种类别：一是地方政府财政拨款（固定拨款和专项拨款），主要用于社区服务公共设施建设和政府向民间、社会组织和市场所购买的服务；二是民政部门拨款，主要用途是用于社会救助等民政救济；三是政府通过所得税、财产税等税收收入、政策优惠、免费提供场地等措施直接或间接对社区给予经费支持。政府社区服务资金用途在我国不同地区差异很大，主要受到当地经济发展水平影响：在经济落后的西部地区，政府资金投入重点是建设和完善社区居委会的办公基础设施、社区服务场所、修缮娱乐设施，为开展社区服务做硬件准备；中部地区政府投资的主要用途是改善社区服务设施、强化群众急需的服务领域建设、进一步改善设施条件，有针对性地开展社区服务；在东部发达地区，政府投资重点是完善综合性服务设施，优化组合现有资源，全面开展社区服务。

2. 市场化经营收入

借助于社区有偿或低偿服务项目所获得的收益、社区所属企业经营收入和特许经营所得等方法获得发展社区服务所需资金。社区服务市场化资金供给有三个主要源泉：一是社区服务收入。随着社会和经济的快速发展及人民生活水平的大幅提高，社区居民对政府提供的需

---

① 徐永祥：《论社区服务的本质属性与运行机制》，《华东理工大学学报》（社会科学版）2002年第4期。

求不仅仅局限在社区福利项目上，还包括多样性社会化服务方式。由于居民多样化服务要求，完全依赖政府提供无偿服务资金已不太现实。为了解决服务资金的缺口问题，向服务的受益者收取适当的费用就势在必行，可以弥补社区服务的资金周转问题，保证社区服务的可持续发展。通过有偿、低偿服务收费，既可以保障社区服务可持续发展，又可以在不加重社区居民经济负担的前提下，较好地利用市场规则，实现社区服务社会化。二是产业营利收入。我国社区服务资金的供给部分来自街道、社区内的政府所管理和经营的产业所带来的收入。街道办是政府机构的派出机构，拥有一定的经营权，独立开展市场化的经营活动，按照自身资源状况发展街道或社区经济实体。政府社区服务投入能力的局限性导致街道或社区的实体经济收入成为社区服务资金供给的主要和可靠来源。三是其他经营收入。政府在社区服务的投入方式除了直接投入资金和建设基础设施外，可以把一些服务项目交给社会组织或市场来经营管理，由它们为社区群众提供有偿或低偿服务。政府可以把具体项目授权给个人、企业或社会团体进行投资经营，赋予社区服务的实际经营权，政府则负责管理和监督职能。政府与市场部门签订合作条约，就建设设施项目或服务内容加以详细界定，在合同有效期限内，经营者出资建设经营项目，可获取服务收益；合同期满后，项目的资产、所有权和管理权归政府所有，解决政府投入不足难题。拓宽资金投入方式，减小政府投资压力，既有利于提高社会部门社区服务的积极性，更有利于开展多样化的社区服务，满足居民的实际需求。

3. 社会捐赠收入

在国外，社会捐助资金占社区服务资金总量的比重很大，是社区服务的主要资金来源之一，上至有名望的企业家，下到普通的社区居民，都以极高热情加入社会捐赠活动之中。但是，在中国，社会捐赠收入在社区服务投入中所占的比重很小，捐赠的社会意义远远大于其经济意义。我国社会捐赠活动还处于刚刚起步阶段，人们捐赠意识和互助行为还处于自发阶段，有很长的道路要走。就个体而言，一方面，中国普通大众的捐赠意识还需进一步提高，政府要加大在人道主义精神方面的宣传力度,引导广大人民积极投身到公益活动之中;另一方面,普通群众富裕程度还不是很高,财富的分布也很不平衡,动员和号召社会精英和名人加入慈善事业之中,用榜样的力量来带动广大社会底层的民众。就社会而言,一方面,国家要加快出台遗产继承法的修订工作进度,增加遗产税的征收力度,用法律手段来规范公民财产的代际传递,有利于人们树立正确的财产观念;另一方面,进行税收制度改革,深化以捐代税政策措施改革,鼓励企业参与社会慈善事业,加大对有爱心企业家的扶持和宣传工作,杜绝类似"英雄既流血又流泪"的现象发生。

(二) 社区服务的资金使用和监督管理

1. 资金支出

社区服务资金支出是社区服务资金供给机制的组成部分,资金支出不仅仅关系到服务覆盖面和受益范围,而且关系到社区居民的实际利益和社区服务的可持续发展。

社区服务资金使用主要包括社区设施建设的投入费用、社区服务人员队伍费用、社区服务项目支出费用三部分。首先,社区设施的建设投入支出,各地政府和街道办花费了大量物力、人力建设社区服务中心、养老中心和残疾人阳光家园等服务设施。其次,社区专职工作人员费用开支,包括司法工作人员的经费支出、计生干部的经费支出、居委会干部经费支出和其他工作人员费用开支。最后,社区服务的业务支出,该项支出是社区服务资金使用的主体部分。社区服务业务支出包括下列项目:市政建设、环境治理、康复保健、卫生文化、社会保障等、协税业务支出、"三站一馆"(卫生站、文化站、消毒站、图书馆)业务支出、城市管理业务支出等。[①] 通常情况下,社区服务资金的支出都有着较为清晰而明确的方向,特别在专款专用资金的使用方面,资金投入者要随时监督资金的使用状况,不会出现挪用或占有的状况发生。从具体资金数量情况来看,弹性灵活的资金使用状况较少,确定性支出所占的比例较大,有益于资金的管理监督,减

---

① 陈宪:《社区服务与社区经济》,上海大学出版社2000年版,第34页。

少资金滥用状况的发生。从资金用途方面来看，社区服务需求导致了资金投入量变化：在体制改革以前，单位制模式下社区服务主要集中在传统的卫生、养老、助残、教育等社会福利方面，政府是社区服务资金最主要的承担者，导致投资主体的过于单一；现有社区制的服务更多地集中在人们对文化娱乐、休闲保健、环境保护等多样化服务，单一依靠政府出资已经不能满足居民的现实要求，投资主体多元化、吸引社会力量把市场原则和公益原则相结合，提高社区服务质量。

2. 资金监督

为保证社区服务质量和资金使用效率，就应对服务资金进行有效监督。依据西方国家在社区服务资金的监督管理经验，建立完善的管理制度和监督程序是服务资金加以合理运用的可靠保证。在中国，目前社区服务资金的监管方面主要有三种模式，即行政监管、审计监管、社会监管。

（1）行政监管。政府在社区服务总经费所占的比重大约在三分之一。市、区、街道都会对财政投入的社区服务资金进行专项监管，制定资金监管制度。我国政府对拨付给下级政府的资金要进行行政审批、成立资金专项行政审计部门，涉及较大项目或大笔资金投入时，成立专门审计委员会，定期对资金的使用状况加以统计、监测、检查。

（2）审计监管。设立专业化项目审计监管制度，可以对社区服务资金加以有效监督管理。投资方和承建方所签订正式合作合同，对于包括资金使用等具体事项都进行了详细规定。在项目实施过程中，承建方或运营方把社区服务项目资金运作详细的进出财务表和正规的发票作为其资金结算依据，同时，建立运作规范的财务管理制度、会计制度。投资方对项目资金进行专业化的审计检查，用规范化手段加强资金运作。此外，作为社区服务资金的融资机构的银行部门，出于对自身利益的考虑，减少贷款资金风险，也会对社区服务资金的使用状况加以监管。

（3）社会监管。由于部分社区服务资金来源于社会大众、社会团体或企业的捐赠，他们就有权对社区服务项目的资金运作进行社会监管。社区服务涉及全体社区成员的社会福利和切实利益，社区群众有权对社区公共服务的财政状况加以了解、监督，这也是公民管理社会事务的一种积极表现。根据"谁付费、谁决策"的运行原则，来自国家财政投资的社区服务项目的资金支出必须接受来自公众的监督管理。

（三）社区服务资金供给体制存在的问题与对策

资金的投入、支出、监管构成了社区服务资金供给体制，涉及社区服务的质量和运作效率。在实际的运行过程中，还暴露出许多有待进一步改进的问题：

（1）资金源泉单一。社区服务的公益性、福利性本质决定了政府是社区服务资金供给的主要承担者。然而，由于政府资源的有限性，政府所能够提供的资金数量有限，导致社区服务资金不足，资金来源过于单一，难以开展有效的活动。与国外资金投入渠道相比较，我国社区服务资金投入单一性的主要表现是，社会捐赠数量在社区服务资金的比重过低，社会捐赠的政治符号意义远远大于其经济意义。

（2）资金投入的规范化、制度化程度低下。社区服务项目的确立大多是按照上级的要求、作为政治任务所实施完成的；同时，伴有极大的随意性，社区服务的投入力度往往与地方领导的意志、上级部门的政策紧密相连，缺乏制度依据。很多地方的领导一旦调离，原有社区服务项目马上停建，成为烂尾楼工程；有新项目重新开工，导致重复建设，造成资源浪费。由于事随人转因素的影响，社区服务资金难以获得常规化的连续投入，服务资金无法被纳入政府的财政预算，无法得到制度性保障。

（3）三级政府对资金投入的职能划分不清晰。市级政府、区级政府和街道办事处在资金投入的责任方面，缺乏形成明确制度性的规定，造成社区服务过程中的责权利混乱，且各行为主体带有明显的随意性。一般情况下，市、区、街道在社区服务的投资问题上，多采取"协商"的方式，在市一级政府对区、街道情况不了解的情况下，完全靠下级政府的汇报材料来定夺资金投入金额，会出现"会哭的孩子有奶喝，不哭的孩子饿肚子"现象发生。

（4）三大部门不平等关系。政府在社区服务资金投入无法满足社区居民的现实需要，市场部门和社会团体就参与到社区服务行业，有利于缓解资金短缺的现实困境。但是，在政府许可的企业、社会团体甚至个人参与经营过程中，政府和企事业单位、社会团体、个人经济实体间还缺乏有效的协调合作关系。往往出现不对等关系，行政部门往往处于主导地位，影响到市场化和社会化运作，打击市场部门和社会组织的参与积极性。

（5）资金监督不到位。在社区服务资金投入运作过程中，常常出现监督不力或监督空白现象，特别是社区民众对政府资金监督问题，社区居民会处于明显弱势地位，无法履行实际监督职责，出现政府社区服务建设项目缺乏有效监督，劣质工程屡屡出现。

（6）资金投入的地方性差异。政府在社区服务资金投入的局限性导致了社区服务质量不高，居民对所能享受的产品和服务不满意。有的社区依赖于良好的地理位置和自然环境因素获得巨大商业收益，社区服务资金投入就多，社区服务的质量就会得到保障。相反，地理位置偏僻、人文环境较差的社区在商业收益方面就会很差，无力承担社区服务的资金投入，社区居民的受益程度就大打折扣。地方差异性还体现在不同地域间的差异，东部、中部、西部的社区自身资金投入差异是显而易见的。

针对以上在社区服务资金投入、监督和管理方面所出现的问题，分析问题产生的原因，对症下药，从根本上加以解决：

（1）动员社会成员和企业踊跃加入社区服务的社会捐赠中，解决资金单一难题。社区服务资金的筹集与国外相比，明显存在投资比例过低问题。要从制度上和观念上出发，改善我国社区投入资金单一的问题。社会成员对社会福利事业关注程度，在很大程度上取决于居民思想觉悟和社会风气。加强宣传人道主义思想和无私奉献精神，让群众理解"我为人人，人人为我"的道理。加强对正面事例的宣传力度，特别要加强社会精英和名流慈善活动的报道，用榜样的力量来感染全社会。此外，在立法层面，认真研究并落实遗产继承相关法律内容，加大遗产税的征收力度，鼓励社会成员树立正确的财产观念，弘扬自食其力的社会美德。

(2) 规范制度管理，加大对社区服务资金监管。无论来自政府部门、社会部门、市场部门还是个人的服务资金，都要建立起严格财务制度和资金管理制度，实行财务定期公开制度，接受其他部门和社会成员的监督。在具体的项目实施过程中，严格发票管理，须经手人要签字，注明对方合作人的联系方式，防止多保、虚报现象发生。

(3) 三大部门间建立平等合作关系。政府凭借着其独特的政治地位和控制社会资源的优势，在社区服务设施的建设投入方面占据明显优势地位，同社会部门和市场部门在合作过程中占据主导权，把有利可图的项目归由政府负责，把"鸡肋"项目交由其他部门承建。政府可以对投资项目加以审计、监督；反之，其他部门却无法监督政府部门，导致政府滥用职权，出现价高质劣质工程。

(4) 平衡地区差异。对于东部地区、中部地区和西部地区经济和社会发展水平的不平衡，中央和省级政府要充分考虑到各地具体情况，在扶持力度方面要做到轻重缓急，绝不可"一刀切"。对于贫困地区可以进行全额社区服务资金的投入，切实解决地区资金匮乏问题。同样，市级政府要根据不同的区和社区的真实财力和人文特点，平衡社区差异，保证社区成员尽量得到同水平服务。

二 社区服务的队伍建设机制

所谓社区服务队伍，狭义而言，就是提供社区服务的社区工作者，在我国，是指服务于基层政权组织的管理人员和服务人员；广义上讲，泛指一切为社区服务而工作的人，除专业化社区工作者外，还包含互惠互助的社区居民以及提供无偿服务的社区志愿者。这里将着重讨论社区工作者和社区志愿者。

(一) 社区工作者

1. 社区工作者的界定

社区工作者是专业化、职业化的社会工作者，以社区工作为主要方法，以社区及社区居民为服务对象，通过受雇于社会福利机构，不同于利用业余时间从事社会公益事业或社区服务的志愿者。[1] 此外，

---

[1] 艾伦·特韦尔维特里：《社区工作》，中国社会出版社2002年版，第1页。

社区工作者是专指受过专业社会工作教育、取得过国家社会工作执业证书，把社区工作作为职业的专职人员。长期以来，我国就社区工作者的界定较为模糊，在1995年出台的《全国社区服务示范城市标准》中，把社区服务人员分为专职与兼职两类。2000年中共中央、国务院转发的民政部《关于在全国推进城市社区建设的意见》中，"专业的社区工作者"队伍是指社区居委会干部队伍。[①] 在很多关于社区服务或社区建设的文献中，"社区工作者"多指居委会工作人员。狭义社区工作者是指居委会工作人员，难以体现出当前社区服务社会化发展道路趋势；使用广义社区工作者概念又过于笼统和模糊。按照职业化的标准，我们可以把社区工作者定义为以提供社区服务、促进社区发展为职业的人。以职业化（非专业化）为标准，中国社区工作者的外延上包括街道办主管社区建设的民政干部；居委会主任、主任助理、委员；社区服务中心（站）主任、主任助理及专职服务人员；社区福利机构管理和服务人员。[②]

社区志愿者和社区工作者。社区志愿者是指在社区范围内不以获取任何物质报酬，主动承担社会责任、帮助别人、奉献个人时间和精力的人。早期社区志愿者大多是一些青年人，经过长期发展，已包含了各阶层、各年龄阶段、有志于服务社区的所有社会成员。自愿服务内容也从对社区弱势群体帮扶扩展为开展社区文化活动等。社区工作者与社区志愿者不同，社区工作者主要受聘于不谋利的社区组织或机构，进行基层社区的管理、服务工作，他们有固定的工资收入或奖金补贴等，社区工作者的工资由基本工资、职务年限补贴、奖金和其他待遇四部分组成。

社会工作者和社区工作者。社会工作者是指非营利性的、服务于个人或社会群体的专业化、职业化活动，也被称为社会服务或社会福利服务。专业化社会工作是指具有奉献精神、掌握了社会工作系统专

[①] 侯岩：《中国城市社区服务体系建设研究报告》，中国经济出版社2009年版，第24—25页。
[②] 陈茜：《珠海市社区工作者队伍建设问题初探》，《中共珠海市委党校珠海市行政学院学报》2008年第3期。

业知识、方法与技能的职业化社会工作者所提供社会服务，他们大多受雇于政府公共部门和非营利社会组织等。社区工作者特指"那些受雇于政府机构或非营利社会福利机构，在社区中运用社区工作方法组织社区居民，动员社区资源，解决社区问题，促进社区进步和发展的专业社会工作者。"① 社区是他们的主要工作场所，对象是社区居民，解决社区问题，社区工作者要具有社区工作专业知识和专业素养。社区工作者也包括社区中开展工作的社工，其工作方法是自下而上的，根据社区居民实际需求和建议意见进行社区发展计划和服务项目方案的制订，然后组织实施社区发展项目。社会工作者则指服务于特定弱势群体或专门领域的社团和附属机构社工，他们的工作方法是自上而下地执行社会计划。

2. 社区工作者队伍建设需要解决的问题

我国社区工作者队伍建设和管理方面存在两个主要问题：职业化社区工作者队伍对管理较为松散，缺乏稳定性特点；专业化社区工作者队伍任重而道远。具体而言，体现在以下几个方面：

（1）理论层面对社区工作者概念界定不清晰、实践层面定位模糊。无论是从理论和实践角度看，目前我国对社区工作者概念和地位定性都偏重于实用原则，淡化了性质讨论。对于居民委员会工作者，很多地方实施了选聘分离、议行分设、居站分离做法，无法准确对其加以确切定位。在对社区残疾人协理员的走访中，他们就直言，协理员是在居民委员会工作，从街道办领工资，既负责残联交代的任务、街道布置的政治性指示，又要完成民政部门的扶贫救济工作和社保部门的残疾人社会保障政策的宣传，名义上属于社区自治居民委员会成员，但实际供养部门在行政部门，处于非官非民尴尬境地。

（2）社区工作者队伍建设规划缺乏科学性。依据社区服务规模确定居民委员会成员的人数，社区服务中心按照市级部门安排和部署设立岗位。从表面上看，既可以防止人员资源的浪费，又可以提高办事效率，杜绝遇事推诿现象的发生。但是，社区工作者的规模不是以满

---

① 孙莹：《如何区分社会工作者与社区工作者》，《中国社会导刊》2007年第14期。

足居民服务需求为标准,而是以上级部门的安排或指令办事,必然造成有的部门人员设置出现事多人少现象,有的部门则出现无所事事状态。造成上述局面的根源在于,在实际操作中,社区工作者配置数量源于政府部门需要,缺乏对社区服务长期规划。

(3) 社区工作者工资待遇低。社区工作者是以获得固定收入为生活来源的人,很多社区工作者因为工作待遇问题而跳槽,难以吸引优秀人才;特别是对于有专业知识和专业技能、长期从事社区工作资深的从业人员,日复一日地在同一个地方工作,艰辛的劳动与所得报酬,导致了大量优秀人才外流,给处于起步阶段的社区服务事业带来诸多不利发展因素。工资待遇问题是社区工作者职业化的一项重要内容,影响社区工作者队伍稳定性和社区服务水平。

(4) 社区工作者职业化有待加强。虽然政府部门和社会组织的社区工作者都接受过服务技术培训,加之长期工作经验累积,其实际操作能力和理论水平在不断提高,但与国外专业化的社区工作者相比差距巨大。在基层居委会工作的社区工作者素质要好些,他们是通过公开社会招聘、激烈岗位竞争才获取社区工作者这一岗位。所以,制定出台人事管理制度,对政府部门社区工作者实行流动上下岗制,使能者居其位。此外,社区工作者与上级部门的纵向交流较多,缺乏与同级部门横向交流合作,社会分工不明确。与国外高专业化程度比较,我国社区工作者在注册、考评和管理监督等方面需要进一步规范。

(5) 对社区工作者的培训力度不够。社区工作者的素质直接影响了社区服务质量,涉及社区居民的生活质量。提高社区工作者的素质多集中在居民委员会工作者层面,对各类社区服务机构、社会组织中社区工作者和专职工作者大都排斥在培训的范围之外,影响了社区工作者整体素质和社区工作者专业化发展。

(6) 专业化程度水平亟待提升。我国很多高校都开设了社会工作专业专本科教育,有的高校还开设了社会工作硕士教育,弥补了我国社区工作者职业化程度低下的不足。但是,无论是政府机关还是居民委员会、正规社区服务机构、民间社会团体,都需要大量专业化人员的加入。社区服务专业化道路前途似锦,但任重而道远。

3. 建设并完善社区工作者队伍机制

社区工作者是社区服务的主要依靠力量,他们能够较好地执行党和政府的决策,在社区服务工作的组织、协调方面发挥引领作用,他们还是服务的直接供给者。所以,如何利用制度手段来规范社区工作者的选拔任用、教育培训、待遇保障、激励约束等问题就成为各级政府和社会部门面前必须解决的问题。

(1) 建立并完善社区工作者选拔任用机制。要向社会敞开准入的大门,鼓励有志于社区服务的社会人士加入社区服务队伍之中。规范职业资格制度,使社区工作者队伍向知识化、年轻化、职业化、专业化方向发展。深化社区工作者选拔任用制度改革,形成一套社会认可的公平、公开、透明的社区专职工作者的选任制度。各地根据地区发展的实际需要和当地高校供给状况,采取公开招聘、民主选举、竞争上岗、聘用优秀社工专业大中专毕业生等多种方式并举来充实到社区工作者队伍中。借鉴国家公务员考试的一套程序,实行笔试、面试、考核、公示、聘用等步骤规范录用程序。

(2) 建立并完善社区工作者教育培训机制。立足于实际工作需要、借助于当地教育部门、以提高专业化为起点、以提高工作效率为目标,逐步建立并完善社区工作者的教育培训制度。把政府下属的党校或干部培训学校作为培训基地,聘请高校专业老师,讲解社区服务理论,规范培训教材、培训方式、培训时间和培训内容;采用多样化的教学模式,把教师面授和网络远程教育相结合;实施短期培训和正规教育相结合,多样化地对社区工作者进行全面而系统地培训;把培训成绩作为工作绩效考核内容之一,防止教育培训形式化。鼓励社区工作者参加国家举办社会工作者等级考试,提高工作者的文化修养素质、思想政治养素、专业技术养素和职业道德养素。

(3) 建立并完善社区工作者的待遇保障机制。借鉴国外和中国香港地区的先进经验,实行企业编制、事业单位待遇的模式,逐步提高他们的工资待遇。依据当地经济发展水平和社区工作者的实际考核实绩,提高工资待遇和相关福利水平。改善社区工作者的工作环境和工作条件,政府部门要增加对社区建设的资金投入力度,改善社区办公场地基础服务设施,加强对贫困地区投入规模,使社区工作者有一个稳定而轻松的工作场所。

(4)建立并完善社区工作者的激励考评机制。探究和摸索简单易行、切合实际的社区工作者考核、职务晋级、奖励与惩罚制度。一是依据实际需要,确定工作岗位、明确任务职责。既要考虑社区居民的实际需求,又要本着精简效率的原则,对社区专职人员的工作职责加以界定,落实岗位职能,把社区工作者职责完成状况作为晋级的主要依据。二是落实年终考核制度,以职责实际履行状况为依据、用结合民主评议方式对社区工作者一年绩效状况进行公正鉴别,重点考察他们的道德、能力、出勤、成绩、廉政五个方面,可以分为优秀、良好、及格和差四个等次。三是要认真落实对社区工作者的奖惩状况。在社区内张榜公布考核结果,根据考核结果的等次,实行优胜劣汰,对工作人员形成一种强烈的社会压力,并把这种压力最终转化为工作动力,激励约束社区工作者以更高的热情投身到社区服务中来。

(二)社区志愿者

1. 社区志愿者的界定

联合国将志愿者定义为"不以利益、金钱、扬名为目的,而是为了近邻乃至世界进行贡献活动者"。在西方,志愿者是指一些不受个人私有利益的驱动、基于人类的人道主义、理想信念、社会良知、同情心和社会责任感,为促进社会发展而自愿提供服务、能够贡献个人的时间、精力、才能和爱心,从事社会公益活动的个人或群体;在中国香港地区,志愿者又被叫作"义工",是指在不图任何物质报酬的情况下,为促进社会进步、人类幸福主动提供服务,贡献个人时间、精力的人;在我国大陆地区,学者们认为"志愿者是指那些具有志愿精神,能够主动承担社会责任而不关心报酬的人,或者说是不为报酬而主动承担社会责任的人"。[①]"志愿者是一个没有国界的名称,指的是在不为任何物质报酬的情况下,为改进社会而提供服务、贡献个人的时间和精力的人。志愿者不受私人利益的驱使,不受法律的强制,

---

① 丁元竹等:《志愿活动研究》,天津人民出版社2001年版,第12页。

是基于道义、信念、良知、同情心和责任感而从事公益事业的人或人群。"① 可见，社区志愿者是指不受任何物质利益的驱使，以促进推动人类发展、社会进步、社会福利事业和人类的幸福为目的，以社区为平台，主动提供个人的时间和精力，基于人道、爱心、信念、良知、社会同情心和责任感，从事社区公益活动的个人或社会群体。根据志愿者来源分类，有专家型和非专家型志愿者、全职和兼职志愿者、国内与海外志愿者；根据志愿者活动分类，则有正式和非正式的志愿活动、个人和集体的志愿活动；根据提供志愿服务的组织分类，则有NGO志愿服务组织、大学组织的志愿服务、宗教团体组织的志愿服务、公司员工志愿者、政府员工志愿者、社区志愿者服务组织。

20世纪70年代以来，为了应对传统公共行政模式的失灵和低效率的压力，西方国家探索出以"多元中心"治理模式为主要内容的社会行政制度变革。特别是哈贝马斯的"公共领域"理论的广泛传播，引发了对公民社会研究的热潮：将公民社会概念从最初形式"国家—公民社会"两分法，转变为"公民社会—经济—国家"三分法，即认为公民社会是介于国家和家庭或个人之间的能够独立于其他两个主体进行社会相互作用的领域。在公民社会运行过程中，志愿组织以独有的凝聚力和组织力主导实施各类社会公益活动，传递爱心，再造文明，推动社会和谐与进步，弘扬人间真善美。联合国大会于1970年通告决议，建议组建"联合国志愿人员"组织。联合国志愿人员组织是在联合国机构所管辖的独立机构，主要职责是负责管理与国际志愿者事业相关的事项，其宗旨是动员具有奉献精神的志愿人员，向发展中国家提供积极有效的援助和发展道路的探索，促进发展中国家经济发展和社会进步，推进全球人类社会的可持续发展。

中国志愿服务活动可以追溯到20世纪60年代，政府出于人道主义的理念，对世界上的第三世界国家实行国际主义援助，中国政府所援助和支持的国家包括亚洲、非洲许多发展中国家；援助内容包括军事、经济文化等方面。援助活动最终要靠人来完成，政府派遣了大批

---

① 安国启等：《中国社区志愿者行动手册》，中国社会出版社2004年版，第3页。

志愿人员到国外参与相应建设服务。在国内，毛泽东同志号召广大青年"向雷锋同志学习"，掀起了国内志愿服务高潮，助人为乐的社会风尚蔚然成风。到了20世纪90年代，学者和政府部门开始对志愿者进行理论研究，把志愿者服务工作纳入学术研究范畴。1993年12月19日，2万余名中国铁路青年职工率先高举起"青年志愿者"的旗帜，在京广铁路列车上为旅客提供"送温暖"的青年志愿服务，从此拉开了中国青年志愿者行动的序幕。

2. 社区志愿者队伍发展所面临的问题

我国志愿者发展经历了从无到有，不断壮大的过程。现有社区志愿者队伍近30万支，人数达到了500多万人，服务范围涉及了对弱势群体的照料与护理、社区环境的保护、青少年教育、残疾人康复、社区文化娱乐等社区居民工作和生活的所有方面，对于改善社区居民的生活水平、提高居民文化精神生活质量、稳定社区社会安定起到了良性推动作用。但是，现有社区服务志愿者队伍发展还存在诸多问题，在前行道路上还有很多需要改进和完善的地方。

首先，社区志愿者队伍人员较少，队伍结构单一。随着城市居民"单位人"转为"社区人"，社区居民生活水平有了很大的提高，居民对社区服务需求呈现出多层次性、多样化趋势，特别是空巢老人家庭数量的增加和政府对社区中的弱势群体关注度不断提升，社区自愿服务要应对诸多新情况，适应社区居民对社区服务种类和质量提出新要求。但是，社区志愿者还大多为一些退休老人，中青年数量少，专业人员的数量更是有限，志愿者队伍人员结构失调，服务种类单一，无法满足社区居民的现实需求，不利于社区服务发展。

其次，志愿者队伍素质不高。社区志愿者队伍素质状况，直接决定着社区服务质量。社区志愿者队伍素质不高体现在以下几个方面：一是知识基础薄弱，志愿者整体文化教育程度不高，低学历人数占较大比例，志愿者大多出于爱心参与社区服务，经常出现心有余而力不足的现象。二是志愿者的知识面狭窄，面对社区居民多样化的需要，志愿者全民服务能力受到严峻考验。很多残疾居民反映，年轻志愿者在水电维修方面几乎无法提供有效帮助，而年长志愿者则在专业性康复护理中表现出专业技能匮乏现象，志愿者服务技能有待提高。三是形式主义现象，高校志愿者组织多是出于宣传目的，打着标语到社区提供服务，缺乏实用价值。在社区居民需要服务时，无法联系到志愿者，或提供无效服务。志愿者社区服务过于追求活动数量和速度，忽视效用性。四是志愿者服务结构单调、技能水平有限，志愿者在年龄层次上出现两极分化：缺乏实际动手能力的年轻人和缺乏专业技能的年老者，中间层次的既具有服务专业技能又有实际操作能力的中年志愿队伍严重缺乏，现有志愿者队伍结构状况无法适应社区居民多元化的需求，制约了社区建设和社区服务的顺利开展。

再次，志愿者队伍管理体制不健全。健全的管理体制是服务工作效率的前提保证，一方面，志愿者组织间缺乏默契。层次不同和行业不同的志愿者容易受到直属主管部门管理权限的限制约束，在行动中缺乏行动统一性，在开展志愿服务活动中不能同步协调，出现重复服务或服务盲区。另一方面，对志愿者管理方式松散，效率低下。有的志愿者组织是用企业部门管理方式，志愿者把服务活动当作任务来完成，缺乏服务的热情；有的志愿者组织实行政府行政性管理方式，志愿者活动是处于由上级机构部门、单位领导指令派遣，自愿活动带有一定被动性，主动志愿服务意识淡薄；有的组织活动出于自发性，在开展活动中志愿者各自为政，缺乏统一的目标和长远计划性。

最后，社区志愿者服务项目涉及面狭隘。居民对社区服务需求是全方位的，涉及社会生活方方面面，只有实现社区志愿服务全面覆盖，才可能使社服务整体推进。但现状是社区志愿者队伍服务范围比较狭窄，志愿者队伍社区服务项目单调。有些志愿活动是紧紧围绕现阶段政府中心工作，被迫主动设立服务项目，开展社区活动，俨然把志愿活动当成了政治活动，结果是社区志愿活动形式化，提供蜻蜓点水式服务。有些民间自发形成的志愿者队伍在活动中缺乏规划，只能去拷贝别人的做法，把服务范围局限于社区服务的某一方面。民间志愿者缺乏专业知识和专业技能，其服务完全出于个体兴趣和奉献精神，而且缺乏必要的经费保证，加上体制制约等因素，只能提供单调的服务项目。

3. 建立并完善社区志愿者队伍机制

志愿者机制的建立和完善是志愿者队伍长久、持续、健康发展的保障前提之一，对于我国志愿者队伍的可持续发展以及对改善社区居民生活质量、激励全社会奉献爱心都有着重大的意义。把社区志愿者招募、培训、服务、激励评估纳入整个管理程序之中，加强对志愿者的管理，及时接收、反馈服务信息并以此为依据来调控志愿者的服务工作，调动志愿者服务参与的积极性，提高志愿者队伍的稳定性，保证整个志愿者管理工作科学性、效率性、可持续性的健康发展。

建立并完善社区志愿者招募机制。志愿者招募工作包括社区志愿者工作规划和具体招募事项两个方面。首先，做好志愿者规划是成功管理的第一步，为后期招募事项顺利开展打下基础。规划主要内容包括社区志愿者招募的目的、需求量的评估、组织机构设置等。其次，志愿者招募要公开透明。招募步骤包括招募活动的公告、报名途径的设置、资料审核、选拔和录用等。利用在现代媒体刊登广告，向广大群众倡议加入志愿服务队伍；报名方式实行就近原则，可以在就近志愿者工作站报名或通过互联网登记报名；根据志愿者报名人数和实际的需求量筛选符合条件的志愿者，明确其服务时间和服务质量；审核申请人的材料，根据择优录取的原则来确定志愿者；确定和分配岗位、发出录用通知等。严格根据组织方要求，制定出统一选拔标准和流程，以志愿者工作站为依托，依据岗位需求，分阶段、分批次择优录用、保持好志愿者工作积极性。

建立并完善社区志愿者队伍培训机制。社区志愿者服务要跟上时代前进的步伐，能够适应当前社区建设和满足居民服务需要，保证社区志愿者文化素养、专业知识、特殊技能，既要有一技之长，又要做到"一专多能"。社区服务站要建立社区志愿者队伍培训机制，有针对性地开展培训。首先，在培训对象与内容上要有针对性。对新加入的志愿者，培训内容包括进行基础服务概念、服务宗旨、实现目标、制度规定、专业道德等知识培训。对老志愿人员，应就专业知识修养、社区服务技能、服务对象融入等加强培训。培训具体形式有短班、长班、夜校、专业班等；培训内容包括经验介绍、现场观摩、当场指导等。要把培训作为一项长期性的工作开展下去，强化培训实用性、规范化。通过举办各类培训活动，促进社区志愿者队伍向专业化方向发展，更好地为社区居民提供更加优质的服务。

建立并完善社区志愿者队伍服务制度机制。根据社区居民多样化、多层次性的需求特征，社区志愿者服务能力要与时俱进，不断拓宽服务范围。首先，完善常规项目，有针对性地强化特定人群的服务力度。在巩固常规服务项目前提下，拓展新社区服务项目，不断完善丰富社区志愿服务的实际内容，扩充服务的覆盖面，切实满足居民的服务需求。其次，分解社区自愿服务工作细则。社区服务志愿者组织应根据社区发展实际需要，设定具体志愿服务岗位；明确志愿者的服务要求，在服务中认真落实服务制度。最后，要转变社区志愿服务职能。一方面，加强保障型社区服务，既要注重弱势群体，又要注意惠及全体居民；既要注重特殊节令，又要注重日常服务，做到制度到户，责任到人；另一方面，强化多元化社区服务，既要注重特殊情况，又要注重普遍现象，综合性志愿服务与专业性志愿服务相结合。更要有主动服务意识，把上级安排和主动服务相结合，当社区居民需要服务的时候，就会有志愿者的身影。

完善社区志愿服务激励评估机制。完善社区志愿服务的动力机制，建立多层次、统一性的激励制度，对志愿者贡献行为给予充分肯定和适当奖励。在组织内部对表现良好的志愿者加以表彰，把志愿者表现作为以后人生道路中的升学、求职、晋级依据，建立社区志愿者服务档案，实行"自愿服务储蓄"制度，即志愿者现在提供若干小时的服务，将来可以优先享受多于现有小时数志愿服务，或者在社区志愿者本人需要社会提供帮助时，就会优先得到志愿服务。通过表扬办法，树立一批社区志愿服务的先进事例典型，激发社区志愿者进行志愿服务积极性，培养社区志愿者使命感和荣誉感，吸引更多普通民众参与到社区志愿服务中来，壮大自愿队伍。

建立并完善社区志愿者绩效评估机制。自愿服务是出于良知和爱心、主动参与，体现出自愿者活动的本质特点，为了更好地激发自愿行为积极性，应该制定出绩效评估制度。通过对志愿者服务质量的评定，激励其尽职尽忠地完成好本职工作。具体方法可以是通过参加志愿服务的次数，履行服务的质量来加以评估，通过服务对象的综合评价打分、社区机构对服务质量的评定、志愿者组织对服务效果的等级判断多种方式结合起来，并加以记录、备案。

第三节　社区服务所遵循的原则

社区服务是以社区组织或社区服务队伍为依托，以自助互助的群众参与为基础，面对社区全体成员又突出重点服务对象，用社区服务设施和社会服务项目来改善社会公共福利、提高居民生活质量的区域性社会服务。中国正在经历由传统农业社会向现代化工业社会快速转型期、由传统计划经济体制向现代市场经济体制转轨的崭新的历史时期，社会生活方式受到现代性的冲击和影响、风险社会给人们社会生活带来了更多不确定性因素，完全依靠个人的力量来对抗现代性的冲击和风险显然是不可能的。因此，为了保障社会成员生活质量，要充分发挥社区服务的促进作用和保障功能。分析社区服务所要遵循的原则和社区服务质量的影响因素，避免社区服务走形式化之路，无法实现改善社会生活质量的初衷和目的。

社区服务作为一项特殊社会福利，被越来越多的人所认同和接纳：社区居民在社区服务中享受到很多益处，特别是对于社区弱势群体，生活质量有了质的提高；政府在社区公共服务方面所取得的成果，使政府的感召力和信任度都得到提升，干群关系更加融洽；社区志愿者在社区服务过程中传递了爱的种子，使自己的人生价值得以更真实地体现；社会企业在低偿或无偿的社区服务中，宣扬了公益的本质和服务社会的理念，得到了良好的社会口碑，受到社会大众的认同和赞许，经济效益得到提升。可以说，社区服务是一个多赢的社会事业，开展社区服务是利国利民的大好事，但在实际社区服务过程中，有的地方的做法脱离生活实际，没有很好地体现出社区服务的利民特征，没有把握住社区服务所要遵循的基本原则。

一　坚持以人为本的原则

社区服务的对象是有着不同个性、不同经历且对服务有多元化需求的社区居民。社区服务工作的出发点和最终目的是解决他们在现实生活中存在的问题和面临的困境。因此，社区服务工作就应该坚持以人为本的原则，以解决社区居民实际困难、方便群众生活和提高生活质量为重点。在社区服务工作目标确定、项目设置、工作方法、服务分类等事项上都要坚持以人为本，一切以改善社区成员的生活质量为根本出发点和落脚处。

坚持以人为本的原则，要求社区工作者和志愿者必须把尊重、理解、爱护服务对象作为工作出发点，坚持以诚相待、以情感人、用爱心和真诚去感动服务对象，建立地位平等的合作关系，体现出人道主义精神而非同情和施舍。只有做到了真、诚、爱，社区成员也才会体会到服务提供者的无私和奉献，减少心理隔阂，接纳服务；只有做到了细微体贴，社区成员才会相信社区服务工作是为了他们的切实利益，才能给予积极的配合，从而使社区服务具有强烈感染力与号召力，从而取得良好的社会效益。同时，在社区服务过程中敢于相信社区成员，相信他们能够有能力实现自我改变，他们缺少的是一种鼓励和推动力量。关心社区成员生活，努力为社区成员解决实际困难，真诚体谅尊重个人的志向、兴趣、追求和理想，发现并开发人的潜能，充分调动社区服务对象的积极性、主动性与创造性，为个体发展提供必要的物质和精神条件。

二　坚持实事求是的原则

一切从实际出发、实事求是是马克思主义、毛泽东思想和邓小平理论的灵魂和精髓，既是我们党的思想路线，也是我国社区服务实施中所必须坚持的一项重要原则。由于现阶段社区服务工作不断面临着需求多样化趋势，社区服务工作对象有着自身鲜明的个性特点，不同的服务对象存在不同的社会生活问题。因此，社区工作者应当从社区服务现有供应能力出发，从社区成员生活实际需要出发，探寻居民的现实需要与社区服务活动之间的内在关联性，因地制宜、按需分类开展社区服务工作。

坚持从实际出发、实事求是的原则，要求社区服务工作者对服务对象所提出的要求和建议，必须以实事求是的态度加以对待，根据现有物质条件加以解决。对于合理的要求和建议，在能力范围内的，全力予以解决；由于受条件限制目前还无法解决的，要向当事人说明困难所在，请求体谅，做好解释、协调、疏导工作，并在力所能及的条件下，努力创造条件解决问题；对那些不合理的要求和建议，要解释不合理的原因，说明相关的法规政策，给他们一个理性的答复，使社区服务能够赢得社区居民的信赖、好感、理解与支持。

三 坚持效率优先的原则

效率优先就是强调重视提高社区服务的效率性，用最小的投入得到最大的产出。社区服务人员要通过采取科学的方法，以最小的人力、资金和设备投入，最大限度地解决社区居民的实际问题和现实困难，提高社区居民配合、参与社区服务的积极性。效率优先原则是社会服务目标实现的客观要求，是社区服务可持续发展的基础。

坚持效率优先的原则，要求社区服务主体把社区服务与为居民解决困难等同起来。只有把社区服务与解决居民困难等同起来，才能实现社区服务的初衷，帮扶弱势群体和提高社区居民的社会福利，力求得到社区居民的认同和积极参与。一是社区服务工作者要认真听取居民的意见和建议，一切以居民的需要为工作出发点，对社会居民最关心、最急迫的问题，尤其是居民基本衣食住行和医疗等涉及的基本社会问题，及时有效认真加以解决。二是社区服务工作者须对社区居民的需求状况全面了解。掌握社区居民的性格思想状况，了解他们有什么、缺什么、需要的是什么，明确社区服务的具体活动内容和达到的终极目标，用科学的方法、有效的措施来提高服务的实效性和效率。三是社区服务工作者严格自我要求。社区服务效率取决于社区服务工作者的素质，包括文化修养、专业知识、技巧技能、职业道德等。在服务社区居民过程中，工作者必须严格自我要求，不断提高自身修养，规范化、时效性地完社区服务职责，在社区居民产生亲和力、感召力，提高社区服务的实效性和效率。

四 坚持全面服务的原则

社区服务构成部分包括社区福利服务和社区综合服务两部分，具有福利性和经营性双重属性。社区服务本质属性在于其提供福利性服务，其服务对象是社区中有特殊困难和有特殊贡献的人，目的是要满足他们的基本生活需求，服务形式主要是提供义务性的无偿服务。社区服务另一项主要内容是，面对全体社区居民提供非营利性的低偿或无偿服务，解决他们社会生活困难问题。还应该包括辅助性质的商业服务，其对象是全体社区居民，目的是补充公益性服务的不足，表现形式为有偿社区服务。

首先，在服务领域方面，做好现有优势领域服务的前提下，开拓新的服务领域，居民有什么样的需求，就有相应的服务内容，可以有物质方面、精神方面的和心理方面的服务内容。其次，在服务主体方面，公共社区服务的福利性服务要由政府承担；营利性的服务项目主要由市场部门提供；志愿者可以提供无偿的社区服务；社区居民自助互助服务也是社区服务的重要有益的必要补充。最后，在服务对象方面，既要重点服务老年人、儿童、下岗失业人员、残疾人等弱势人群，还要顾及全体社区居民。

五 坚持开拓创新的原则

创新既是社会进步发展的永恒动力，也是社区服务永葆活力的动力之源。社区建设和服务是一个不断探索的实践过程，需要我们用开拓进取、不断创新的精神来大胆实践。在实践过程中，我们已经摸索出一些好的工作方法、工作经验，也取得了良好的社会效果，这些成功的秘诀就是具有开拓进取精神。对于成功的方法和经验，要一如既往地继续坚持，但是，沾沾自喜地满足于已有的成绩，就会故步自封。随着我国改革开放的不断深入与市场经济的前行发展，社区服务过程中会出现许多新情况、新问题、新矛盾，如果缺乏积极开拓创新意识，社区服务就会脱离社会发展的实际，缺乏活力，跟不上社会发展形势。

坚持开拓创新的原则，要求社区服务工作必须紧跟时代步伐与社会发展的要求，主动地补充社区服务的内容、开拓服务领域，使社区服务不断得以发展，同社会主义市场经济与日益增长的居民需求同步发展，保证社区服务工作适应时代发展的步伐，符合社区居民的愿望，不断前进。开拓创新的原则还包含有方法的创新，用先进的现代科技手段来扩展社区服务的方式方法，把能够适用于社区服务的学科知识灵活应用到社区服务中去，通过多种途径和手段，提高社区服务的实际效果。

六　坚持规范管理的原则

坚持规范管理原则就是要求加强对社区服务中的各服务主体规范化管理。规范管理是现代社会高速发展的秩序保证，是服务效率的重要前提之一，实践证明，缺乏规范就会无章可循，社会就会陷入混乱和无序。

首先，加强居委会领导班子建设管理。居委会是社区组织的核心组成部分，由于居委会是居民民主选举的结果，因此居委会任务是要全心全意为社区居民服务。居委会成员要认识到其权力是社区居民所赋予的，其职责就是提供服务。为了适应社区工作的现实需要，社区居委会建设方面要遵循渐进原则，适时调整居委会干部队伍，让年纪较大、能力不高的人员退出居委会领导职位；招聘一批年轻有为、热心公益的人员充实到居委会干部队伍，提高居委会人员的整体素质；要加强对居委会干部的培训力度，在文化知识、专业技能、思想观念以及职业道德等方面都有所提高。通过培训学习，提高居委会为群众服务、为居民办事的积极性、主动性和创造性，使居委会在服务社区居民的工作中的作用充分得以发挥。其次，加强对社区服务志愿者队伍建设管理。在志愿者队伍建设方面，要倡导爱心、奉献和人道主义精神，坚持服务社区，方便居民生活，提高生活质量为目的，以志愿行为本身为榜样，引导更多社区群众加入社区服务中来。对志愿者进行资格认定，建立完善志愿者招募、考核、奖励、保障等制度规范的自愿性。鼓励更多的热心人士投身于社区志愿者服务，使志愿服务朝向经常化、制度化、规范化方向发展。最后，制定社区规范。在享受社区服务的同时，社区居民要自觉遵守社区规范，使精神文明建设能够长存在人们内心。通过内化规范，在社区甚至在全社会中都能保持良好的社会风气，尊重老年人、关怀残疾人、保护妇女儿童、帮扶低收入者，让居民规范成为社区居民人人都能自觉遵守的行为准则。

第三章　社区服务主体的政府组织

社区服务所涵盖的内容很宽泛,需要多元服务主体的共同参与,从当初政府部门的"包办包揽"到多元主体参与的"百家争鸣"。虽然有众多主体参与到社区服务,政府的核心主导地位始终都无法动摇,这是由社区服务本质福利性所决定的。政府的核心主导地位表现在很多方面:政府是社区服务资金最主要的投入者、社区服务政策的制定者、社区服务规划的组织者、社区服务内容的协调者、社区服务质量的监督者。政府部门只是一个笼统的称号,社区服务中所涉及的政府部门包括:民政局、残联、街道办、卫生局、人力社保局、文化局、教育局、计生委、科委、住建委、环保局等。本章节就社区服务过程中与残疾人服务关系最为密切、最直接的民政、残联、街道办三个部门进行论述。

第一节　政府职能理论

政府职能理论起源于西方社会,是国家社会严重对立状态下的产物。西方政府职能理论沿袭了国家干预主义和自由主义的路线,构成了西方社会政府理论的主流。西方马克思主义也是极具影响力的理论思潮,在政府职能方面有其独到的见解,不仅对西方社会政府行为产生了强烈的社会影响力,而且也对社会主义国家产生了重大影响力。

一　政府职能理论产生的历史背景

政府是国家的附带品,当人类社会第一个国家产生时,政府就会应运而生,并产生了政府职能。作为一门系统论及政府社会地位和功能的理论学说，政府职能理论是在资本主义生产方式充分发展、市民社会逐渐成熟以后才出现的，国家和社会的分离是西方社会现代政府职能理论产生的时代背景。

在资本主义充分发展之前，西方国家和社会关系表现出两种形式。一是国家社会合为一体的模式，国家从社会中分离出来，掌握着社会资源，在社会事务处理过程中处于主导地位，进而对社会部门形成了控制或威胁。但整体而言，社会和国家的利益是一致的，与国家利益相违背的社会利益是不允许出现的，古希腊城邦就是例证。二是国家社会对立分立模式，国家和社会的联系非常有限，国家无法实现对社会的统治，社会也无法给予国家足够的支持，明显实例就是封建社会时期的西欧。政府在社会事务中的职责范围是模糊不清的，不需要用理论的形式加以界定。换句话说，无论是对立或一致状况，都没有必要对政府职能进行探究的现实需求。随着资本主义的发展和生产方式进一步发展，欧洲社会出现了一种被称为"市民社会"的领域，它是独立于政治领域的自治生活领域。市民社会是资本社会取代封建社会的产物，与封建社会国家在本质上是对立的。资本主义国家的建立使国家和社会在形式上保持了相对独立性，有助于公民保持相对独立的权利范围，实质上它们又是内在统一的，有着密切的内在联系。

市民社会的出现使社会和国家的关系突破了以往或对立或同一的局面，形成了一种既互相分离，又相互联系的新关系状态。正是由于社会国家之间职能模糊，人们才不得不对国家或政府职能权限加以理论的重新定位和思考，政府职能理论不仅有理论价值，还具有深刻的实际意义。到18世纪初，随着市民社会和民族国家的不断兴起，欧洲社会开始出现有关政府职能理论的早期讨论。讨论的重点是政府的经济职能，逐渐引申到政府的社会职能。

二　政府职能理论的三大派系

（一）国家干预主义的政府职能理论

国家干预主义的政府职能理论来自17世纪盛行的重商主义思想：货币、金银是社会财富的主要形态，国家财富衡量标准是货币数量；财富来源有两个途径，开采金银矿藏和对外贸易，遵循多收入少支出原则，开展对外贸易，加强商品流通，增加国家财富；国家对海外贸易领域施加干预，制定保护工商业政策，以保证整个国民经济符合扩大出口和货币输入的要求。[1] 重商主义思想已经初步体现出政府职能内容，认为政府有义务通过干预国家经济活动来增加国家的社会财富。

19 世纪的德国哲学家黑格尔，在著作中表达了国家广泛介入社会生活、发展资本主义的观点。黑格尔认为，国家和市民社会是一种互相依赖的关系，但不能等同起来，国家所代表的是更高层次，是整个社会中唯一的正义力量；市民社会经常出现经济活动和道德规范的矛盾状态，国家就必须干预和管理市民社会的事务，以保护和促进国家界定的人们的普遍利益或者排除市民社会自发发生的非正式和不平等现象。[2] 黑格尔关于"国家高于市民社会"的理论学说，在理论上解决了政府国家干预的正当性问题，成为现代国家干预市民社会理论的源泉。

20 世纪二三十年代，西方世界爆发了大规模经济危机，自由主义经济理论的弊端就完全暴露出来，为凯恩斯宏观经济理论的展示提供了宽广的历史舞台，在西方社会掀起了一次思想革命。凯恩斯国家干预主义与较早时期的重商主义思想有着很大的区别，他在批判了自由主义思想的基础上，提出了现代国家干预主义的政府职能理论。1936 年凯恩斯出版了《就业、利息和货币通论》的经济学著作，倡导在新的历史阶段，要重新审视国家干预主义的政府职能理论。在凯恩斯看来，古典自由主义经济理论中所做的假设是理想状况，在现实经济活动中是不存在的。人类的经济行为会受到"心理上的消费倾向""心理上的灵活偏好""资本边际效率"三种基本心理因素的制约。完全依赖市场调节的情况下，资本主义社会供需均衡永远无法实现，出现有效需求的无法满足，进而成为经济危机的社会根源。所以，政府要

---

[1] 何炜：《西方政府职能理论的源流分析》，《南京社会科学》1999 年第 7 期。
[2] 邓正来：《国家与社会：中国市民社会研究》，四川人民出版社 1997 年版，第 41 页。

出台积极的政策，把自由放任的经济制度均衡改造为政府有效干预下的移动均衡，避免经济危机的发生，并实现国家调节。凯恩斯提出，政府经济职能就是要通过宏观财政和货币金融政策加强对国民收入的再分配过程，鼓励市民消费，引导合理需求，克服由于市场缺陷所引起的经济问题；倡导增加有效需求，实现高就业率，政府通过发行国债来解决财政困境。[①]

国家干预主义的政府职能理论除强调政府加强对经济活动的干预外，还包括政府对社会活动的干预理论。19世纪末，英国思想家格林和霍布斯就已经意识到政府干预社会生活的重要性，国家要干预社会公共利益活动，为每一个社会成员的自由发展提供有利的社会环境，政府行为和公民自由是不矛盾的，而且是公民自由的政治保证。费边社会主义政治思想认为，实现资本主义核心价值的自由、平等、博爱，就需要在经济上给予人们最低标准的保障，政府不但要承担起维持社会经济收入的职能，还要介入社会职责，解决公民的教育、医疗等问题，这些观点也是现代福利国家的理论基础。[②] 20世纪70年代，美国哲学家约翰·罗尔斯发布了《正义论》，论述了政府职能问题，罗尔斯区分了正义的两种形态平等正义和公平正义，平等正义追求的是无差别的正义，是人类所永恒追求的目标，具有价值性意义；公平正义强调差异前提下的主义，是可操作性的正义，具有工具性意义。罗尔斯指出，公平正义所蕴含的深层含义是要最大限度地改善受益最少的人群的社会地位，以保证社会利益能够合理地惠及每一位社会成员。[③] 政府利用经济、政治、法律等各种可行手段保障公民平等地接受教育的机会；在经济活动和职业选择方面，政府要通过对商业活动的管理，防止资源的垄断和贫富差异；政府职能是保证社会的最低受惠值，使最底层成员也能够获得一定的社会资源。罗尔斯还把政府组

---

① ［英］凯恩斯：《就业、信息和货币通论》，宋韵生译，华夏出版社2005年版，第103—143页。
② 何炜：《西方政府职能理论的源流分析》，《南京社会科学》1999年第7期。
③ ［美］约翰·罗尔斯：《正义论》，何怀宏等译，中国社会科学出版社1988年版，第303页。

织机构进行了职能分割为：配给、稳定、分配和转让四个部门，这些部门的划分不是通常意义上的组织机构划分，应该理解为政府机构功能的需要。①

国家干预的政府职能理论强调政府对经济事务干预的重要性，以保障人民安定生活为主要目的，对于社会公平正义起着重要作用，但在强调政府职能的同时，忽视了市场的经济杠杆作用，在一定程度上阻碍了经济发展和社会进步。

（二）自由主义的政府职能理论

自由主义的政府职能理论是以国家干预主义的政府职能理论对立面出现的。在17世纪和18世纪的欧洲，古典自由主义的思潮就非常流行，其主要观点是"有限政府"学说：国家是人类社会由自由状态向政治社会转化的产物，是人民争取社会权利契约活动的结果。这就意味着，政府权力是人民所给予的，目的是找到一个强而有力的机构来保障社会成员的权力不受非法侵害，政府在行使职能时须行使有限的权力，限定在人们的赋权范围内，一旦超越该权限，政府的合法性就会受到质疑。古典自由主义认为"最好的政府是管得最少的政府"，主张政府要实行不干预政策，给企业和社会成员最大化的自由发挥空间，国家职责在于保障个人的自由和私有财产的安全。

以欧洲古典自由主义学者法国人魁奈为首的重农主义学派提出了"自然秩序"的观念，认为国家对经济发展干预作用是不可替代的，自由竞争的市场经济完全能够实现资源的合理配置和社会财富的增加。亚当·斯密是古典自由主义理论最杰出的代表，他吸取了重农学派观念，用经济学的视角来审视自由放任政府政策的合理性。"经济人"是亚当·斯密自由主义理论的根基和基石：人是理性的动物，在经济活动中能够趋利避害，时刻在为自己利益思考和打算，能够找到利益最大化的途径。与以往封闭的封建经济相比，自由竞争的市场经济正好为人的理性活动提供了天然实践场所，符合人类利己本性的利

---

① ［美］罗尔斯：《正义论》，何怀宏等译，中国社会科学出版社1988年版，第266页。

益需要。在自由竞争的市场经济条件下,个人行为和社会利益在某种程度上就不谋而合,个人经济行为可以实现社会的利益,"看不见的手"在此过程中发挥了非常重要的作用。在亚当·斯密的眼中,市场就是一部可以完全自我调节的机器,是最有效率的、具有超强的自控能力。所以,政府的干预只会对这部机器造成伤害,不会带来实质性利益,政府所要做的就一件事情,观察这台极具效率的机器是如何运作的。政府就成了社会"守夜人"和"警察"的角色,政府职责也就被限定在一个非常小的范围内:维护国家的安全,不受外来势力的侵害;保护个人的安全,不受他人的侵害;建设并维护公共设施和公共事业。[1]

亚当·斯密的古典经济自由主义理论被后期学者得以发扬光大,演变成为新古典经济自由主义。新旧古典经济自由主义之间共同的观点是:从政府职能理论的角度出发,共同反对政府对经济发展的大力干预,力挺自由放任的经济制度。由于在20世纪30年代的石油经济危机中没能承担起救世主的角色,及受到随后兴起的凯恩斯经济理论学说冲击,经济自由主义曾一度消沉。到了20世纪70年代,发达资本主义国家出现了经济滞胀现象和福利国家的失败,让人们重新对经济自由主义进行了思考,反思了凯恩斯的国家干预学说的合理性。学者们又回到了自由主义的立场,对国家干预经济和社会生活性行为重新审视。这些学者被称作"新保守主义者",美国经济学家米尔顿·弗里德曼就是其中的一位,被誉为最保守经济学家之一。米尔顿·弗里德曼认为,西方国家的国家干预主义是不成功的案例,由于国家干预阻碍了市场最优配置,导致预期效果和现实结果之间的巨大差异、出现经济滞胀现象;西方国家的福利制度极大地造成了社会资源的浪费,降低了社会成员工作积极性,带来了生产效率的下降;国家对经济活动的干预还大大限制了人的活动自由。[2]

与国家干预主义学说相似,自由主义学说涉及政治社会生活的政

---

[1] [英]亚当·斯密:《国民财富的性质和原因的研究》,商务印书馆1974年版,第27页。
[2] [美]米尔顿·弗里德曼等:《自由选择:个人声明》,商务印书馆1982年版,第13页。

府职能,有学者就抨击国家干预主义政府职能理论,认为政府职能范围的扩展将会伤害到公民的自由和权利。美国学者罗伯特·诺齐克认为,个人的权利神圣不可侵犯,"最弱意义的国家"体现了全部的正义;国家职能应当仅限于"防止暴力、盗窃、欺诈及保证契约履行"等方面;任何企图超越最弱国家的政治行为,都将因为侵犯公民权利而得不到道德上的证明。①

自由主义的政府职能理论强调市场经济在经济发展和社会进步中的决定性作用,强调政府最少干预,政府只需要做好"守夜人"和"警察"的角色。与国家干预主义的政府职能理论一样,太过于相信"看不见的手"的作用,而忽视了"看得见的手"的功能,从一个极端走入另一个极端。

(三) 西方马克思主义的政府职能理论

马克思认为,政府职能是国家职能的体现和组成部分,政府是国家职能实现的基本工具。马克思把政府职能表现总结为政治职能、经济职能、文化职能、社会职能四个方面:政治职能,对内镇压反抗、对外抵御侵略、加强民主政治;经济职能,推动经济发展、创造良好的经济环境;文化职能,加强道德建设、举办文化知识教育;社会职能,关注社会公平、帮扶社会弱势群体。恩格斯指出:"政治统治到处都是以执行某种社会职能为基础,而且政府统治只有在它执行了它的这种社会职能时才能持续下去。"② 列宁则提出要"把全体公民变为一个大'辛迪加',即整个国家的工作人员和职员,并使整个辛迪加的全部工作完全服从真正民主的国家,即工农兵代表苏维埃的国家。"③ 在经典的马克思主义的原著中,政府职能有时会小到集中于"政治统治"维护治安某一点上,也可以扩展到社会的任何方面,最终演绎出万能政府的计划经济政府模式。

西方马克思主义就资本主义无法调节的内在矛盾方面,对资本主

---

① [美]罗伯特·诺齐克:《无政府、国家与乌托邦》,中国社会科学出版社1991年版,第1页。
② 《马克思恩格斯选集》(第三卷),人民出版社1995年版,第523页。
③ 《列宁选集》(第三卷),人民出版社1972年版,第255页。

义加以批判。马克思主义学者延续了马克思主义创始人和经典著作的观点,揭示西方国家政府职能和资本主义统治间的关系,更多关注政府经济干预和政府意识形态两个方面的职能研究。

西方马克思主义认为现代资本主义的经济职能正在进一步扩展和延伸,这是资本主义政府职能的突出体现。哈贝马斯就此问题发表了自己的看法,国家在经济职能方面越来越重要。政府职能体现在两个方面:通过整体经济,国家调节整个经济周期,创造和改善过剩积累资本;既可以扩大国家的经济职能,延缓了经济危机,又缓和了阶级矛盾,保障资本主义制度的稳定发展;国家经济职能不断扩展也带来新的危机,从根本上无法解决资本主义的内在矛盾,经济危机职能暂时延缓,而不是彻底地消失,资本主义也面临着新的合法性的危机。[1]西方马克思主义政府职能理论的另一关注点在于对国家意识形态研究。葛兰西和阿尔都塞就认为,资本主义国家对社会生活的关注不仅仅体现在经济和政治方面,已经渗透到文化方面,国家通过教育、社会舆论、大众媒介等手段加强对公民的意识形态干预,通过国家机器,资产阶级不断美化自我形象,把正统的价值观、世界观传递给民众,使他们的思想意识始终是社会意识主流。

从最初的马克思、恩格斯、列宁到后期的学者们都紧紧把握资本主义的固有矛盾,剖析资本主义国家经济进步的巨大代价、通过意识形态来麻痹国内民众和国外人民的虚伪本性。无论是出于革命需要的政治动员目的,还是改进资本主义生产方式、维护资本主义制度的目的,对资本主义和社会主义国家都具有很好的借鉴作用。

三 市场经济条件下的中国政府职能理论

计划经济条件下,中国政府职能理论完全按照对马克思、恩格斯和列宁原著的理解基础上照本宣科式的模仿。以苏联为样本,在国家和社会关系方面,政府把所有社会事务全部管理起来,形成了全能型政府。计划经济时代的政府和社会是合二为一的,或者说只有国家和

---

[1] 陈振明等:《"西方马克思主义"的社会政治理论》,中国人民大学出版社1997年版,第214页。

政府，没有社会，国家对社会事务实行全方位的掌握，形成了同质、集权和全能的政治体制。同质性表现在所有政府部门的机构设置都是克隆的结果，上下级部门设置完全相同。集权体现在政府上下级间的关系透明性，下级部门权力来自上级政府部门，地方政府是中央政府权力的延伸；同等级别部门之间，权力集中在政府部门的手中，其部门工作安排和计划都要围绕着政府的意志为依据。全能意味着政府既要完成政府部门的职责，又要完成企业和社会部门的职责，一身兼三职。

全能政府职能已经无法适应我国社会发展和经济进步的需要，立足中国现实，政府在不断探索适合我国国情的政府职能理论来指导我国政府实践。批判性地吸收了马克思主义政府职能理论，借鉴现代社会治理思想，吸纳西方政府职能理论，对中国政府职能理论进行了全方位的思考，形成了具有中国本土特色的政府职能理论。

（一）引导型政府职能理论

引导型政府职能理论是改革开放之初我国政府行使职能的主要依据。"社会主义市场经济条件下的政府职能模式既不是自由资本主义时期的保护型模式，也不是垄断资本主义时期的干预型模式，而应是引导型模式。"[①] 引导型政府主要突出政府在管理职能发挥过程中的自觉性和积极性，政府出台切实可行的经济政策和社会政策，加强对企业或经济个体和社会部门的引导作用。正确的引导能够促进社会的健康发展，错误的引导会导致旧问题没有解决，新矛盾接踵而来。

（二）责任型政府职能理论

政府是国家权力的代表，国家的权力是人民所赋予的，政府权力来自人民，应该把权力交还给人民，应该对人民利益负责。责任型政府就应该以满足社会和公民的要求作为行使职能的标准；政府要从政治、法律和经济角度考虑社会成员需要。政府是民意的集中体现，要对民生负责，需要合理有度地控制权利。责任型政府职能理论是控权理论在政府实践的运用，要求对政府权力要实行明确的限制，防止权限的无限扩展，政府权限一旦突破了某种边界，就会出现政府政治独

---

① 张康之：《建立引导型政府职能模式》，《新视野》2000年第1期。

裁的潜在危险。

（三）治理型政府职能理论

从政府和民众的合作关系看，治理型政府是以政府与民众合作为前提，政府的权威需要得到人民认可。治理型政府对传统政府的社会唯一合法的统治者和管理者角色提出挑战，认为只要能够得到人民认可的权力结构都是合法权力中心。治理型政府强调善治理念，利用现有的社会影响力对民众加以引导，规范各种行为，最大限度地增进民众的公共利益，还政于民。随着经济的发展，社会制度的完善，人民参与社会政治活动途径越来越多，为了促进利益表达，民众热衷于各类社会组织，依靠社会组织的力量来实现自我群体利益最大化，独立个人已经不存在了。社会组织代表大众表达利益诉求影响了政府职能的发挥，政府要适应公民社会的兴起趋势，转变职能，适应新的社会形势发展。

（四）服务型政府职能理论

服务型政府是从政府和社会的关系角度出发，对政府角色重新界定。"市场经济需要政府的角色重新定位，即要求政府在性质上从权力的集中代表者转变为公共服务的执行者；在职能上，从维护政治统治转向履行社会管理职能；在地位上，从以自我为中心到服务于社会为中心；在信念上，从执行'为民做主'转变为承担维护社会公序和代表民意的责任。"[①] 服务型政府所强调的是政府的权力来自社会，服务社会是政府合法性的基础，具体表现在为社会提供公共产品以满足市民社会的需要。

第二节　政府社区服务职能

一　政府在社区服务中的地位、作用

德国经济学家瓦格纳指出，在社会经济不断发展过程中，随着生

---

① 张康之：《政府职能的历史变迁》，《学术界》1999年第3期。

活水平的提高和经济收入的增加，人们对公共产品需求会随着收入水平的提高而增加，导致公共服务部门的规模也会相应扩大。这一观点被称作"瓦格纳规则"，说明社会成员收入水平的提高会对政府公共产品有更高需求。40多年的改革开放历程，中国在社会、经济、政治、文化等方面都取得了巨大成就，特别是经济和社会体制改革使城市居民从"单位人"转变为"社会人"，人们逐渐认同并适应了社区生活，把社会生活同社区发展联系到一起，形成了对社区的归属感。依据"瓦格纳规则"，经济发展水平提高了人们对公共服务的期待水平，社区发展所面临的主要问题依然是缓解社区公共服务的供给能力和社区居民需求间的矛盾。

中国政府依然是社区服务资金的主要供给者，政府供给能力受到政治体制、经济发展水平、市场发展状况、社会自治能力等诸多因素影响。与发达国家政府社区服务资金投入量占全部资金的50%相比，中国政府的社区服务资金投入只占30%，差距的体现不仅仅在数字本身，更体现了我国现有的经济能力，但这并不能否认政府在社区服务发展过程中的主导地位。

（一）政府在社区服务中的主导地位

社区服务源于政府加强基层政权建设和城市治理、完善政府社会管理职能、健全社会保障制度、推进国有企业改革、满足人民日益增长的物质文化需求，社区服务自产生时就被政府强有力的手所控制。政府控制着国家的政治、经济、文化、社会、行政等资源，实行从上而下的资源整合，在对社区服务的资金投入、组织机构设置、制度管理、人员选拔和考评等方面，发挥了其主导作用。

政府包办社区建设和社区服务有着深刻的时代背景：计划经济时代，政府代替企业承担着社会职责，导致政府背负着巨大的社会包袱，社会所应当承担的职责无法体现。强势政府、弱势社会的传统社会治理模式下，政府包办社会事务引发了城市居民对政府的过度依赖。若使社会民众从这种"福利摇篮"中主动走出来，无论是在情感上还是在潜意识里都需要一个漫长转变过程。同时，城市管理、城市建设、社会管理职能权限，以及社会保障制度等各项社会事务的改革，要求加快单位制改革。在这一矛盾状态下，政府应该利用政治优势强制推行社区建设，政府主导作用就会充分显示出来。

与社会团体和民间组织相比较，政府在社区建设和社区服务方面的优势地位是明显的：政府可以发挥行政力量，调动社会资源，快速形成社区服务所需要的人力、物力和财力，在制度建设和组织建设方面也会有所作为，为开展社区服务奠定建设的物质、制度基础。同时，政府部门利用组织制度上的优势，自上而下地传达和执行各项社区服务的政策措施。但是，政府在社区服务中发挥主导地位的同时，也存在某些劣势：政府强大的政治优势会演变出"政府万能"、政府越权包办社会事务，使民间力量缺乏发挥力量的舞台，造就了政府一家独大，降低了政府工作效率，增加了政府财政压力，造成机构臃肿、部门林立、遇事推诿等官僚主义作风。

(二) 政府在社区服务中的政策制定者、服务提供者作用

政府在社区服务中的主导地位不仅体现在法规政策制定、规划设计、部署实施及资金投入等作用方面，而且政府也是社区服务直接的提供者。政府提供的社区服务项目体现为福利性、公益性的服务，即政府在社区服务中针对特定的服务对象，服务内容包括社区治安、社区文体活动、环境治理、社区卫生、老年人服务、残疾人服务等，是政府在社会福利和社会保障传统领域的功能体现。

政府在残疾人社区服务项目包括残疾人教育、康复、医疗、就业、医疗保险、社会救助、无障碍建设等方面内容。残疾人是社会弱势群体中的最弱势人群，有着健全的人格和永不服输的精神，在对抗残疾、自强不息的社会生活中有着常人难以想象的坚韧和顽强。由于在身体、精神或智力等方面的缺陷，在抵抗风险方面明显处于弱势地位，全部依靠自己的力量来完成与常人同等的事情难度会很大。因此，需要政府提供特定的帮助和扶持，也是政府社区服务职责所在。特别是在我国生产力水平较为低下、社会组织参与不充分、社会救助体系不完善的情况下，残疾人要想获得体面的生活，需要依靠外援力量，政府部门就成为残疾人寻求帮助的首要选择。

(三) 政府在社区服务中的组织者、协调者作用

社区服务是由社区居委会、社会组织、经济部门、社区志愿者组织和社区居民多方共同参与完成的社会事业。在确保各部门间密切合作，形成稳固的社会合力作用方面，政府的作用不容忽视。政府可以利用政治宣传媒介工具，向社会各界宣传社会福利、社区服务理念和功能，号召更多的组织和个人参与到社区服务中；利用行政优势和经济资源，调动社会组织参与社区服务的积极性，协调各部门的利益分配，充分发挥各部门的功能，让单股力量合并成为社会合力，为社区居民提供更好、更优质、更高效的服务。

(四) 政府在社区服务中的控制者、管理者作用

政府是国家权力和权威的象征，能够得到社区居民的认同和拥护，一方面是政府包办社会事务带给社区居民对政府依赖状态；另一方面是政府在社区建设过程中带给市民的各种实际利益。政府通过社会资源配置过程实施对社区服务的控制权，保证社区服务符合政府特定目标。政府利用行政和经济措施对社区服务项目加以监督管理，对偏离既定目标和福利性本质的服务项和主体，做出相应的调整或处罚。

二 政府社区服务职能错位

在社区服务过程中，政府凭借着其独有政治优势，调动配置社会资源、经济资源、行政资源，加速社区建设和社区服务进程，起到了无法替代的主导作用。随着我国政治体制改革，特别是国有企业制度改革不断推进，要求原来由企业（政府）承担的社会管理和社会服务职能转交给社会。由于目前社会部门力量比较弱小，本应该由社会部门所承担的职责只好由政府先行担负。由于政府的强势介入，我国社区服务得到蓬勃发展，但也存在政府职能错位的现象，社区服务管理体制的弱点就暴露无遗。

(一) 政府在社区管理中的缺位

政府管理职能的缺位是指政府在社区管理中无法尽到自己应尽的职责，管理过程中出现漏管、不管的现象。

首先，政府在社区服务投入方面的不到位。政府是社区服务最主

要的投资者，履行多项社区公共服务职能，是社区居民得到优质服务的重要经济保证。但政府对社区服务投入问题缺乏足够的重视，在社区服务投资数量和规模上不到位，把社区服务建设的重担交到了街道部门手中，自己只承担小比例部分投入资金；并且对社区服务的投入带有很强的随意性，缺乏长久规划和制度建设的约束规范，长官意识盛行。在一些经济不发达，财政紧张的地区，由于政府对社区服务投入的不到位，很多社区服务基本服务设施建设无法到位，有的正在建设的设施因为上级行政部门领导的调离而被迫停工，成为烂尾楼工程；有的基础设施因为投入资金的不到位而降低建设标准或在建设过程中偷工减料，严重影响工程质量。投入资金不到位的另一个主要影响是办公经费的数量及社区服务人员的配备，影响到社区服务的质量，甚至是无法开展正常的服务项目，严重伤害了社区工作队伍的稳定和开展社区服务的积极性。

其次，政府社区管理措施不到位。社区服务体系包括社区公共服务社区商业服务、社区志愿服务等服务领域，涉及的内容较为庞杂，包括社区文化、社区教育、社区卫生、社区环境、社区治安、社区体育、社区物管等多方面内容。不同的服务项目由不同职能部门管理，部门之间缺乏相应的沟通机制，导致管理体制的弊端显现，出现越位管理或缺位管理的现象；有利可图的项目各部门争着管理，无利可图的项目大家相互推诿。因为社区服务涉及面广，需要社会、政府和经济等多家部门的共同合作。但在实际运行中，会出现"管不了"和"没人管"的现象，比如民政部门主要职责之一是对社会弱势群体的社会福利服务，就管不了社区营利性的商业；而由于社区服务的商业营利服务的特殊性，税务部门和工商部门在管理中也会出现很多的管理难题，主要症结在于对社区商业经营管理缺乏相应的规划、界定和法规支持，使便民利民服务的顺利开展受到障碍。

再次，政府在社区服务扶持方面的缺位。社区服务的顺利开展需要资金的支持，政府是资金投入的主体，但从目前的状况来看，中国（不含港、澳、台）的资金投入量占所需资金总量的30%左右，我国香港地区和国外发达国家的投入量为50%左右。很明显，我国政府在社区服务资金投入方面存在明显投入不足的问题。此外，政府对社会部门和经济部门的社区服务参与问题缺乏明确的政策支持和资金资助，大多数的商业部门都在依靠自身力量参与社区服务，得到政府的资助很少，在政策优惠方面也有较大的随意性，无法提高其社区服务的积极性和能动性。社会部门的发展更是如此，政府长期以来扶持社区服务，没有真正从制度上来鼓励社会部门参与社区服务，即使有也是口头上的一句承诺或极小的补助和优惠，对社会部门无法产生强烈的吸引力，最终导致我国社区服务水平不高。

最后，政府在社会组织培育职责的缺位。社会组织是社区服务的主力军，是社区服务有效性长期开展的重要保证，对稀释社会矛盾、缓解社会冲突、提高生活质量、声张社会公平、维持社会稳定、促进社会和谐起到积极作用。他们的壮大和发展与政府、企业和其他组织的支持是分不开的，但政府扶持是极其有限的。由于社会经济水平发展的限制，政府对社会组织的资金帮助是有限的，为了弥补上述的不足，政府应该在社会组织的支持方式上另辟蹊径，在政策方面给予社会组织以强有力的支持，使他们不再处在社区服务的边缘地位，能够获得政府的认可和支援，顺利开展社区服务。

（二）政府在社区服务中的职能越位

政府职能的越位是指政府在社区服务过程中行使行政权力时，超越了政府的职能权限，做了政府职责之外的事情。

一是政府职能的越位，承担了社会组织职能。政府管理的越位现象由来已久，旧有行政管理体制使政府包揽所有社会事务，只有政府，没有社会的事实留存已久。政府在社区服务中的越位体现在对社区事务和社区管理的直接干预。为了开展社区活动，政府直接组织和负责社区文化活动、志愿者活动、公益慈善活动，这些活动本来应该交给社区组织、社区志愿者组织、社会团体来负责，但最终由政府出面完成。一方面增加了政府的财政负担，不利于政府职能的转化；另一方面抑制了社区组织的发展壮大，不利于社区服务社会化的发展。

二是政府和居委会部门间的关系越位，破坏了部门间应有的层次关系。政府与居委会间法律所赋予的指导与协助、服务和监督关系，在实践中转变成为上级与下级、领导与被领导的行政隶属关系。社区居委会的设置是为了贯彻政府行政命令，是政权下放的一种形式，社区居委会是社区政府治理的平台，是居民自治机构。社区居民委员会成立之后，居委会俨然成为政府部门在社区工作的落脚处，而社区工作人员就变成了政府行政办事员，严重偏离了居委会的本质属性和设置初衷。由于居委会对自身性质认识的不到位，无法履行自治组织所应该发挥的职能，只会对政府行政指令言听计从。政府为了加强对社区居委会的实际领导，对居委会的工作成绩和社区服务人员进行年度考核，其依据就是街道部门下达指令的完成情况。政府和居委会关系越位导致两种结果：一是社区居委会无法集中精力完成服务社区居民，对居民关心和急需解决的问题态度漠然，依据街道办的意志来敷衍解决，无法得到居民的认可；二是居委会的行政色彩浓烈，严重影响到社区自身的工作安排，不能依据社区实际需求来安排日常工作，导社区自治功能弱化，社区服务效率低下。

三　政府社区服务职能的归位

在大政府、小社会的现有状态下，要充分发挥政府服务社区的职能和作用，就必须坚持政府主导作用不能动摇，完善政府职能，实现政府职能的回归，保障服务群众的道路和方向。从目前社区建设和社区服务的发展趋势上看，正确对待政府的职能，应该突出服务功能、淡化管理功能；扩大服务领域、减小管理范围；把握服务方向、动员社会力量。

（一）制定并完善社区服务的政策规划

在社会经济快速发展，社会利益格局分化，"三元化"格局所带来的身份、利益、待遇体制建设还不够健全的情况下，社会各阶层都会有不同的利益诉求，政府将采取积极稳妥的措施以平衡和协调各利益主体间关系。既要保证效率原则，又要保证社会公平，这是政府部门急需解决的问题，涉及保障人民生活稳定，避免社会冲突的问题。社会矛盾的爆发多数是各方利益诉求无法得到合理的满足，抑或是某一利益群体受到了侵害却没有得到应有的弥补。社会矛盾最佳解决时机就是在矛盾的起始阶段，而城市居民的利益诉求多数发生在社区层面，化解社区居民矛盾的解决之道就是加强社区服务建设，提高居民生活水平。从此意义上讲，社区服务是涉及社会长治久安的大局问题。发挥政府化解社会矛盾冲突的作用，绝不能"头痛医头、脚痛医脚"，要从根源抓起，把社会矛盾消灭在萌芽状态。在政府改善社区服务质量，扩大服务范围的问题方面，我国政府已经取得了巨大成就，但还有很多需要改进的地方。政府要进一步强化服务职能，制订社区服务的长远发展规划，政府角色从管理者转化为政策的制定者，要制定一部综合性的"社区管理"方面的法律；协调社区服务各相关利益主体的关系，根据地方实际状况，与各社区服务主体和社区居民一起共同制定政策措施，为促进社区矛盾的合理解决创造便利条件。

在"小政府、大社会"理念不断为大众所接受的状况下，社会力量不断强大，公民参与意识不断觉醒，政府的角色不能只是单一的管理者和服务的提供者，而是要成为公共资源的提供者和监督者、社会组织的培养者和扶持者、成为社区居民民主建设的引导者和促进者。社区建设目标的制定和政策规划的出台，要充分发挥政府主导作用，协调社区、社区组织和社区居民等相关主体利益关系，把社区服务目标、内容、措施和方式用制度规划形式加以规范。在社区服务过程中，政府发挥主导者身份把社区服务纳入社会发展计划之列，有计划、有步骤、有目标地对社区服务内容进行监督，有利于社区内部主体的统一认识，有利于社区有限资源的利用，保证服务效率。

（二）培养并扶助社会组织

社区服务就是通过提高有效的服务，解决社区居民实际困难并提高居民生活水平的社会实践活动。我国现有社区服务的显著不足之处在于社会组织的培养和发育还不够成熟，本来应该由社会组织完成的工作任务都被迫由政府来履行，造成了政府资源的浪费和负担加重，也成为社会组织发展道路上的桎梏。因此，政府要花大精力去培养扶持社会组织，使它们成为社区服务的主要承担者和提供者，还权于民，还权于社会。

首先，加快社会组织管理运营的法律法规的出台，制定具体可行的措施，就社会组织的性质、地位、服务范围、设立程序、运作机制、资金运作、监督管理等内容作出明确的规定，为社会组织的发展提供制度保障。其次，创造良好的社会氛围，为社会组织提供融洽的成长环境。利用现代媒介宣传工具，让市民了解并接受社会组织，让更多有爱心的社会成员加入公益组织中来。政府要对社会组织的社区服务提供政策支持和经济帮助，保障社区服务组织更有激情从事社区服务。最后，政府要严格监督社会组织的服务内容和实际效果。社会组织的服务成效不仅要得到政府的认可，更需得到居民的认同。所以，政府对社区组织的监督管理要依据居民的满意度作为基本标准。只有对社会组织实行监督管理，才能给社会组织以必要的压力，社会组织才可能变压力为动力，更好地完成服务社区、服务居民的组织目标，势必有利于社会组织的顺利成长和健康发展。

（三）引导并培养社区居民的自主观念

社区服务应该是多个服务主体合力作用的结果，仅凭政府一家之力的社区服务会有力不从心之感且效果差强人意。社区居民是社区服务的受益者，居民的参与意识和参与激情是社区服务效果的有力保证，居民要积极配合政府和社区组织的工作，发挥好自助互助优势，确保社区服务效果最大化。

居民对现有社区服务投入热情不高的原因有以下几个方面。一是长期以来政府对社会资源的控制以及体制原因所形成的居民依靠心理。政府在政治资源、社会资源、经济资源、文化资源的掌握和分配方面处于统治地位。社区资源的获得数量由政府决定，社区所能运用和调动的资源非常有限，社区居民参与热情无法被激发出来，等、靠、要的思想严重，缺乏自觉性和主动性。社区参与就是在区别不同利益主体的前提下，让社区居民利益得到尊重和体现，以共同利益为纽带吸引更多的社区成员参与到社区服务，激发居民参与的积极性。这需要政府的宣传和引导，政府要通过对居民的宣传教育，逐步培养居民的社区责任感；通过加强对社会组织的培育，激励居民参与社区服务的积极性。二是长期以来计划经济制度下政府强制性垄断管理，居民只能被动性地接受政府的管理，政治参与意识薄弱，对自身的公民权利意识也是模糊不清的，对社会事务的参与积极性不高。所以，通过政府的教育宣传，培养社区居民的自主观念和主人翁意识极为重要，对于提高居民的社区参与将会起到重要的作用。

第三节　街道办事处与社区残疾人服务

一　街道办事处的性质、地位

街道办事处是不设区的市和市辖区政府的派出机构。1949年中华人民共和国成立后，人民政府的工作重心从农村转向城市，为了加强城市建设和管理工作，城市街道办事处取代了旧有的保甲制。由于相关法律规定，政府对街道办的管理较为松懈，街道办的职责是以户籍管理和民政工作为主要内容。1954年12月，在第一届全国人民代表大会常委会第四次会议上，正式通过并颁布了《城市街道办事处组织条例》（以下简称《条例》），第一次以法律形式确定了城市街道办事处的性质、任务、作用。《条例》规定：街道办事处是不设区的市和市辖区政府的派出机构。在人数到达10万以上的市辖区和不设区的市，设立街道办；5万至10万人的市辖区和不设区的市，可以依据现实需要，设立街道办事处。街道办事处的任务是：办理市、市辖区人民政府有关居民工作的交办事项，指导居民委员会的工作，反映居民的意见要求。街道办事处的人员设置状况：专职干部3—7人，其中包括妇女干部1人、街道办设主任1人、干事若干人，必要时可设副主任1人，街道办一般不另下设机构。在《条例》的指导下，1955年全国各市都相继成立了街道办事处。1958年全国范围内的"大跃进"和人民公社化运动开始，成立不久的街道办就改名为人民公社，实行公社党委直接领导的"党政社一家"的管理模式，人民公社就成为市、区以下的一级政权组织，取代了街道办事处。直到1962年，各地又重新恢复街道办"国家政权机关的派出机构"的地位，街道办事处又代替了城市人民公社。"文化大革命"期间，街道办事处被造反派所占据，改名为"街道革命委员会"，在"以阶级斗争为纲"的年代中，"街道办"严重违背了服务居民的宗旨，各项基本工作都处于瘫痪状态。"文化大革命"结束后，街道办事处才重新得以恢复。1980年全国人大常委会重新颁布了《街道办事处组织条例》，再次明确街道办事处性质是市区政府的派出机构，提出职能化管理办法：街道党委、街道办事处、街道生产服务联社分开，民政部门担负街道办事处管理职责。区政府职能部门设立于街道的派出机构有：工商所、粮管所、房管所、派出所、环卫所、菜市场和卫生院。

街道办是社区服务的主要依托。街道办的性质和工作任务决定了其依托地位。街道办事处从理论上讲不是独立的政府部门，同时它也不是社会团体，其本质是市或市辖区政府的派出机构。在法律上，街道办有权对其所属辖区的经济发展、社会事务、文化进步进行管理，肩负着上级政府部门所赋予的指导、协调、组织、监督、管理社区服务和社区建设的任务。此外，街道办还是连接政府部门和社区基层群众的中介桥梁，是城市管理和建设的最基本层次：一方面，宣传、贯彻、执行党和政府的方针、政策，各地方政府的法令、规定，让群众了解并遵守；另一方面，城市建设和城市管理，都要由街道办来具体落实和执行。因此，街道办的依托地位是实实在在的，是政府完成社区服务的主要依靠，不是理论上的推演所得出的结论，而是实际履行职责地位最终所决定的。

街道办的工作职能与社区服务内容高度重合，决定了街道办的依托地位，《街道办事处组织条例》规定街道办有对社区建设和社区服务的指导、监督、协调和管理职能。在具体实践中，街道办承担的职能远远多于法规的界定：城市建设和城市管理，主要任务包括市容管理、环境卫生、市政设施建设、环境绿化等；民政社会保障工作，主要内容包括优抚对象的救济、残疾人的救助、困难群体的资助、社会福利等；计划生育和人口管理，主要内容包括街道计划生育管理、外来流动人口管理，社区常住人口管理等；就业服务，主要内容包括失业人员再就业培训教育、残疾人就业安置等；社会治安管理，主要内容包括社区警务治安管理、对居民自发治安志愿管理、刑满释放人员的矫治工作、社区安全隐患的排查治理等；街区社会建设文明建设，主要内容包括文化教育、体育活动、科技活动、卫生保健康复、老年或残疾人活动等。街道办工作职责和社区服务的内容是交叉重叠的。换句话讲，社区服务的内容决定了街道办事处的职责。

从地域行政的范围划分初衷来看，街道办是社区服务的依托。街道办行政区域的划分是依据地域特点和人口规模等多项指标来确定的，街道办包含着多个社区。街道办的辖区范围过大，不利于对居民实际生活状况的了解，难以提供优质服务，容易出现官僚主义的弊端；街道办的辖区过小，不利于社会资源的整合，容易造成资源浪费。武汉市的街道办的辖区范围大都在5—10平方千米，人口约20万。一方面，可以及时准确了解社区居民的需求状况，及时解决居民实际困难；另一方面，利用居民对共同利益的追求，培养和塑造居民对社区的归属感，增强共同的社区意识。

二 街道办事处的残疾人社区服务职能

城市街道办事处是联系政府和社区的纽带，在实际工作中起着桥梁中介作用，是贯彻上级政府部门的政策、方针、制度的执行机构，是社区居委会工作的指导者，社区服务所需资金主要的提供者，也是社区服务质量的有力保障。因此，街道办事处在社区服务中起到了至关重要的作用，能否发挥好其职能作用，既是检验政府工作效率的试金石，也是确保居民基本生活的一道重要保障底线。街道办事处的社区服务功能，包括以下几个方面：

（一）监管社区服务，指导居委会开展残疾人社区服务

街道办事处的权力是法律赋予的，并由上级政府授予而获得，对社区服务承担组织、管理、协调、监督的职能，有权对社区居委会实施指导。根据当地经济和社会发展状况，制定出街道社区服务的长远规划和近期目标，保证社区服务有计划、有步骤、有秩序地开展；利用独特的政治优势，在街道范围内开展社区服务的知识讲座和动员宣传工作，形成良好的服务氛围；对公益服务的志愿者实行培训教育，提高社区服务的质量，并以志愿者为榜样，在街区内引导并培养更多的居民加入社区公益活动中来；协调辖区内各行业各组织的关系，通过鼓励表扬方式使它们形成社区服务的合力作用；应用经济、法律、行政、舆论等手段加强对本区社区服务的组织、管理、监督工作，防

止在服务过程中的行为偏差,保证服务有序进行。在发挥对居委会的指导作用的同时,在经济和政策方面给予帮助,切实解决居委会在社区服务中所遇到的困难和问题,特别是在资金支持力度上,除了自助外,还要动员社会力量,确保居委会社区服务工作顺利开展。

残疾人社区服务既是一项长期艰巨的工作,也是涉及诸多家庭幸福的民生工程,影响到社区中1/5家庭的生活质量。街道办要以居委会为基础,争取社区力量的积极参与,提高社区残疾人社会生活质量。在法律法规允许的范围内,加强对居委会服务职能的监督和管理,切实使"弱势群体中的弱势群体"的利益得到保障。

(二) 完善街道社区服务中心

街道社区服务中心是完成上级政府任务和落实社区服务的阵地,主要的机构设置有劳动和社会保障服务中心、体育文化活动中心、残疾人服务中心、老年人活动中心、社会事务管理中心、社会救助服务中心等。街道社区服务中心作用表现在下列方面:一是要承担社区服务职能,包括最低生活保障、就业管理、劳动保障等;二是指导和监督社区服务工作的进展状况;三是向社会筹集社区服务所需要的资金、接待志愿者服务活动、开展便民利民服务等。在实际运作中,应加快街道社区服务中心体制改革,逐步摆脱行政化管理体制的束缚,把街道社区服务中心转化为非营利性的非政府机构,走社会化发展的道路。

残疾人服务中心是与残疾人关系最为密切的部门,我们在走访过程中发现,残疾人可能不知道街道的书记是谁,但他一定知道负责残疾人工作的负责人是谁。由于长期封闭的生活环境和较低文化水平,残疾人在遇到困难时难以在第一时间找到相关部门解决问题,他们首先想到的是残疾人服务中心和其负责人。在残疾人的心中,服务中心就是家,负责人员就是残疾人的家人,平时不愿意、不能够、不敢倾诉的痛楚和无奈都能够在这里尽情地讲述。因此,社区服务中心从表面上看是服务机构或设施,在残疾人的心中是诉说心声的场所。

(三) 实践社会救助制度,保证社会公平正义

街道办的任务是做好对街道辖区内生活困难居民的调查走访工

作，落实最低生活保障制度，做到应保尽保和动态管理，让最需要的人得到关键的帮助，体现出社会公平，显示出社会制度的优越性。对家庭经济困难的学生实行学费减免和资助制度，不让因为贫困而使孩子辍学现象发生；对因文化知识缺乏而无法正常找到工作的残疾人实行就业和文化再教育，让他们融入正常的社会生活之中；通过财政支持来解决困难群众看病难的问题，不能让疾病成为贫困的元凶，避免出现因病致穷、因穷致病。

残疾人是最容易受到冲击的弱势群体，上学难、就医难始终是困扰他们的最重要的社会问题，他们所需要的不仅仅是经济的援助，更包括社会的认可和理解。我们在社区走访过程中就曾遇到过肢体残疾儿童入学难的问题，一方面是普通学校昂贵的收费使他们望而却步；另一方面是同班同学对残疾的不理解所带来的对残疾学生"恶作剧式"的作弄。教育是社会成员成长过程中知识、技能获取的主要途径，决定了他们将来的生活质量。因此，对残疾人教育实行支持和帮助，不仅体现出社会的进步和人道主义，在更深的层次上反映着社会的公平正义。Z街道办地处武汉商业中心之一的光谷，商业资源特别丰富，财税收入较为丰厚。街道办事处从2009年起设立了街道基金会，通过自筹或向社区企业或个人募集资金方式共筹集了20多万元，用于对特困家庭和一级、二级残疾人或家属的医疗救助、特困家庭或残疾人入学救助、节日对特困或残疾人家庭的慰问金、优抚对象的照顾、居民的临时救济等，手续简便，只需要救助对象提出申请、社区居委会的情况证明，经街道办核实后在3日内就可以得到基金救助款，深受社区居民赞颂。就2011年一年基金会就发放基金达到23.57万元。

（四）做好就业服务工作

利用网络平台，及时掌握劳动就业需求信息，根据对街道社区内失业下岗人员的技术和身体特点，推荐就业。根据社区需要设立公益岗位帮助就业特困人员就业，重点对象为"4050"人员和残疾人。加强对无业失业人员的就业培训，使他们掌握必要的劳动技能，增加他们的就业能力。鼓励自主创业和灵活就业，培养失业人员的自信心，促使其大胆走向社会，争取一份适合自己的工作。利用现代网络平台收集企事业单位的招聘信息，搜集适合残疾人的工作，再依据岗位要求对社区失业人员进行技术培训，减少失业人员找寻工作的盲目性，提高了就业应聘的成功率。在Z街道社区的网站，会定期公布社会招聘信息，街道办还会把招聘信息表张贴在街道办事处的公告栏中，失业或无业人员可以根据自己的状况和招聘单位的要求主动与街道办联系或与招聘单位联系，通过这种方法，Z街道办在2011年一年就成功地为200多位社区居民找到了合适的工作，其中残疾人有20多名。

在因为身体残疾而失去工作，屡次寻找工作失败之后，残疾人对能够再次找到工作已经不抱太大希望，或者说他们没有勇气再寻找工作。社会歧视使残疾人在就业竞争中处于劣势，更重要的还在于自身知识和技能条件的限制，缺乏公平竞争的条件。街道办对残疾人的就业培训和心理辅导就显得尤为重要。首先，必要基本技能的培训、专业知识的教育培训，能够让残疾人恢复信心，在工作机会面前敢于正视、敢于尝试。其次，要加强对残疾人的心理素质教育，多次的不公正待遇会使他们多愁善感，多疑猜忌，把正常的事情往负面方向去琢磨，把好的情况往坏的方面来考虑，戴"有色"眼镜看世界，往往自己小看自己，不能正视自己的长处。

（五）完成街道办优抚工作

街道办是政府的办事机构，是政府权力下放所在地。民政部门、残联等都要在街道办设立所属岗位，安排适合的工作人员，开展社区服务工作。街道办成为政府和居民的桥梁，其任务是配合相关部门开展残疾人的服务工作，包括完成民政部门的就业培训和就业安置；配合卫生部门开展残疾的防御和康复治疗；配合人力资源和社会保障部门开展残疾人的社会保险工作；配合教育部门加强残疾人的文化教育。同时，街道办要认真听取社区残疾人的意见和建议，及时反映他们的要求和愿望，能够自己做主解决的就自行解决，超出能力范围之外的要向上级相关部门反映，使社区残疾人的需求及时得以解决，把社会矛盾"扼杀"在萌芽状态。优抚对象是社区居民中曾经为国家和社会做出过特殊贡献的人群，由于曾经的贡献和付出，在他们遇到困难时，政府和社会就应该伸出援助之手，这不仅仅是一种回报，也更是给其他社会成员以榜样的示范作用，也是社会主义制度优越性的体现。街道办需登门了解此类特殊人群的需要和面临的困难，及时加以解决。

（六）加强为老（残）服务，提高服务水平

老年人服务的基本目标是"老有所养、老有所医、老有所为、老有所学、老有所乐、老有所依"。发展社区养老服务，在以居家养老为基础的前提下，开展社区助老服务，满足老人的衣食住行等基本需求。利用社区现有医疗条件，开展老年人社区保健和康复活动，年龄不再是残疾的主要缘由，加强老年常见病的筛查工作，及时了解老人身体状况，建立健康档案，保证每位老人都能健康快乐地生活。开展社区老人文化体育娱乐活动，利用社区居委会的会议室、社区广场、空地，让老年人开展晨练运动、组织声乐班或舞蹈班，锻炼老人身体、激发老人的热情，使他们每天都生活在快乐和笑声之中。做好退休人员的服务管理工作，特别是对于刚刚退休的老同志，要正确引导他们，使他们能够更快地融入老人集体之中。发挥好老年社会团体的作用，关心老年人、尊重老年人、相信老年人，让他们发挥出生命中最美的夕阳余热，快乐了自己，幸福了别人。

武汉市 Z 街道办利用公开招标的方式向社会召集医疗单位来服务社区居民和残疾人群体，经过多轮淘汰筛选，街道所属企业的医院长江动力集团的企业医院被最终认定为街道定点服务医院，地址选定在汽发社区。长动公司位于汽发社区公路对面，既方便了社区居民的就医，节约了出行成本，也有利于公司职工就近就医，使企业医疗资源得到充分利用，这是政府部门和社会部门非常成功的合作案例。以长动医院为依托，街道办在医院内设立了街道残疾人阳光家园和老年养老中心，街道办提供场地，共投资 87 万元对残疾人阳光家园和养老中心进行了修缮和改造，完成了硬件设施；医院方面则投资 100 多万元购进了医疗设备、康复设备、休息座椅、床铺设施、内部装修。设立有康复室、活动室、电脑室、图书室、手工室、文化娱乐室、会议室、残疾人活动室、食堂等。养老中心现有老人 12 名，除养老服务外，社区企业医院每年完成对街道办所属27个社区778名残疾人的矫治康复工作。只要残疾人有康复需要，医院就会让专业医生提供专业免费指导服务，大大地提高了残疾人康复的效率，也使医院的资源得到了充分利用。残疾人活动中心免费为残疾人提供三餐，对于日间无人照顾的残疾人实行免费照料、进行康复活动、负责其娱乐活动。对其他有康复需求的老年社区居民提供康复指导和康复治疗，街道办协助街道医院定期为社区老人和残疾人举办健康讲座，普及保健知识。街道医院每年两次为60岁以上的老人和残疾人提供免费体检，建立健康档案，对行动不便需要医疗、康复服务的人员提供低偿服务，低保和特困老人或高度残疾人则免费服务。就2011年医院免费出诊1000多次，为残疾人和老年人人均节约费用200多元。此外，街道医院和医保中心建立合作联系，对于低保家庭和低保残疾人在医院所产生的住院医疗费用免收，直接与医保中心结算，极大地方便了残疾人。

（七）加强社区安全服务工作

安定祥和的社会环境是每个人所盼望的，也是和谐社区的基本指标之一。但由于各种原因，这种祥和的气氛偶尔会被不和谐的情景所破坏，社区内发生盗窃、抢劫、诈骗等事件不绝于耳。要防患于未然，加强治安服务，确保社区居民的人身和财产不受非法的侵害。加大对社会治安投入建设，把社区保安和群众力量结合起来，形成一个人人都可以参与的全民性治安体系。健全社区警务管理的制度建设，积极配合警务人员工作；同时，加强对警务人员的监督管理。街道办要派专人开展对社区安全的检查，第一时间对不安全的设施提出整改意见并公布于众，接受群众监督。加强对群众集体性事件的预防机制建设，越来越多的集体性事件已经成为社会动荡的主要原因，要建设并完善社会矛盾的排查机制、信息预警机制、应急处理机制、责任追查机制，尽可能降低群体性事件对社会稳定的冲击力和破坏力，让居民过着人人共享的和谐社区生活。

（八）发展社会志愿服务

单一依靠街道办完成服务社区的力量是渺小的，同时，完全依靠街道办的力量来开展社区服务也是不现实的。动员社会力量、走社会化道路是社区服务的最终选择，社区志愿者就是街道办可以信任和依靠社会的力量。宣传、动员、激励街道范围内的青年学生、共青团员、共产党员、国家机关工作人员、离退休的老年人及企业职工加入到社区服务的志愿活动中来，不断扩大社区志愿活动的影响力，壮大社区服务队伍，形成结构合理、分工明确的服务队伍。动员社区居民积极投身到社区志愿活动中来，完善申请、登记、管理、奖励、惩罚制度建设，逐步完善志愿服务储蓄制度建设，建立志愿服务时间档案。加强对志愿者队伍的培训教育，通过现场讲解、专家培训、夜校学习等各种途径和方式提高志愿者的专业服务技能、文化水平和道德素养。

　　Z街道每个月都举行一期的道德讲座，邀请街道的先进分子和道德标兵讲解自己的所作所为。利用讲座活动，号召和动员更多的社区成员加入到社区服务中来，形成我为人人、人人为我的互助风貌。街道办每季度都对街道社区志愿者实行培训、教育，邀请华中科技大学等高校的教授为居民讲解专业的服务知识和技能；聘请资深的志愿者传授服务方法和专业道德规范，动员、激励更多的人投入社区志愿服务的事业中来；通过在街道或社区宣传栏张贴志愿者服务活动宣传的照片，让市民真切感受到奉献的力量，促使普通居民自觉地加入社区服务的行列中来。

　　三　街道办事处社区服务的困境与出路

　　政府利用经济、政治、法律等各种手段保障人们平等地接受教育的机会；在经济活动和职业选择方面，政府通过社会财富的再分配方式，防止资源的垄断和贫富差异；政府要保证社会的最低受惠值，保证最底层的成员能够获得一定的社会资源。可见，政府在保证社会公平正义方面的巨大作用。作为政府部门最底层的街道办，要实现政府移交的任务，就要正确发挥自我职能。但是，在实际工作中，街道办对自身的地位和作用的理解还不到位，加上准政府的性质，导致了工作方式方法的偏差，难以取得良好的社会效果。

(一) 街道办残疾人服务所面临的困境

街道办所面临的困境是指街道办在完成上级政府部门所交的任务和为街道居民提供社区服务过程中所面对的职能困境，简言之，就是街道办所肩负的职能和其所要完成的任务间存在矛盾。在城市管理体制不断健全和完善的过程中，街道办所面对的服务对象和工作职责也相应发生了变化：一是工作对象范围不断扩展，由原来单纯面对社区居民扩展到驻地单位、社区居民服务、社区外来人口服务等。二是服务内容的扩展，由原来较为单一形式的民政服务延伸到司法服务、综合治理、城市管理、劳动保障、计划生育、经济建设、社区服务、志愿者组织管理等很多项工作。三是机构人员的设置发生了巨大变化，随着城市化进程的不断加快，街道办工作领域的迅速扩大，需要建立新的科室机构适应其新的发展需要，城管办、拆迁办等机构就此产生。按照1954年颁布的《城市街道办事处组织条例》的规定：街道办事处的人员设置状况是专职干部3—7人，其中包括妇女干部1人，街道办设主任1人，干事若干人，必要时可设副主任1人，街道一般不另下设机构。但现有配置状况有了较为明显的变化：20世纪80年代初一般为40人左右，而现在则远远超过这一数字。据统计，工作人员在50—80人的街道办事处最多，特别是在大城市，街道办事处的人员基本上不低于100人。[1] 随着经济体制的转轨和社会结构的转型，政府已经取消了"单位制"的管理模式，逐渐推行社区建设，街道办在职能定位和管理体制上的弊端就逐渐暴露出来，主要表现在以下几个方面：

1. 街道办的行政化取向和社会化取向的矛盾

街道办的性质是由法律所规定和赋予的，根据《城市街道办事处组织条例》的规定：街道办事处是不设区的市和市辖区政府的派出机构；办理市、市辖区人民政府有关居民工作的交办事项，指导居民委员会的工作，反映居民的意见要求。从"办理市、市辖区人民政府有

---

[1] 陈家喜、刘军：《街道办事处：历史变迁与改革趋向》，《城市问题》2002年第6期。

关居民工作的交办事项",从这一规定可以看出:街道办具有政府行政机关的工作性质。街道办有直接行使政府部门的管理职权,街道办就是一级政府,可以称为街道办的行政化取向;同时,从"指导居民委员会的工作,反映居民的意见要求"的规定中看,我们又可以理解为街道办事直接管理和服务社区居民,是街道办事处民间化,就是通常意义上的社会中介组织,可以称为街道办的社会化取向。

街道办服务功能行政化的首要表现在于其职权超越了法律所规定的政府派出机构的职权范围,是一个准政府机构,拥有较为独立的人事权和财政权。在城市建设和城市管理不断完善过程中所出现的"两级政府、三级管理"的模式,使街道办的职能行政化趋势不断得到强化。"两级政府"是指市政府和区政府;"三级管理"是指市级政府管理、区级政府管理和街道办事处管理。这里的"三级管理"就使街道办事处在行政级别上低于市和区级政府,但它是具有对街道事务管辖权的政府部门,街道办要承担许多作为一级政府所要承担的管理职责,使街道办不再是"半自治、半行政"的政府派出机构。具体而言,突出表现在街道办和居委会的关系方面:从法律意义上讲,街道办和居委会是"指导者和被指导者"的关系;从现实实践上看,却表现为"领导者和被领导者"的关系。街道办在社区服务组织方面力量过于单一,由于没有合理利用社会力量,唯一的依靠者和"被领导者"是居委会,形成了一种固有模式:街道办出资,居委会办事。此外,街道办是高高在上的领导,居委会是不折不扣的服从者,缺乏自主性服务内容,完全按章办事,无法得到居民的良性互动,居民参与的热情低落,效果自然就可见一斑。

街道办职能行政化的趋势的原因很多,归结有以下几个方面:首先,在行政体制方面,是"条""块"格局长期存在的必然结果。"街道办作为区政府的派出机构,无权管理'条'的事情,过去政府职能部门的派驻机构也无法协调'块'的事情。"[1] 其次,从社会公

---

[1] 何永红、刘纬国:《论街道办事处公共服务功能的社会化转变》,《四川行政学院学报》2003年第4期。

共事务供给机制上看,计划经济体制所遗留的"单位办社会"现象的影响力还未完全消失。长期以来"企业办社会""政府办社会"现象所遗留的消极影响力还在,街道办就成为具有补缺功能的组织,随着社会改革和政府改革的不断深入,政府和"单位"不应该承担的社会职能重新交还到社会手中,街道办就理所当然地成为这些职能最主要的承担者,其职权就会不断扩展和集中,最终导致街道办管理职权的不断强化,行政化趋势得以形成。最后,从组织模式来看,街道办行政化是一种过渡性社区治理的必然选择。"由于受旧有经济制度和管理模式的影响,我国社区治理是以政府为主导的从上而下模式,居民社区参与意识淡薄,强调社区制(即市区居民的完全自主自治)的倾向虽然视野比较开阔……但他们的对策思路在现实中常常缺乏实施推动的主体。"[1] 对于普通社会成员而言,政府所代表的东西较为抽象,街道办就是民众心目中的政府。可见,街道办在居民心目中地位很高,而作为社区建设的另一股推动力的社区居民在社区建设和社区服务中的作用并没有被有效利用,居民的现有力量表现为单股的社会力量。要想实现社区自治,政府(街道办)行政化趋势在现有条件下无法全部去除。街道办的行政化与目前我国社会组织的发育水平有关,我国社会组织发育还很不完整,在社区服务和建设中无法承担政府和企业所剥离出来的社会公共事务职能,因此,迫使街道办必须承担社区管理和建设的具体事务。

2. 街道办管理职能范围过于庞大,与自身地位不相适应

在"两级政府,三级管理"的城市管理体制确立之后,街道办职能范围明显扩大,所谓的"三级管理"最后的实施者就变成了街道办,"三级"变成了"一级",导致街道办权限无限扩大的同时,也使它背负着自身无法完成的任务。街道办职权的扩大导致了两个后果:一是街道办在无法顺利完成政府部门所交付的职能或任务时,把本来属于自己的职能又交付到街道居委会手中,导致自身行政化趋向,也导致居委会行政化趋向;二是街道办的工作重心偏移,出现越

---

[1] 胡勇:《街道办事处与社区居民委员会关系探讨》,《中国政治》2003 年第 2 期。

位和错位现象。越位是在街道办完成市、区级政府所下达的行政命令,但又苦于找不到明确的法律、法规作为条文依据。所行职务带有行政性质,容易受到其他部门或单位的制约,常常与其他部门的管理权限发生交叉、重叠甚至是冲突和对立,处在一种越位的管理位置。错位则是由于街道办所承担的政府职责过于繁重,使其逐渐偏离了服务社区的原有职能,工作重心不再停留在社区管理方面。主要的表现是政经合一、政社不分,把社区经济增长、财政税务等职能以外的事务当成了主要任务来完成,严重违背了政企分开的原则,影响了社区服务的质量,带来街道办管理和服务职责的错位现象。

职能范围的扩大除了带来行政化取向和越位错位之外,还会导致另一间接后果:街道办机构设置规模膨胀,办事效率低下。职能范围的扩大就意味着有更多的事务需要街道办来处理,造成了对办事人员数量需求的增加,部门设置就会更加复杂,要求政府投入更多的人力、物力、财力,增加了政府的财税负担。同时,人力的增多和部门的增设并没有带来所预期的效果,相反带来了严重的官僚主义,遇事推诿,一件小事要多家部门盖章签字,降低了街道办的办事效率。此外,林立的机构设置还容易造成政府科学决策水平的降低,街道办是连接政府和社区居民的纽带,是代表民众向政府反映需求的桥梁,过于密集的机构和办事人员会延误信息反馈的速度和准确性,导致政府决策的准确性和及时性。

3. 街道办责权不对称,法律依据不足

随着政府管理体制改革的不断深入,街道办行政管理权和组织领导权得到加强,行政权和组织领导权是一种事权,而非管理权,采用上传下达的工作方式,缺乏真正意思上的"权力"。在没有"权力"保障的情况下,街道办也只能按照上级政府部门的指令办事。这样就可以有效避免因自主行事所造成的失误和盲目性;也可以获取上级部门的赏识,为工作顺利开展赢得更多的资源。由于历史问题,长期以来"条""块"治理固定思维的影响,街道办在执行市、区政府的指令时缺乏必要的法规约束或支持,缺乏相应的制度规范的制约,街道办所管辖的"块"对市、区政府相应部门的"条"没有真正实现所谓的管理职能，或者说街道办缺乏自主权，一切以上级意志为出发点，抛弃了服务社区初衷，处于管理一线的街道办对很多街道所出现的问题因缺乏管理权只能熟视无睹；政府职能部门的派出机构有权管，却不愿管，形成了一种"有权的不愿管，无权的管不了"的局面。

4. 街道办人员管理制度有待规范，工作人员素质偏低

较差的工作环境，微薄的工资收入，很难吸引到好的管理服务人才。现有城市街道办的工作人员存在文化程度低下、年龄结构不合理、服务观念意识薄弱、协调能力不高和服务技能欠缺等方面严重问题。从现有组成人员的构成状况看，有的工作人员是属于国家公务员身份，有的是临时应聘人员；从人员的编制状况看，有在编的和不在编的；从人员的来源状况看，有的是经过国家正规招考的，有的是选聘选调的，有的是军队转业的，有的是国家分配的。目前我国街道办的工作人员的文化素质还比较低，从2003年国家权威统计来看，各街道干部人员中，大专以上文化程度的占总人数的28%左右。[①] 与国家公务员录用程序制度相比，街道办干部和办事人员的管理缺乏规范化制度规定；对工作人员的业绩评定缺乏较为详细的量化指标、奖励和惩罚制度实际操作意义不大、街道办对工作人员缺乏自主管理权力，这些都对提升街道办工作效率势必有大影响。

（二）街道办事处社区服务的出路

1. 合理定位街道办的社会角色

街道办事处角色定位的最大争议在于是否让街道办事处成为一级政府。就街道办事处改革方向，有三种不同的声音：一是继续维系街道办的派出机构性质，以此为前提，扩大职能范围，使其最后成为一级政府，实践政府职能；二是取缔街道办，把市辖区范围缩小，由区政府直接指导和监督居委会，实行"两级政府、两级管理"的管理模式；三是模糊街道办的性质，淡化其一级政府的职能定位，继续实行

[①] 陈晓龙、毛春梅：《对当前街道办事处管理体制改革的构想》，《浙江工商大学学报》2006年第2期。

"两级政府、三级管理"的城市社会治理模式。

第一种设想,把街道办的职能进一步扩大,使其成为一级政府的做法是不可取的。如前所述,街道办事处的职能任务的进一步扩充,会导致其行政化趋势,会偏离服务社区方向,脱离反映居民情况的本质要求,从对居委会的指导、监督者角色演变为领导者角色,从而最终违背了设立城市街道办事处的初衷。此外,把街道办事处作为一级政府的做法缺乏事实的理论依据,会导致"越位""错位"现象的发生。第二种设想是要取消街道办,由区级政府直接领导社区居民委员会,看似符合政府精简机构的做法,但仔细考虑后会发现:现在的城市,特别是大型城市,转移依靠区政府的力量来完成对城市社区的管理是不现实的,太多社会事务由区级政府来处理,会带来新的问题,一是管辖地域面积过大,很难深入实际,及时了解居民所想、所需;二是过多社会事务势必造成新的区级政府的人员和机构设置的增多,官僚主义会再度蔓延,势必影响政府的工作效率。

笔者认为,城市街道办事处的改革方向在于延续现有"两级政府、三级管理"的城市管理模式,从对城市街道办事处"准"政府性质逐渐转化为社会组织性质。"两级政府、三级管理"中的两级政府是市政府和区政府;三级管理是市、区街道三级行政管理。"两级政府、三级管理"体制的重心在于政府在街道办事处所进行的第三级管理;其核心内容是把市、区政府和相关职能部门的权力分解并下放,以街道办为主体,着重行使政府在街道办事处层面的职能和权力。

第一,厘清"条""块"分割的状况,坚持"条块结合、以块为主"的原则,加强对街道办的综合管理和协调管理职能赋权。目前还没有专门法律的条件下,可以用行政法规的形式对街道办的职权重新加以界定,适当放宽其管理权限,要防止权力的过多膨胀、保持一级政府的现状。市级政府让街道办参与对所属街道的城市规划;对所辖地域的环境卫生、社会救济、计划生育、社区就业、老年人和残疾人健康等日常事务的直接管理职能。对街区范围内的社区治安、住房、工商、税务、医疗机构建设等赋予综合管理权限;把社区建设和社区服务等与街区群众生活密切相关的项目交由街道负责，街道办召集社区居民和辖区单位联合讨论，再把意见反馈给相关政府职能部门，实现从政府管理向社会管理的逐渐过渡。

第二，政府在赋权给街道办专业权限的同时，突出职能部门的派出机构性质，在街道层面上建立起相应的部门机构。上级政府部门可以根据居民现实需求，在街道或社区内成立以下机构，街道派出所、工商管理部门、税务部门、环卫处所、房屋管理办公室等，所设机构人员由政府职能部门和街道办事处共同协商决定，政府职能部门和街道办都有管理领导权。

第三，界定政府和街道办职能范围。按照政企分开、政事分开、政社分开的原则，对社会性事务和经营性事务进行重新规划界定，强化政府在街道办的行政职能，也有利于提高政府街道办事处的办事效率。

第四，赋权和放权相结合，走社会化服务之路。街道办服务职能社会化包含以下几个特点：把街道办的性质从政府的派出机构逐渐转化为社区自治的社会组织或社区服务的中介组织；街道办有提供社区服务的义务，但提供的服务大多为间接服务，而非直接服务；街道办资源的获取除政府所支持之外，社会资源的比重会越来越多，市场化和民营化特征明显；政府对街道办依然是领导和被领导关系，同时还是指导和被指导关系，政府对社区服务的直接介入会越来越少，社会力量成为推动社区发展的主要力量，使社区真正成为"自我服务、自我管理、自我教育"的新型社区。

武汉市的城市管理模式就沿用了"两级政府、三级管理"的模式，是继上海、北京之后较早采用此管理体制的城市。Z街道办按照市、区级政府的安排设立了相关政府职能机构，与残疾人服务相关的部门有街道社会保障办公室、民政办公室、街道老年工作办公室、街道建设文明建设办公室、社会事务办公室，选定专门人员负责街道残疾人事务工作。专职残疾工作负责人承担由民政部门、残疾人联合会、人力资源和社会保障部门等相关部门下达的任务，定期对辖区内残疾人进行走访，建立残疾人家庭档案。根据残疾人的现实需求加以归类，依据残疾人档案资料，对于有特殊困难的残疾人及家庭主动提供帮助，由过去被动帮助转为主动帮助。Z街道社区为辖区残疾人提供资助的种类就有十几种，涉及医疗救助、最低生活保障、残疾人社区就业、社区医疗康复、残疾人及子女助学救助、节日送温暖活动、残疾人日常用具发放等。按照有需要就有资助的原则，有效地解决了残疾人在工作、学习和生活中所遇到的困难。就2011年度Z街道给予辖区弱势群体各种资助总计达38.8万元，有效地解决了他们的实际困难。其中，政府部门拨款22万元，街道出资10.8万元，街道的社会筹资6万元，可见社会力量还非常渺小，社区服务社会化的道路还非常漫长。在对残疾人的帮扶中遇到很多政策困境，需要突破现有政策限制，须克服困难，创造条件保障残疾人利益。比如在一些边缘贫困残疾人家庭的住房问题上，他们不符合政府廉租房的入住条件，但有实际面临住房难题。经过市民政局、市房屋保障和房屋管理局、市残联共同研究，决定对街区内的残疾人（不符合廉住房条件的边缘残疾家庭）实行政府主要出资50%，街道办负责剩余资金（10%），租房户自付40%的办法，在社区内租房解决该人群的住房问题。

2. 规范街道办事处的职能

规范街道办的职能，就是转变政府职能。从目前街道办的运转状况来看，街道办事处作为政府的基层组织，要完成政府的职能角色，把"非政府"的职责交还到社会或市场相关职能部门，充分发挥社会部门和市场部门作用，利用中介组织、企业组织、自治组织等各种社会组织在社区服务中的作用，使街道办事处有充裕的时间和充沛的精力做好社区建设管理和公共服务。

街道办事处在职能完成方面主要处理好以下几个方面：一是综合协助管理职能。对辖区内的群众性、公益性、社会性工作，街道办要依法进行协助管理，配合相关政府职能部门；也可以由街道办负责牵头，结合政府部门要求依法完成综合协助管理工作。二是监督管理职能。对于某些由政府职能部门所要履行的专业性工作，如工商、税务和公安案件办理等事务，街道办可以起到监督和配合作用。三是履行公共服务职能。对于街区内与居民工作生活密切相关的社会事务，街道办要发挥领导职能，承担对具体事务的计划安排、组织协调、落实完成工作。四是指导服务功能。对社区居委会所实行的社区依法自治活动、社区内各社会组织活动及有关社区自治制度建设等各项工作，街道办拥有指导、支持、帮助、监督、指导和服务的职责。

3. 明确街道办的权与责

我国现阶段采用了"以块为主、条块结合"的社区管理体制，使街道办和上级相关职能部门派出机构间的矛盾在一定程度上得到缓和。但是，依然存在责权不清的现象，需要对街道办事处的责与权加以更细致的规定。

首先，规范街道办和居委会的职责。我国政治体制改革的一项重要内容就是政府工作重心下移、还权于民。政府工作重心下移，街道办所担负的任务就会越来越多，为了转移自身负担，居民委员会就成为街道办的任务摊派对象。由于居委会在活动经费、活动场所和人员工资方面需要街道办的支持，使居委会对街道办的依赖程度越来越大。居委会行政化趋势势必影响居委会群众工作的顺利开展，在一定程度上还影响了街道办的工作效率，使一些公益性、群众性社区服务活动成为行政事务。因此，要从法律法规的层面对居委会和街道办间的权与责加以明确，只有明确双方的权、责和分工，才能在城市管理、服务社区、稳定社会方面各司其职，提高城市管理水平和服务社区效率。

其次，明确街道办和职能部门的职责。街道办是政府派出机构的性质决定了其在与政府职能部门合作过程中的弱势地位。政府职能部门在街道办设置派出机构目的为加强社区管理，提高服务的工作效率，与街道办是被领导和被指导的关系。但在实践过程中，这种领导和指导关系无法得到体现，究其缘由就是街道办对职能部门所属机构人员缺乏任免、调动、考核的权力，只有建议权，无法对他们在工作中的渎职、低效实行惩罚。因此，政府部门要赋予街道办更多自主管理权。财政不独立是街道办对政府依赖的主要原因，街道办没有独立的财政来源，街区工商、税务都被政府部门所把持，街道办的收入主要由街办企业的税收、商品市场和农贸市场管理收入、护税协税收入组成。单一的收入形式无法支持街道办事机构的日常开销，对上级部门依赖也是无奈之举。政府部门让渡部分的工商、税务项目给街道办，促使街道办的财政资金的独立，是街道社区服务社会化的基本保证。

4. 加强对街道办人士制度建设，提高工作人员的素质

街道办服务效率和服务水平的提高，是以社会基层的街道办工作人员较高的素质作为前提的。政府组织部门要加强对街道办事处领导干部的考核任用，利用好当前政府机构改革的时机，在高校中和社会上选用一批年轻有为、富有朝气、素质优良、工作负责的人员充实到街道领导班子。面对街道办事处在发展中所遇到的新情况、新问题、新矛盾，政府部门要引导街道办领导干部解放思想、更新观念、与时俱进、敢于接受新事物、富有激情和创造性地开展工作，在新型城市建设的实践中不断创造新方法、新经验。同时，注重在街道办内部公开提拔年富力强的工作人员充实到领导干部队伍中来，完善街道干部队伍建设的公平合理进出机制，使街道领导干部队伍年龄机构更加合理、知识层次更高。建立优胜劣汰的竞争上岗机制，加强对街道工作队伍管理工作，淘汰部分工作无责任心或责任心不强、素质低下街道的工作人员。落实对现有街道干部的培训工作，鼓励他们自觉参加业余学习，提高思想素质、业务技能和工作能力。对现有不规范的街道干部人事制度进行改革，把街道工作人员纳入市级财政，采用公务员管理办法统一管理，使街道人事制度走到科学化、规范化、制度化的良性运行轨道上来。

第四节　民政部门与社区残疾人服务

一　民政部在新中国成立后的发展历程

1949年10月21日，中央人民政府政务院成立，内务部（民政部的前身）位列30个部、会、院、署、行的第一位。同年11月，中央人民政府内务部成立，主管民政工作，受政务院领导和政务院政治法

律委员会指导,救灾和政权建设是内务部的工作重心。地方民政工作机构设置布局大致如下:大区设立民政局、省设立民政厅、专署和县设立民政科。1950年7月15日,第一次全国民政会议在京召开,着重讨论民政工作的范围问题,时任内务部部长谢觉哉指出,凡是人民的政事,如果没有专业部门管理,都属于民政部门。会议确定了民政工作重心:地方政权建设、优抚、救灾。1953年10月,第二次全国民政会议对内务部的主管业务范围做出调整:政权建设、优抚、地政、户政、国籍、行政区划、民工运动、婚姻登记、社团登记等。1954年9月,第一届全国人民代表大会第一次会议通过《中华人民共和国宪法》,把政务院改名为国务院。根据《中华人民共和国国务院组织法》的规定,把中央人民政府内务部改名为中华人民共和国内务部,由国务院领导。1954年11月,第三次全国民政会议在北京召开,确定了民政工作职能范围:以优抚、复员、救灾、社会救济为主要业务,并相应做好其他民政工作。

1969年1月,内务部被撤销,除在北京设机关留守外,其余内务部人员到湖北沙市"五七"干校劳动,地方民政工作处于停滞状态。为了应对因内务部业务被搁置的困境,顺利开展职责工作,1972年,国务院召集财政部、公安部、卫生部、国家计委等部门讨论,就原内务部所主管的业务交由上述四个部门和国务院政工小组办公室承担。

1978年3月,第五届全国人民代表大会第一次会议通过决议,设立中华人民共和国民政部。同年5月,民政部成立,其主要机构设置如下:办公厅、政治部、优抚局、农村社会救济司、城市社会福利司、民政司、政府机关人事局、中国盲人聋哑人协会。1978年9月,第七次全国民政会议在北京隆重召开,对民政工作任务范围重新加以规定:优抚、复退安置、社会救济和社会福利、生产救灾、承办行政区划、婚姻登记、殡葬改革等。1979年5月,报请国务院同意,国家科委批准成立民政部北京假肢科学研究所,交由民政部门管理。

1982年4月28日,万里同志主持召开关于劳动人事部、教育部、国家计委、国家经委、民政部工作任务分工会议,把残疾人和老年人社会工作的国际交流活动交由劳动人事部牵头,组织有关部门办理。

对社会上无依无靠、无家可归、无生活来源的人员的生活照料问题交由民政部门主管。

1982年8月，民政部向国务院报送经过修改的《民政部的主要任务和职责范围》，指出民政部的主要任务包括：在四项基本原则的指导下，通过做好地方政权建设、优抚安置、救灾救济、社会福利等相关工作，发展社会主义民主，健全社会主义法治，促进基层政权的巩固，促进部队建设，促进社会安定，为以经济为中心的社会主义现代化建设服务。

1983年8月10日，中国残疾人福利基金会筹备组成立；1984年3月15日，中国残疾人福利基金会正式成立。1987年12月9日，国务院办公厅转发民政部关于筹建中华人民共和国残疾人联合会报告的通知，同意组建残疾人联合会，交由民政部管理。1988年3月11日，中华人民共和国残疾人联合会成立，并在北京召开第一届全国残疾人代表大会，会议选举邓朴方为全国残联主席，会议确定中国残疾人事业的总目标：通过政府、社会、残疾人和残疾人工作者的共同努力，创造良好的物质条件和精神条件，使残疾人在事实上成为社会平等人员，享有全面参与社会生活的权利，履行公民义务，共享由劳动和社会经济发展所带来的物质文化成果。

1997年1月3日，中编办批准成立民政部社会福利中心。1998年，第九届全国人大第一次会议批注国务院机构改革方案及《国务院关于机构设置的通知》（国发〔1995〕5号），对民政部的职能机构再次加以调整：优抚局和安置局合并，设立优抚安置局；社会福利司和社会事务司合并，设立社会福利和社会事务司；计划财务司调整为财务和机关事务司；社团和民间非企业单位管理司更名为民间组织管理局；国际合作司改名为外事司；机关党委人事教育司更名为人事教育司。调整后的职能机构由10个职能司、部、局组成，即办公厅、优抚安置司、救助救济司、民间组织管理局、基层政权和社区建设司、社会福利和社会事务司、财务和机关事务司、区划地名司、外事司、人事教育司。

1999年12月2日，经由中编办批准，民政部成立民间组织服务中心。2002年5月，第十一届全国民政会议在北京召开，江泽民同志接见与会代表时强调，民政工作要更好地服务人民，为最需要帮助的困难群众服务，为改革发展稳定大局服务。2006年11月，第十二届全国民政会议在北京举行，温家宝同志接见与会代表时强调，民政工作关乎千家万户，关乎亿万群众；民政工作是政府履行公共服务和公共管理职能的主要方面，在构建社会主义和谐社会中发挥着政府主要的作用。

二 民政部门在残疾人社区服务中居主管部门地位

从新中国成立以来我国民政部门的发展历程看，国家对国务院所经历的历次机构改革过程中，作为国务院的最主要部门之一的民政部始终为保留单位，其基本职能始终没有改变过；为党分忧、为民解愁的宗旨一直都没有改变；社会稳定剂的功能作用从来没有改变；发展社会主义民主和法制、改善优抚救济对象的生活、建立新型和谐的人际关系的社会功能永远没有改变。在社会主义市场经济时代条件下，民政部门借助政权力量加强对国民收入的再次分配，对于帮助老弱病残等社会弱势群体解决生活、就业、教育、医疗、康复等困难、有效缓解和预防社会矛盾的发生，发挥了无法替代的作用。民政部门肩负着政府和人民所赋予的社会救济和社会福利的职责；肩负着对中国残疾人联合会的管理，保证了残联在残疾人服务方面起着积极作用。在1988年和1993年国务院进行的政府机构改革中都把民政部确定为"国务院主管社会行政事务的职能部门"，1998年国务院对民政部的职能定位为：除了主管社会行政事务的政府职能部门之外，还把民政部认定为"国家政务部门"，充分表明民政部门行政管理职能进一步得到强化发展的趋势。

（一）民政部门担当职能主管部门的缘由

民政部门是各级政府在发起和推进社区服务、提高弱势群体社会生活质量的主要职能部门，起到社会长治久安的稳定剂作用，对残疾人生活质量的改善起着关键作用。民政部门职能的发挥由以下几种因素和条件所决定：

首先，从民政部门与社区服务的关系看：民政部门始终是社区服务的发动者和推动者，对提高社区残疾人生活质量方面起着重要作用。我国社区建设和社区服务是从20世纪80年代开始的，1983年第八次全国民政会议在京召开，民政部开始提出社会福利发展的总体设想：国家政府和社会力量结合，采取多种形式发展社会福利事业。1986年，在沙洲会议上，时任民政部部长的崔乃夫提出在城市开展社区服务工作，确立了城市民政社会保障工作要以"双福利服务"（社会福利事业、社会福利企业加社区服务）为重点。从此，在全国掀起了社区服务理论探讨和试点实践的热潮。[1] 1987年9月，民政部在武汉召开了全国社区服务的座谈会，就社区服务的性质、目的与功能作了进一步定位，即"在社区内为人们的物质生活和精神生活所提供的各种社会福利与社会服务，它的目的在于调解人际关系，缓解社会矛盾，创造一个和谐、良好的社会环境。"[2] 民政部门是地方社区服务主管部门，可以完成中央和地方政府所赋予的重要职责，也能够得到其他相关职能部门的认可与支持。

其次，从民政部门和地方基层政权建设的关系看：民政部门负责地方政权建设的管理工作，是负责基层政权建设的职能部门。中国基层政权建设是国家和政府发挥政治职能的主要依赖手段，我国基层建设所直接面对的是广大人民群众，也是社会安定与和谐的最重要的基石，加强社区建设和社区服务是基层政权的主要工作职能，是完成上级政府部门所交付职责的主要手段。基层政权建设一项重要的任务是开展社区服务，处于社会最底层的残疾人群体是当前被认为是处于社会最底层的，其生活状况不仅能够反映出社区建设和社区服务的发展成果，也能够体现出社会主义社会的公平性，体现出社会主义和谐社会构建的状况，对社会的稳定有着重要的影响力。1982年，国务院《全国政府工作会议纪要》指出：各民政部门要把基层建设的工作列入其重要任务。为了适应并完成新形势下对基层政权的领导工作，经

---

[1] 唐钧：《当前我国城市社区服务综议》，《社会学研究》1990年第10期。
[2] 李亚平、吴铎：《1996年YMCA社区服务国际研讨会论文集》，华东师范大学出版社1997年版，第42—43页。

由国家机构编制委员会批准，民政部成立了基层政权建设司，专门负责管理基层政权建设问题。1998年进行的国务院机构改革过程中，把社区建设和社区服务的职责交付到民政部门，批准民政部门扩展"基层政权建设司"的职责范围，并重新命名为"基层政权和社区建设司"。各地方民政部门根据中央文件精神先后成立了相应机构，履行地方政权和社区建设职责。基层政权建设的又一任务是发展基层群众性组织建设，民政部门就是以基层政权建设为基础和依托，实施社区建设和社区服务。因此，我国社区服务、社区建设和基层政权建设中的群众性组织是有机统一体。随着"小政府、大社会"社会观念不断被认同，群众性组织在社区服务中的作用会越来越大。残疾人等弱势群体所得到服务的数量和质量在很大程度上取决于社会组织的发育发展状况：如果民政部门能够较好地引导和培养基层群众性社会组织，那么社区服务的水平就能够得到保障，加之政府部门资金和制度保证，我国社区服务就会向着高效、优质的社会化道路方向发展。

最后，从民政部门的业务范围和社区服务内容关系看，两种具有高度的重合性。地方民政部门职责包括：制定并贯彻执行有关民政工作法规和政策、指导全市民政基层组织建设；主管城乡社会救济和城乡居民最低生活保障工作，指导农村"五保供养"和城乡社会困难户及其他特殊救济对象的救济；组织管理和指导扶贫济困、社会捐赠等社会互助活动；指导城乡基层政权建设和基层群众自治组织建设；指导社区服务管理工作，推进社区建设等。上述职责内容中的诸如优抚安置、最大生活保障、社会福利、社会事务、民间组织管理、救济救灾等，都和社区服务紧密相关，是与残疾人的社区服务内容高度一致的。在民政部门基层工作中，扶贫济弱是其工作的根本，也是人民群众基本生活水平的最后一道防线，是社会公平、正义的调节器。

（二）民政部门职能体现

民政部门坚持以"以民为本、为民解忧、为民服务"的工作原则，以"保障民生、维护民利、落实民权"为工作路线，担负着社会救助、社会保障、社会福利、社区建设、社会组织管理和基础政权建设等内容，起到保证社会公平、履行基础管理功能和服务功能。

1. 民政部门工作起到社会公平的保底功能

合理调节社会关系、促进社会公平正义是中国社会改革的出发点和终极目标。促进社会公平、协调社会关系等基础性的社会工作重点就是建立并完善保障人民群众基本生活的社会保障体系。在社会保障体系中，社会保险、社会救助、社会福利和社会慈善活动是其主要内容，这些内容构成了民政部门工作重心，民政工作起到了保底性的保障功能。对城市居民的特殊困难群体实行最低生活保障制度，是保证城市居民的正常生活的最后一道保障线、保证其生存的最后一条防线；对因受灾等原因而需要帮助的社会成员提供临时性社会救助、对某些特定困难群众实行专项性救助或临时性救助、对孤寡老人、孤儿、残疾人或特困群体提供各种社会福利工作也是保障社会弱势群体正常生活的最后一道底线，为他们提供保障基本生活的社会福利保底的社会保障。民政部门社会保障工作对于调节社会关系、保障社会公平起到了积极的促进作用。尤其是在老龄化社会，老年人口数量不断增加，空巢家庭老人数量不断增多，因年龄而导致残疾人口数量大幅提升，政府部门的制度性安排对于缓解这部分弱势人群的生活压力、提高生活水平发挥着无法替代的作用。对于残疾人群体而言，民部门社会保障工作保障了其基本生存问题，由于自身身体和心理原因或社会某些不公平的歧视观念和行为，导致他们在社会活动中无法通过健全的身体与正常人展开公平竞争，处于弱势地位，政府部门的帮助和扶持可以减轻他们的社会压力，使他们能够在就业、入学、康复、医疗等方面得到较好的服务，可以以正常方式参与社会生活。

2. 民政工作在社会建设中的基础管理功能

社区建设是社会建设的着手点和把手，是政府还权于民的措施之一。社区是人们进行社会活动的重要聚集区，是人们进行交换活动的社会实体。随着基层政权建设不断深入，社区居民的民主选举、民主管理、民主决策、民主监督的意识不断增强，参与社区建设的积极性也愈加高涨，愿意参与社区服务和社区建设事务。社区已经成为基层社会建设的载体，成为公民从参与社区事务到参与社会事务和国家事务的中转站，是基层自治的起点。此外，从我国现有社会矛盾的源头看，现阶段我国社会矛盾大多酝酿和发生在社区，多因社区矛盾延伸演化而成。如果能够把社区建设成为自我管理、自我教育、自我服务、自我监督的服务实体，那么，社区自身就能够化解社会矛盾，成为居民排解压力的场所，发挥好社会稳定剂的职能。社区管理职能的正确发挥，不仅能够适应并扩大基层民主，让居民充分参与社会事务管理，适合政府基础政权建设的需要，还有利于化解社会矛盾，促进社会稳定，推动社会主义和谐社会的构建。社区建设的主体除了政府机关之外，另一个主要参与主体是社会组织，它们是连接个人和政府的纽带，是个体社会成员和国家之间的联系桥梁。社会组织是具有非营利性、民间性的社会机构，活动范围涉及经济、文化、科技等社会生活的所有领域，对人们社会生活的影响力越来越大。社会组织能够对不同利益群体的社会利益关系进行协调，号召和动员更多的社会成员参与到社会建设和社会管理中。所以，民政部门加强对社会组织的管理将有利于化解社会矛盾、促进经济发展、维护社会稳定。

  民政部门承担着基层社会管理职能和管理监督社会组织的职能。一方面，随着我国经济体制改革的不断深入，城市化进程的不断加快，许多隐性的社会矛盾也逐渐显现出来。特别是城市化进程所带来的失地农民问题已经成为各地群体性事件的导火索，这些社会矛盾最初都发生在社区领域之内。城市居民从"单位人"转化为"社会人"，原本由企业和政府所要承担的社会责任交还到社会部门和社区层次，社会部门作用越来越显著。随着社会改革的不断前行，一些非公有制企业、社会组织、社会机构进驻到社区内，大量的外来务工人员、农村外来劳动力及家属、离退休人员、下岗失业人员等都在社区出现，导致相关社会问题也在社区范围内出现，社区成为了社会问题、社会矛盾的聚集区。民政部门通过发挥对社区建设的指导功能，加强社区建设和社区管理，强化社区自治功能建设，着力解决好社区居民在实际社会生活中所遇到的困难，缓解社会矛盾，促进社会稳定，构建和谐社会。另一方面，政府职能转换要求政府把部分职能交还给由社会部门来管理，交还到社会组织来承担。由于长期计划经济时代的"大政府、小社会"的格局所带来的政府负担过重的诟病，要求政府把其所"管不了、不该管"的事务必须交还到社会组织的手中，真正适应政府职能的转变需要。社会组织能够承担的业务范围非常广泛，涉及经济、教育、文化、科技、环境、卫生、公益、慈善等社会生活的方方面面，能够承担政府剥离出来的职责，实现与政府的合作，共同完成构建和谐社会的任务。民政部门发挥着引导和监督社会组织建设的职能，提高社会组织服务能力，让更多的社会成员参与到社会组织活动中来、让更多的社会组织参与到社会管理和社区服务中来，对于建立社会利益协调机制、保障社会组织健康发展、完善市场经济发展、促进政府职能转变、预防或解决社会问题，具有重要的意义。

3. 民政部门在社区建设中的服务功能

社区服务是社区建设环节之一，是衡量社会建设成果的重要指标。社区服务的主体包括政府部门、社会部门和经济部门。政府是公共产品和服务的提供者，在社区服务中起着主导作用，有义务对社会部门和经济部门进行管理和监督。公共产品是由政府所提供的，为全体社会成员提供能够平等分享的产品或服务，对于保障社会公平、调节社会收入、促进社会和谐等方面发挥重要作用。在社区服务中，作为社区建设和社区服务的政府管理和监督部门的民政部门，同样发挥着举足轻重的作用。民政部门承担着社会福利、社会救济、社会保障的功能，主要业务包括为老人服务、就业服务、医疗服务、残疾人服务等与人民群众基本生活相关的活动，涉及社会稳定和人民安居乐业的稳定大局。民政部门对社会组织监管，将会促进社会组织的健康有序发展，使其不至于偏离服务居民的宗旨；民政部门对下岗失业人员的培训教育，可以保证他们更容易适应社会发展步伐，借助知识技能以适应工作职位的要求；民政部门对社会特困群体的救济和帮扶，有利于使他们走出生活困境，为以后正常发展提供保障；民政部门对残疾人的扶持和关注，既可以使他们摆脱因身心原因所造成的困境，体现出社会公平，也有利于人道主义精神的发扬。

三 民政部门残疾人社区服务的职能

民政部门是城市建设和社区服务主要的领导者和监督者，是履行政府加强基层政权建设的重要机构，其职能发挥状况直接关系到基层群众的生活水平和社会的安定和谐。民政部门的主要职责包括下列几个方面：

(一) 制定社区建设和社区服务的法规、政策和考核标准

民政部门是协助党和政府加强社区服务的重要执行部门，负责起草、制定、修改有关社区服务政策和考核标准，交由相关部门和机关落实执行。新中国成立以来，我国民政部门和其他党政机关共同制定有关社区服务的法规政策，对我国社区建设顺利进行起到了巨大的促进作用。1987年，民政部在武汉召全国社区服务工作会议，要求对全国部分城市开展社区服务试点工作，从而拉开了中国社区服务的序幕。1993年8月，民政部、国家计委等14个部门联合颁布了《关于加快发展社区服务业的意见》，该意见明确了社区服务业"在政府倡导下，为满足社会成员多种需求，有街道、镇、居委会和社区组织为依托，具有社会福利性的居民服务业"。把社区服务视为第三产业，期待社区服务业能够自主发展，依靠服务所获得的盈利来支持自身发展。2000年11月，民政部在调研和总结全国社区建设试验区经验的基础上，起草并颁发了《关于在全国推进城市社区建设的意见》（中办发〔2000〕23号）。该意见指出，大力推进城市社区建设，是社会新的历史条件下坚持党的群众路线，做好群众工作和加强基层政权建设的重要内容，是面对新时期我国城市现代化建设的重要途径；加强城市社区建设，对于中国的经济、社会协调发展，提高人民的物质、精神水平和生活质量，具有重要的意义。意见要求各级政府切实重视城市社区建设，把社区建设工作作为正常工作来抓，切实帮助解决在社区建设过程中所遇到的困难和问题；要充分调动社会各界的力量，形成合力，共同推进社区建设不断前行，提升社区服务的质量。2001年7月，民政部在青岛召开全国民政工作会议，颁发了《全国城市社区建设示范活动指导纲要》，要求各级政府要选择有条件的大中城市和市辖区作为示范，有组织、有计划、有步骤地开展城市社区建设示范工作，并对城市社区示范建设提出了基本标准。在民政部纲要的要求和各地政府的大力支持下，很多地区认真制定了社区建设示范活动

的具体实施方案和具体实施细则，使社区建设向新的深度和广度继续前行。这些法规政策的颁发和落实有力地推动了我国社区服务的有序发展，对规范社区建设的顺利进行起到了引导作用。

(二) 残疾人生活照顾

对社区服务的状况进行研究分析，探讨其中存在的问题，研究对策出路，为政府顺利推进社区服务做好实际准备。民政部门在街道办基层部门设立了办事机构和部门，他们深入社区，了解政府部门在社区服务工作中所面临的困难，掌握社区群众在社会生活中所遭遇的困境，将了解到的问题及时反馈给区、市级民政等职能部门。依据所掌握的情况，民政部门有针对性地出台相应的措施，解决社区服务中的问题，以实现服务社区、方便群众的目的。2010 年武汉市民政局、残联和财政局就武汉市残疾人或残疾人子女费用问题开展调研，发现在对残疾人子女的教育补助问题上存在补助面窄、补助金额小等弊端，无法从根本上解决残疾家庭的经济压力、无力从根本上解决因接受教育而致使部分家庭陷入经济贫困的问题。2012 年，财政局、民政局和残联联合发布《武汉市就读中专以上学校残疾人和特困残疾人家庭子女学费补助实施方案》，对于通过国家统一考试，升入中专、全日制普通专科、本科院校以上，接受正规国民教育的残疾人学生和特困残疾人子女实行学费补助。补助标准为：中专生含职高补助 3000 元/年，原有（2007 年）补助标准为 800 元/年；大学专科生补助 4000 元/年，原有补助标准为 1000 元/年；大学本科生及以上补助 5000 元/年，原有补助标准为 1500 元/年，研究生补助为 2000 元/年；残疾人电大中专（职高）补助 1200 元/年，原有补助标准为 600 元/年；残疾人电大专科补助 1400 元/年，原有补助标准为 800 元/年；残疾人本科电大补助 2000 元/年，原有补助标准为 1000 元/年，此外，电大的残疾人学员每人可获书本费资助 200 元。在手续方面也进一步简化，只要有中华人民共和国残疾人证或武汉市最大生活保证金领取证，学校收费凭证等，把以上材料交到街道办即可办理补助事项。

(三) 树立示范典型，普及成功经验

社区服务因城市类型的不同及街道的现有资源异样会出现不同状

况，民政部门根据现街道或居委会的现况进行社区服务试点工作，对试点先进经验及时加以总结并大力推广，减少社区服务因摸索尝试而走弯路的现象发生，保证了社区服务的效果和效率双重提升。民政等政府部门可以利用其独特的政治资源优势，借助于报纸、电视、广播、杂志、座谈会、参观等多种方式，宣传、交流、推广社区服务的先进做法和有效经验。从2008年起，武汉市民政局就组织市区内的区级民政部门和街道社区建设职能部门及社区居委会等组织开展社区建设和社区服务的经验交流参观活动，每年定期一到两次活动，组织人员到有特色的社区中参观学习，并探讨社区服务的经验。

（四）组织开展残疾人社区服务的教育宣传工作

社区服务是在政府的领导下，以居委会为依托、对社区居民开展帮扶活动。民政部门领导、管理作用的发挥：一方面，要依靠自身建设，不断完善机制建设和管理规则；另一方面，要依靠社会组织的协同作用、依靠社区居民自我帮扶功能的发挥。因此，民政部门利用现代媒介加强对社会组织和社区居民的教育和管理就显得尤为重要，广泛宣传社区服务的意义和作用，对有志参与社区服务的社会组织和居民开展基础服务知识的教育，塑造出良好的社区服务舆论氛围，树立"我为人人、人人为我"的社会风尚；加强对社区服务的组织者、积极分子、骨干人员的培训教育，使他们能够掌握较全面的专业知识和服务技能，推动社区服务向更高层发展。Z街道与区文明办、区民政部门联合开展"道德讲坛"活动，积极宣传帮老爱幼的社会风尚，号召全体居民参与到对社区弱势群体的关心和帮助活动中来。他们邀请街道辖区的教授、学者为社区居民传授社会工作的基本原理和工作方法，使居民能够理解社区服务的重要性和现实意义；邀请有突出成就的社会工作者传授和畅谈在社区服务中的所感所见，用群众喜闻乐见的形式激发居民服务社会的激情；邀请接受帮扶的人员谈论他们在接受帮助后的变化和切身体会。"道德"活动开展两年多来，共有2000人次社区居民参与听讲活动，有100多名社区服务的先进分子、学者等参与主讲，社区群众参与慈善、服务社区的热情有了很大的提高，社区服务呈现出良好的局面和态势。

（五）加强对基层政权建设和自主性社会组织管理

基层政权是联系政府与人民群众的桥梁与纽带，处于"上情下达"和"下情上达"的重要位置，发挥着协调和组织功能。加强对层级政权建设的监督和管理是民政部门主要职能责任之一，对于了解居民需求，贯彻和执行党和政府的政策、方针方面起到了重要的作用；也是社区群众向党和政府反映自我诉求的有效手段。基层政权建设要求强化街道办的服务职能，把居委会转变为社会自治组织，把党和政府管理社会事务职责下沉到社会底层机构，依托于基层政权和社会组织深入了解社会基层人民群众的所想所为，把群众的困难和要求反馈给相关职能机构部门，解决人民群众现实困难。残疾人和特困群众是处于社会最底层的群体，由于身体、心理、社会等原因，他们所能够享受到的社会发展的物质和精神财富明显少于同期其他社会成员，具有风险抵抗力较差的特点，一直以来是政府所救助和帮助的重点对象。如何让这部分人过上有尊严的生活，不仅在理论上体现着社会公平问题，也是影响社会安定的现实问题。时刻与人们大众保持联系是基层政权的基本职责，了解并反映他们的需要并解决其所遭遇的困境是民政部门加强基层政权建设的初衷和本质所在。

四 民政部门的社区服务工作所面临的困境和对策

（一）民政部门社区工作所面临的困境

社区建设是新时期政府部门为实现政府职能转化和权力下放而采取的一项旨在还权于民、改善民生的一项重大社会建设措施。社区服务和社区建设是相辅相成的关系，社区建设主要衡量指标是社区居民所能够感受到的服务的质量和数量。社区服务所涉及的内容十分广泛，如就业、养老、医疗、康复、文化、体育、教育、卫生等，这些内容也是民政部门的职责所在，分别由民政部门直接提供或在民政部门的领导和监督下由社会组织提供。民政部门所能够提供的产品和服务将会直接决定社区居民的生活质量。但在实际工作中，民政部门的社区服务工作还无法很好地满足社区居民的实际需要，面临着诸多的困难。

1. 办公经费严重短缺与广泛职能范围的矛盾

民政部门职能范围十分广泛,按照1950年第一次全国民政北京会议所规定:凡是人民的政事,如没有专业部门管的,就都属于民政部门。按照这样的论调,民政部门所管辖的范围包括:贯彻执行有关民政工作的法律、法规、政策;制定民政事业发展规划、工作计划和政策,并组织实施;指导民政基层组织建设;组织、协调救灾工作,调查掌握灾情,接收、管理、分配救灾款物,并监督使用;指导灾区开展生产自救和减灾活动;组织、指导救灾捐赠;主管城乡社会救济和城乡居民最低生活保障工作,指导农村五保供养和城乡社会困难户及其他特殊救济对象的救济;组织管理和指导扶贫济困、社会捐赠等社会互助活动;主管全市拥军优属、优待抚恤和烈士褒扬工作,承办烈士称号的报批工作;负责全市国家机关工作人员和参战民兵、民工的伤亡抚恤工作;负责管理退伍义务兵、转业士官、退休士官、复员干部、军队离退休干部、特等和一等伤残军人、服役期间患精神病的义务兵、无军籍退休退职职员和职工的接收安置工作;组织实施社会福利事业发展计划,指导社会福利事业单位的建设和管理工作;主管生活无着的流浪乞讨人员的救助管理工作;负责福利彩票发行和福利资金的管理工作;承担老年人、孤儿等特殊困难群体权益保护的行政管理工作;对社会福利企业进行管理、指导、协调、服务。指导城乡基层政权建设和基层群众自治组织建设;指导社区服务管理工作,推进社区建设主管地名管理工作;负责行政区域界线的勘定和日常管理工作。负责社团和民办非企业单位的登记和监督管理工作;主管婚姻登记管理、殡葬管理工作;负责收养登记管理工作等。民政部门最重要的资金来源是政府部门的财政拨款,即所谓拨多少钱办多少事,造成了在工作方式上缺乏必要的灵活性。民政部门的工作计划和经费开支几乎完全依赖于政府部门的财政拨款状况,与繁杂的工作事务相比较,经费问题已经成为民政工作的"瓶颈",甚至无法满足社会居民的基本生活需求,使本应属于职能范围内的事务无法按时按质完成。

2. 业务逐渐增多与工作人员偏少之间的矛盾

民政工作的涉及面十分广泛,不同的工作对象对民政专业人员的技术和专长要求会各不相同，工作范围的扩展对工作人员的要求更为苛刻，特别是对政策性较强的工作，须有专职人员担任。现有民政部门人员配备无法满足这些要求，一方面是受单位编制制约，人员招聘方面往往出现捉襟见肘的现象；另一方面是受办公经费的影响，对计划内招聘人员的工资福利待遇过低，无法引进专业化、业务能力强的工作人员，有些地方甚至连基本工勤人员都无力招聘，使正规编制人员充当工勤人员，从而加重了民政部门人员紧张的局面。以武汉市某区民政局为例，机关批准在编人员为11人，行政编制7人，离退休服务人员编制为2名，工勤编制1人，外聘编外人员1名。区民政局职能部门设置状况有：行政科、优抚科、社救科、社会事务科、老龄办公室、安置办公室、信访办公室、军退办公室8个科室，平均每个科室工作人员1名。如果遇到救灾和节日慰问等特殊状况，有些部门就会闭门停止办公。人员短缺状况导致民政工作人员长期处于高负荷、高强度运作状态，往往为了工作而工作，处于被动应付状况，没有过多的精力来进修学习，业务素质始终停留在现有水平，无法跟上社会发展的步伐，工作效率低下，缺乏工作热情。

3. 部门之间缺乏必要的沟通和配合

民政工作涉及面广泛，事务繁杂，需要多家单位和部门之间的相互配合。民政部门工作需要其他部门的密切配合，包括工商、卫生、教育、环卫、财政、税务、劳动等国家机构和社会组织、社会团体、企事业单位。以社区残疾人就业为例，民政部门负责提供场所对有劳动能力、自愿参加劳动的残疾人进行培训，需要得到教育部门、劳动部门的大力协作，更需要企事业单位的积极配合。但由于体制等原因，同级其他政府部门为了完成自身的工作任务，不愿也没有精力与民政部门配合，出现残疾人就业培训重复进行或有盲区，花费了大量的人力和财力却无法达到预期效果，对残疾人的自信心也会有很大的损伤。

4. 工作人员素质偏低，官僚作风盛行

由于受编制限制及经费来源过于单一等因素的影响，民政部门的工作量大、工作强度高、福利待遇低等弊端尽显无疑。很多有专业技能、责任心强、工作能力棒的人才不愿到民政部门工作，导致民政部门领导干部多以上级部门调遣为主，或以退伍军人的地方安置，精干而有效率的民政队伍很难形成。一方面，受现有人才招聘和选拔体制的限制，固定编制导致一些有志于民政工作的优秀高校毕业生被民政部门拒之门外，民政部门也因此错过了提高人员素质的机会；另一方面，民政部门财政来源过于单一，财政拨款几乎为其唯一源泉，如果单位要招聘计划外的工作人员，就需要民政部门自己负担起其工资，对于民政部门而言，这是一笔不小的额外开支，几乎无法承担。所以，民政部门无力利用自身条件改变人员素质过低的状况，只好无奈错失引进优秀人才、提高整体素质的机会。长期高负荷的工作状态使得民政部门工作人员的身体和心理都受到严峻考验，身体的疲惫，心理的劳累导致工作激情的逐渐消退。对于职能范围内的事务只好采取推脱敷衍的方式加以处理，部门间"踢皮球"的事件屡见不鲜，官僚主义作风盛行，人民群众对民政部门的意见很多。官僚主义作风另一个原因在于长期封闭管理所导致的竞争机制的缺乏，压力是使人不断奋进、勇于前进的动力。封闭的人才引进机制造成无外在压力的工作状态、竞争机制匮乏、奖励和惩罚制度不健全等因素，共同造就了民政部门内部的熟人社会，很多制度性规定被情感所替代，形成一种较为"宽松"的工作氛围。

（二）民政部门工作困境之对策建议

1. 广开财源渠道，获取更多自主支配的资金

与其他政府部门合作，争取财政部门的民政经济扶持力度，保证民政部门依靠法规政策获取更多自主支配资金。民政经济由殡葬事业、慈善募集、福利企业等因素组成，发展民政经济对发挥民政部门职能，形成"造血"功能具有重要的意义。针对当前民政部门资金来源过于单一的总体状况，国家应当加大对民政经济扶持的力度，弥补经费短缺，增强民政发展后劲与动力。一是加大对民政福利企业管理力度，重点扶持一批规模大、效益好的企业，保证福利企业在市场上的竞争力。重点扶持一批有发展前景、规模大、效益好的福利企业，取消一些规模小、效益差的企业，确保福利企业质量而非数量。对福

利企业实行规范管理，树立福利企业优良的社会形象和品牌意识。对于假借福利之名的假校办、假福企、假三资企业坚决予以打击或取缔，在社会上树立好福利企业在安置残疾人就业、为政府部门筹集福利资金等方面的良好形象。二是加快殡葬事业的发展。利用国家对殡葬改革的相关政策，对殡葬部门的收费问题加强管理，特别是对殡葬资金的去向要严格把关，在殡葬收费上下功夫，解决民政资金短缺的困境。三是要依法开展社会融资活动。借助现代通信技术手段加大宣传慈善事业，大力开展慈善募捐、社会捐助、国际捐赠等活动。充分利用好福利彩票的社会福利资金筹集快、数量大的特点，动员更多的爱心人士参与到此项活动中来。企业和社会捐助是社会融资又一渠道，鼓励其发扬企业社会责任意识，宣扬支持慈善事业对企业知名度的正面效果，助残慈善活动有助于企业把社会效益转化为经济效益。向爱心人士或企业家发出邀请，动员他们为家乡福利慈善事业做贡献。也可以走物业置换、资产重组等方式，采取公办民营、民办公助、合资联办、股份制经营等多样化方式，广泛接纳更多社会资金以促进民政事业发展。

2. 完善人才引进机制，提升办事效率

编制问题一直以来是民政工作顺利开展的"瓶颈"，民政部门工作人员的工资完全依靠财政部门拨款的状况，导致了民政部门在人员配置方面缺乏灵活性，工作人员数量少、工作任务重的弊端。如果民政部门能够合理利用外来资金来突破因经费问题而引发的人事安排的窘境，那么就能够吸引社会优秀人才，使具有专业技能和先进管理经验的能人志士在民政工作岗位上发挥自己的聪明才智，从而保证民政部门的办事效率，让人民满意，赢得人民的支持，促进社会的公平；依据民政部门实际需求确立工作岗位，在用人制度上形成优胜劣汰的竞争机制。由于缺乏自主经费和编制限制，造成民政部门工作人员长期不会变动的状况，民政部门的"熟人社会"所带来制度无须严格遵守，办事敷衍了事，缺乏工作热情等弊病——尽显。加强对民政部门人事制度改革，改变终身制模式，制定各项新规章制度，对工作效率高、工作方法好、工作态度端正的人员加以公开表扬，采用精神或物质奖励。对于有些工作态度不端正、敷衍马虎、社会评价恶劣的工作人员要及时提出批评，限期改正。对于屡教不改的人员要调离工作岗位或予以除名。依赖制度并严格遵守规章制度，才能对民政工作人员形成压力，才会产生工作动力。针对民政部门工作任务过于繁重的问题，一方面由于民政事务本身所涉及的范围十分广泛，这是一个不争的事实，目前还无法改变；另一方面由于现有民政工作的方法方式存在问题，民政事务在很大程度上依然依靠身体力行的方式来应付和处理。民政部门现有工作人员的知识状况和年龄结构导致了其利用现代网络信息的难度，本来敲击键盘就能解决的事情却要花费一天的时间来处理，造成工作效率低下、工作人员的身心疲惫。民政系统作为政府的重要组成部门，担负着繁重而多样化的社会事务。在网络信息化高速发展的电子信息网络时代，加快民政部门系统信息化建设成为各级民政部门的当务之急。要对现有民政部门的工作人员加以系统的网络技术培训，使他们能够熟练使用网络；要有计划、分步骤地利用各种适合民政业务工作的应用软件，从上级部门开始，逐步建成省、市、区、街等多级化的相互贯通，利用数据、语音、视频等现代网络构建出民政系统互联区域网络，以适应民政部门办公手段飞速发展的需要，与现代信息及时接轨。

3. 加强部门之间的协调，提升民政部门的社会认知度

设置各种政府机构的目的在于不同工作需要不同的部门来负责和管理，避免管理职能过于宽泛带来效率低下、官僚主义作风盛行的弊端。从政府部门的设置初衷来看，都是为了更好地实现为人民服务，用最精简的人员结构实现效用最大化。尽管不同政府部门在工作职责上差异巨大，但是其工作目标和初衷是相同的，为不同政府部门之间的合作提供了坚固的基础。同样，同一政府各部门之间的合作与协调更是有共同利益的切合点。一方面，在法规政策的制定方面，要明确民政部门和其他相关部门的工作合作关系，特别是同级部门在确定一项工作任务的时候，要与多家部门协调，共同商定合作的方案，杜绝相互推诿，甚至相互拆台的现象发生。另一方面，民政部门在工作中要主动和其他部门及时沟通，主动寻求兄弟部门的支援和协助，主动

帮助其他部门完成与自己工作相关联的事务，在实践中形成沟通合作的氛围，逐渐形成合作的机制。在恰当的时机，把这种暂时的合作关系转化为一种制度合作关系，把临时性的配合转化为永久性的合作。合作有利于工作效率的提高，将给社会成员带来更多的实惠和便利。民政部门有所作为是得到社会认可的前提，只有认认真真、踏踏实实地为人民服务才能得到人民的认可与大力支持。民政部门在工作中能够从为人民服务的初衷出发，从全市一盘棋的整体意识出发，识大体、顾大局，坚持用"一流的工作业绩、一流的奉献精神、一流的工作态度"树立好民政部门的良好形象，不断提升民政部门在广大人民群众心目中的地位和形象。

4. 加强对民政工作人员的培训，提高民政人员素质

现有民政工作人员的素质无法适应新时期民政工作的要求，封闭式的人员准入制度造成了工作人员的危机意识丧失、缺乏自我提高的动力。加之民政法律法规的不断更新和发展，加强对民政人员的教育和培训以适应新形势的要求已迫在眉睫。首先，加强职业道德教育。合理的工作动机和高尚的职业情操是完成本职工作的前提，现有民政工作人员缺乏工作热情表现为把民政工作看作一种谋生的手段，自我定位是科层制的一枚螺丝钉，机械式地完成本职工作。通过理论培训和学习，不断培养他们爱岗敬业的奉献精神，强化服务意识，用"爱心"来完成工作任务。其次，加强技能技巧教育。民政工作是庞杂而深奥的系统工作，先进的方式方法对顺利完成工作至关重要。针对不同部门工作对象和工作任务的特点，有的放矢地加强技巧技能培训。在掌握必要理论知识的基础上，通过不同部门间的参观学习、聘请资质高的人员讲解等方式，让民政工作人员熟练掌握工作方法，提高工作效率，争取得到人民更充分的认可。最后，加强民政知识教育。对办事认真负责、善于学习、工作认真的年轻民政工作人员，要提供一切机会让他们参加正规的民政专业知识学习，在条件允许的情况下，可以到民政学校进行中短期的在职学习，着力把他们培养成为能够胜任多个部门工作的全能型人才。

第五节 残联与社区残疾人服务

中国残疾人联合会简称中国残联,是由中国各类残疾人代表和残疾人工作者组成的全国性残疾人事业团体。1988年3月11日在北京正式成立,它是在中国盲人聋哑人协会(1953年成立)和中国残疾人福利基金会(1984年成立)的基础上组建而成的。残联是全国范围内所有残疾人共同利益的总代表,为残疾人提供服务和帮助,是全国残疾人事业团体。

一 残疾人联合会发展历程

我国残疾人联合会及其地方组织是在改革开放不断深入的社会背景下产生的,是社会快速转型期的产物,采取自上而下的方式组建而成。自上而下的组建方式的优点在于能够在较短的时间内、基础设施较为薄弱的情况下,形成较为完整的组织架构体系,吸引并培养高素质工作人员,提高服务残疾人的效率。但是,这种工作方法也会带来一些弊端:基层组织建设薄弱、基层设施建设滞后。在中国残联的创始人邓朴方同志为首的中国残联领导下,在中央政府和地方各级政府的大力支持下,与中国残联党组、理事会一道共同合作开展残联的各层级的组织建设工作。中国残联在加强残联组织建设方面,尤其是在残联基层组织建设方面进行了有益的探索和实践,形成了具有中国特色的残疾人组织建设发展历程。

(一)前期准备阶段(1983—1988年)

这一阶段的主要任务是成立了中国残疾人福利基金会,为中国残疾人联合会的成立做前期的铺垫准备工作。党的十一届三中全会之后,确立了以经济建设为中心,坚持四项基本原则和改革开放的基本国策,人民生活水平有了大幅提高。作为弱势群体的残疾人更是受到了党和国家的关心和重视,成立残疾人自己的组织已迫在眉睫。1984年3月,经过一年多的准备和筹建,中国残疾人福利基金会成立,标志着我国第一个以爱国主义和人道主义为宗旨的全国性残疾人福利团体成立，我国残疾人事业进入了新的历史阶段。1985年3月，残联和国家教委协商，设立了"残疾人自学奖励基金""高等学校残疾学生奖励基金""特殊教育工作者奖励基金"，对自学成才的残疾人、学习优秀的高校残疾人学生和残疾人教育工作者予以奖励，从教育入手对残疾人实行帮扶。1986年4月，中国残疾人康复协会成立，确立了医学康复、心理康复、教育康复和社会康复等内容，把残疾人康复视为残疾人走出自我、走向社会的开端。

（二）组建阶段（1988—1995年）

这一阶段的主要任务是在各地方行政区划建立各级残联组织，配备专职理事长，从民政部门独立出来，实现计划单列。1988年3月11日，中国残疾人联合会第一次全国代表大会第一次会议在北京召开，标志着中国残疾人联合会成立。从此，中国残疾人就有了自己的机构，中国残疾人事业进入了一个崭新的时代。1988年8月，残疾人联合会制定颁布《中国残疾人事业五年工作纲要》，并确立实施白内障复明、小儿麻痹后遗症矫治和聋儿听力语言训练三项康复工程。1989年8月，残疾人联合会提出残联的"三个功能"思想：代表、服务、管理，以及要求在有条件的地区成立区、县级残联，提高残联组织的覆盖面和基层社会保障网络。1990年2月，全国特殊教育会议在北京召开，会议明确加强对残疾人文化教育，从根本上改善残疾人生活状况，促进残疾人公平参与社会生活，共享劳动和社会发展所带来的物质和精神成果。1990年4月，《方便残疾人的城市道路和建筑物设计规范》颁布实施，这是第一个方便残疾人、老年人道路和建筑设计的行政法规，在出行等具体细节方面关心、关注残疾人生活。1991年5月，《中华人民共和国残疾人保障法》颁布实施，这是新中国成立以来第一部关于残疾人保护的法律，对于维护残疾人划分权益，发展中国残疾人事业，保证残疾人平等参与社会生活，共享物质文化成果起到了重要作用。1995年中国残联第八次全国工作会议召开，邓朴方同志代表残联提出当前残联工作的三个方向性问题：要永远和残疾人在一起、要学习社会化工作方法、面向贫困残疾人，并对今后残联工作提出期望和要求。

（三）巩固阶段（1995—2000年）

这一阶段的主要任务是在现有残联地方组织建设成果的基础上，制定具体对策，理顺地方各级残联管理关系，对残联机构加以规范升级，在全国范围内全面实现计划单列。1996年国务院召开了新中国成立以来规模最大、规格最高的中央扶贫会议，出台《关于尽快解决农村贫困人口温饱问题的决议》的文件，批准实施了《中国残疾人事业"九五"计划纲要》，解决农村和城市残疾人基本温饱问题。1997年10月，全国残疾人扶贫救困工作会议隆重举行，残联在扶贫工作的主要任务是协助政府开展针对残疾人的扶贫工作，动员社会力量，切实解决残疾人的温饱问题，要在20世纪末实现消除贫困的宏伟目标。1998年1月，在第十二次全国残疾人工作会议上，提出进一步完善地方残联建设的意见：县级残联建设要成立四位一体化机构（县残联机关、残疾人就业服务所、康复指导站、用品用具供应服务部）、一专多能的工作队伍、有机结合的业务、统筹安排的经费和综合利用的场所等基本软硬件设施；对乡、镇、街道残联建设提出具体要求：有牌子（乡镇残联的牌子挂在乡镇政府处）、有专职干部、有专为残疾人提供服务的载体、有广泛联系残疾人的网络。1998年10月，中国残联第三次全国人民代表大会提出今后几年残联工作任务重心：扶贫救困是残联工作的重中之重、按比例就业是推进残疾人劳动就业的重点、认真落实残疾人义务教育和职业教育、加强康复训练和服务。残疾人组织建设的重点：切实加强基层残联建设、密切与残疾人的血肉联系、加速培养残疾人从事残疾人工作、进一步激励残疾人自强不息的精神。至2000年年底，全国29个省级和88.3%的市级、94%的县级残联理顺了管理关系，机构达到正局规格，建立了党组织，残联系统工作者达到8万多人，残联组织建设得到加强和完善。[1]

（四）完善阶段（2000年至今）

这一阶段的主要任务是在已有成果的基础上，进一步完善残疾人

---

[1] 中国残疾人联合会联部：《我国残疾人组织发展历程》，《中国残疾人》2009年第11期。

组织地方建设，推进残疾人社区服务建设和农村残疾人组织建设。2001年2月，残联起草制定了《中国残疾人事业"十五"计划纲要》文件，提出残联工作的主要任务是保障残疾人基本生活、加强残联基层建设。社会保障方面：要加强对特困残疾人最低生活保障制度的落实，在国家统一的保障措施之外，推动对城镇专项补助和农村统筹扶助进一步落实、解决无业残疾人的医疗、养老问题。扶贫方面：开展专项扶贫，完善资金投入措施，实行社会力量的"帮包带扶"活动。就业方面：开展多渠道、多层次、多形式残疾人就业，推进按比例就业、福利企业集体就业和自谋职业等多种形式相结合，保证残疾人顺利就业，对残疾人实行就业指导和职业培训。教育方面：力推随班就读，解决残疾人教育高级中等以上特教困境，大力扶持贫困残疾人接受教育。康复方面：加强社区康复服务，继续落实"三项康复"计划。把加强基层残疾人工作作为工作重点，完善基层组织建设，加强基础服务设施建设，提升残疾人服务水平。2004年11月，第二次全国残疾人抽样调查小组成立，开始对我国残疾人生活状况开展最大范围的社会调查。2006年4月，调查结果显示，我国共有各类残疾人8296万人，占全国人口的6.34%。此次调查对于摸清全国残疾人状况，制定更具针对性的政策具有深远意义。截至2008年年底，已有95.6%的乡（镇、街道）成立了残联并配备了专职或兼职理事长，92.5%的乡镇残联选聘残疾人专职委员；60%的行政村成立了残协，50%的行政村选聘了残疾人专职委员；全国选聘了乡（镇、街道）、村（社区）残疾人专职委员40万人。[①]

二 残联的"娘家人"地位

中国残疾人联合会是"半政府、半民间"性质的事业组织，它将代表功能、服务功能、管理功能融为一体，是保护残疾人利益最得力的机构，是残疾人的"娘家人"。

残联是残疾人利益的代表者、维护者。由于身体、心理、社会等

[①] 中国残疾人联合会联部：《我国残疾人组织发展历程》，《中国残疾人》2009年第11期。

因素影响，残疾人在社会活动实践中处于弱势地位。社会在不断进步，人道主义思想在社会中不断得到宣传和实践，人们对残疾人的态度和观念在不断改善。但是，残疾人在劳动就业、入学教育、医疗康复、外出活动、权力保障等方面还是容易受到不公正待遇，他们的合法权益或多或少、有意无意地会受到侵害。当残疾人利益受到不法侵害的时候，残联成为其第一个诉求对象。首先，残联的性质促成了其维护残疾人利益的社会职能。残联是由残疾人工作者和残疾人共同组成，是残疾人公共利益的代表，职责是为残疾人提供服务。当残疾人在工作、生活、交往过程中受到不平等待遇，残联就会站出来，主动维护他们的合法权益，只有如此，才配得上代表、维护残疾人利益的功能职责。其次，残联工作者在长期和残疾人长期交往过程中，对残疾人的所做、所想比其他政府机构工作人员有更加深刻细致的了解。当残疾人遇到困难时，残联部门会在自己的能力范围之内对问题加以及时解决；当超越其职责范围之外时，他们会同其他相关职能部门联系，代为残疾人反映问题，争取社会资源，切实解决困难。最后，残联部门更加熟悉残疾人工作的程序和路径，会在更短时间内、用最效率的方式解决残疾人所遭遇的困难，简洁的程序得到残疾人的认可和赞扬。残联作为连接政府和残疾人的主要桥梁，在实践中已经探索出有效的解决残疾人问题的模式或方法，能够理解残疾人的想法，从残疾人角度来看待和思考问题，具有高办事效率和高社会满意度，在残疾人遇到困难的时候，残联这个"娘家人"是他们的首选。

残联是残疾人的服务者。残联是中国8000多万残疾人的代表机构，残疾人利益维护与诉求在很大程度上依赖于残联组织。残联是残疾人的服务者，承担为残疾人提供服务的社会角色。首先，残联承担着改善残疾人社会生存状况的任务。残联负责对残疾人医疗、康复、残疾预防的工作任务，改善残疾人的健康状况；为了残疾人出行便利，对交通工具无障碍化、道路无障碍化、建筑无障碍化等方面承担监督和指导职责；对残疾人参与国家政治活动，让更多有参政能力的残疾人参与人大、政协活动，使有能力的残疾人担任国家机关、社会团体、企事业单位的领导人，提高他们的政治地位。其次，提供基本生活服务。加强对残疾人劳动能力培训，保障有劳动能力和劳动意愿的残疾人参与社会劳动，用自己的双手来实践和证明生存价值；保障残疾人基本生活，对生活确实有困难的残疾人或家庭，落实最低生活保障制度，纳入低保或实施临时性社会救助范畴，对无依无靠、无居住场所、无法定赡养人的老人或儿童护送到社会福利院供；动员鼓励残疾人参加社区文化体育活动，发现并培养文艺、体育特长残疾人，参加地区性文艺、体育比赛，在文化活动中培养残疾人的自信。最后，残联承担着维护残疾人权益的责任，残疾人在生活中会遇到不公正待遇，甚至会遇到被迫打官司的现象。市、县级残联有专门的法律援助机构，乡镇一级有司法所，可以与律师和司法部门合作，为残疾人提供优质周到的法律服务，保障残疾人合法权益，保证他们正常的社会生活。

残联是残疾人的管理者。残联担负着对残疾人管理职责，残疾人活动中所遭遇的困难随时可以向残联反映，残联会根据实际状况对困难和问题适当予以解决。首先，残联承担政府所委托的任务。各级政府都设立了一个叫作"残工委"的部门，是专门代表政府管理残疾人事务的机构，负责、协调、决策与残疾人相关事务；地方残联作为残工委的一个部门机构，是具体负责残疾人相关事务的办事机构。残联要明确自己在政府机构的地位和重要性，履行政府所交付的任务和重托，充分利用好作为连接政府和残疾人中介这个平台，加强与政府其他部门的合作，充分发挥好自身的职能。其次，残联对各类残疾人群众性组织的管理、监督。随着社会不断发展，人们的慈善意识不断得到提升，人道主义思想也越发得以体现，越来越多的残疾人群众组织不断出现并壮大。盲人专门协会、聋哑人专门协会、肢体残疾人专门协会、残疾人福利基金会、残疾人体育协会、康复协会、特殊教育协会、特殊艺术协会等如雨后春笋般不断涌现出来。加强对它们的指导、管理和监督是残联义不容辞的法定职责。具体而言，在组织管理方面，指导这些机构成立机构，确定机构人选，在办公场地和办公经费方面予以支持和帮助；在业务指导方面，指导这些机构建立合作，理顺与其他部门的关系，指导他们参与社会化服务工作，规范工作程序；在财务管理方面，指导他们采用社会化集资方式，广泛利用一切可以利用的财源，争取国外捐款捐物，鼓励群众性组织自办经济实体，在财务上监督好他们的财务进出状况。最后，提高残疾人的综合素质。利用报纸、杂志、电视、广播、网络等工具媒介加强对残疾人教育工作，采取专题报道、知识讲座、有奖竞赛等多种灵活多样的具体形式，提高残疾人的综合素质状况。

三　残联的职责

残联的职责是以《中国残疾人联合会章程》规定为主要依据，各级残联部门是受同级政府委托管理、发展残疾人事业的职能部门，由同级政府领导同志分管，业务上接受上级残联的指导，具有"代表、服务、管理"三项职能。

各级残联的主要职责包括：申请、核定、发放《中华人民共和国残疾人证》；组织实施对残疾人的集中就业、分散就业和按比例就业的安排；宣传、贯彻、落实《中华人民共和国残疾人保障法》及有关残疾人事业发展的法规，维护残疾人的合法权益；团结和教育残疾人，遵守法律法规，履行社会义务，发扬乐观进取的奋斗精神，培养残疾人的自尊、自信、自强、自立性格，为社会主义建设贡献力量，弘扬人道主义，努力加强与政府、社会、企业及残疾人的联系，动员社会成员理解、尊重、关心、帮助残疾人；开展残疾人康复、预防、教育、文化、体育、科研、用品供应、福利、社会保障与服务、无障碍设施和残疾预防工作，创造良好的环境和条件，扶助残疾人平等参与社会生活；协助政府研究、制定、实施残疾人事业的法规、政策和计划，发展和管理残疾人事业，对相关业务领域进行指导和管理；就残疾人工作的成功经验进行国内外交流与合作。

就残联在社区服务方面的具体职责而言，包括残疾人康复、残疾人就业、残疾人教育、文化宣传、无障碍基础设施建设等。这些服务项目与残疾人的日常社会生活息息相关，构成了残疾人社区服务的基本内容，也是残联社区服务的职能责任所在。

（一）残疾康复和预防

残疾人社区康复是以社区为主要阵地，以简单、实用、面向社区所有残疾人为对象的康复工作，把传统与现代康复技术相结合，以专门的康复机构为骨干，社区康复为基础、家庭康复为依托的多元化康复形式。一直以来，党和政府高度重视残疾人康复工作，有计划、有组织的残疾人康复工作始于20世纪80年代。20世纪80年代中期，国务院就中国残疾人生活状况进行了一次抽样调查，结果表明，残疾人生活状况十分糟糕，社会需求无法得到满足，其中最急切、最突出的是康复问题。调查结果引起了党中央和国务院的高度重视，国家把残疾人康复问题纳入社会发展规划，实施对视力残疾人的白内障患者、小儿麻痹后遗症患者进行手术干预、聋儿听力语言患者进行训练的三项抢救性康复工作。1990年，全国康复工作会议又制定了三项康复工作的技术标准，并把三项康复工作作为永久性日常工作来抓。以三项康复为起点，残疾人康复的范围不断得以扩展，逐渐延伸到智力残疾的预防、低视力残疾康复、精神病的预防与治疗、特需人群补碘、残疾人用具用品供应等多项服务，逐渐实现对残疾人康复需求的全面涵盖。

在全力推进康复的同时，残疾预防工作也正在有条不紊地进行，宣传残疾预防知识、普及婚前体检和孕后检查、倡导优生优育。突出法律法规在残疾预防方面的强制力作用，尽力减小因遗传、疾病、环境、事故、药物等内外界因素所带来的人为事故残疾事件发生率。在社区中开展"爱眼日""爱耳日""精神卫生日"等教育宣传活动，灌输残疾预防知识，用群众喜闻乐见的形式增加居民残疾预防常识。

2010年市、区残联共投资100万元在武汉市Z街道社区，成立了街道残疾人阳光中心，并与街道合作，完善了内部康复设备，为全街道近800名残疾人提供专业康复活动。自2010年年底投入使用以来，为近600名残疾人提供近2000多次的康复理疗工作，受到了残疾人朋友的广泛赞誉，取得了良好的社会效益。2011年，市、区残联在该街道又再次投入资金20万元，专门用于残疾人康复工作，为残疾人提供浴椅、拐杖、眼镜、假肢设备、助听器等用品用具共计30多套。残联出面和市级医院合作为社区3名残疾人免费提供了白内障康复手术、为2名麻痹症儿童提供手术治疗，为辖区多名语言听力儿童予以康复性训练。为精神残疾人每人每月提供100元的药物补助费用。

(二) 残疾人教育

接受九年制义务教育和更高等教育是我国所有社会成员的基本权利，残疾人理所当然也享有此权利。接受教育是残疾人人权保障的主要有机组成部分，有利于残疾人充分参与社会活动，平等享受社会成果，也是他们奉献社会，实现人生价值的前提要件。随着我国经济实力的不断增强、社会观念的不断进步、党和政府执政理念的不断更新，残疾人教育越发受到国家和政府的重视。残疾人联合会在残疾人教育方面的作用突出而重要。1998年，残联和国家计委、民政部、教育部等部门多次协商最终形成了现有残疾人特殊教育的格局与现状：以"逐渐普及"为主要原则，以一定数量的特殊教育学校为教学骨干，以特殊教育班和随班就读为主体的特教格局。为了保证残疾人教育的有序开展，我国政府先后出台多部残疾人教育的政策，包括《残疾人教育条例》《关于高等院校招收残疾人学生的规定》《关于技工学校招收残疾人学生的规定》《关于中等专业学校招收残疾人学生的规定》《关于特殊教育的若干意见》《残疾儿童义务教育"八五"实施方案》《残疾人职业教育"八五"实施方案》等，有关残疾人教育的法规、政策相继出台对于我国特殊教育的健康、有序、稳定发展提供了制度保证。

在党和政府的大力关注下，我国残疾人特殊教育有了质的发展。据统计：2005年，我国特教学校的数量为1162所，是新中国成立前的27倍，是1966年的4倍多，平均每年增长20%；普通学校附属设立的特教办共3568个；在特教学校和特教班就读的盲、哑聋和智力问题儿童共计56万人，是新中国成立前人数的280倍。残疾儿童义务教育被纳入义务教育考核范围，同时加快对残疾儿童义务教育政策的落实，2000年的视力、智力、听力残疾儿童入学率为77.02%，1987年的数据为6%左右；义务教育的特教学校总数是1648所，1987年的数据是504所；普通学校的附设特教班有4567个；2005年开设的特殊教育高中有66所，在校人数3891人，其中聋哑高中49所，在校学生3187人，盲人高中17所，在校学生704人，有904名残疾人到特殊教育学院学习。①

　　武汉市 Z 街道社区共有未成年残疾人 29 人，其中适龄入学年龄的残疾人有 25 人，在区残联和街道办的共同关心和帮助下，有 24 人在接受幼儿园、小学、初中和高中教育。街道辖区的 16—35 周岁的残疾人有 28 人，接受过中专教育的有 7 人，接受过专科教育的有 5 人，接受过本科教育的有 4 人，接受过研究生教育的有 1 人。市、区残联对特困家庭的学生、残疾人学生和残疾人的学生子女实现助学帮扶活动，对通过国家统一考试，升入中专、全日制普通高等专科、本科院校（含特教学院）以上，接受正规高等教育的残疾人学生和特困残疾人家庭的子女予以助学补助，补助标准为：中专（职高）生补助 3000 元/年/人；大学专科生补助 4000 元/年/人；大学本科及以上补助 5000 元/年/人；残疾人电大专科专项补助 1400 元/年/人，低保学生另行补助书本费 200 元；残疾人电大本科补助 2000 元/年/人，低保学生另行补助书本费 200 元。除上述的固定助学补助以外，残联和街道办还对特困残疾人学生或特困残疾人子女实行不定期的助学救济活动，2012 年 9 月开学伊始，街道残联对辖区残疾人特困学生或子女 27 人发放助学救济金 5.4 万元，每人人均 2000 元。助学补助和临时性助学救助极大地缓解了残疾人家庭的经济困境，激发了残疾人入学的积极性，有助于培养残疾人自强不息的自立精神，体现了党和政府对残疾人教育的关心，使残疾人能够以更加平等的身份和能力参与社会竞争，最终实现奉献社会的目标。

　　（三）残疾人就业

　　残疾人就业是指达到法定劳动年龄（16—60 周岁或女 55 周岁）、具备劳动能力，有劳动需求的残疾人获得劳动岗位，并取得劳动报酬或经营收入的活动。劳动就业既反映了残疾人平等参与社会活动、共享社会发展成果的基本需要，又是他们自尊、自信、自强、自立地面对和参与社会活动的首要前提。我国残疾人就业主要有三种形式：集中就业、按比例就业和分散就业。全国第二次残疾人抽样调查数据表

---

①　童泽：《人道主义与残疾人发展》，中国社会出版社 2008 年版，第 39—40 页。

明，在我国 8296 万残疾人中，已经实现就业的 2266 万人，尚有 858 万残疾劳动力没有实现就业，我国今后每年还将新增残疾人劳动力 30 万人左右。15 岁以上残疾人口在业比例为 31.02%，无工作的占 69.98%，而非残疾人口的在业比例是 72.67%。①

面对残疾人人口总量不断增加和社会就业容纳力相对稳定的矛盾，社区就业成为拓展就业渠道的主要阵地。社区就业是把扩大就业和社区建设、社区服务结合起来，以社区为依托，呼吁、发动和组织社会各界力量，通过完善社区服务衍生出就业岗位，实现充分就业目的的活动。社区就业往往被视为非正规形式的就业，受此影响，社区就业对城市经济的贡献还没有被有效开发，社区就业的潜力也没有引起人们足够的重视。据国家统计局资料显示，1999 年我国第三产业就业比重只有 27%、发展中国家第三产业的就业比重为 35%—45%、发达国家的第三产业就业比重高达 60%—80%。发达国家社区就业量占总就业份额的 20%—30%、发展中国家的社区就业份额为 12%—18%、我国的数据是 3.9%。② 无论是与发达国家还是发展中国家相比，都能充分说明我国社区就业容纳能力远没有得到开发利用，社区就业前景广阔。

残联有义务对残疾人进行劳动技能培训，与人力资源和社会保障部门、民政部门、社会组织和其他劳动技能培训部门等共同合作，对有劳动意愿且有劳动能力的残疾人实行就业指导和就业培训，保证残疾人能够克服身体、心理障碍，平等参与社会劳动，用勤劳的双手来创造社会财富，实现自己的人生价值。根据残疾人的身体和心理特征，采取集中培训或个别指导的方式对残疾人实施就业培训。主动与用人单位联系，根据用人单位的需求，开展专门技能培训，从企业中聘请有资历的优秀工作者对残疾人实行手把手训练，增强残疾人劳动能力。除基本技能培训外，还要对残疾人进行劳动心理辅导，特别是

---

① 第二次全国残疾人抽样调查办公室北京大学人口研究所：《第二次全国残疾人抽样调查数据分析报告》，华夏出版社 2008 年版，第 64 页。

② 杨宜勇：《社区就业：中国城市就业的新增长点》，《北京化工大学学报》（社会科学版）2001 年第 2 期。

对一些下岗残疾人和屡次失业者而言，心理疏导的意义已经远远大于技术培训。因社会歧视所带来的心理负担对残疾人自信心的打击是巨大的，通过心理辅导，恢复残疾人的信心。残联对残疾人劳动就业的帮扶还体现在主动为残疾人寻找就业信息，成为残疾人和用人单位的桥梁，到企业、事业单位、机关团体走访，了解用人单位招聘需要，把招聘信息及时通知给残疾人，依据招聘要求对残疾人进行特殊技能培训，提高了残疾人应聘的成功率。

武汉市 Z 街道社区在市、区残联和民政部门的帮助下，残疾人就业方面成绩显著，街道 778 名残疾人中，具有劳动能力的残疾人为 420 人，就业人数 239 人，占残疾人总数的 31%。市、区残联重视对残疾人劳动技能的培训，常年开设基本技能课程，对参加学习的人员免除全部学费，还提供生活补助。重视按比例就业完成状况，对辖区的机关单位和企事业部门实行严格监督，辖区按比例就业的完成率在 85%，有些完成按比例就业确实有困难的单位也都按规定缴纳了残疾人就业保障金。在福利企业日渐衰退的状况下，残联高度重视对有效益、上规模福利企业的扶持力度，淘汰一批没有发展潜力、缺乏效益的福利企业，保证集中就业的整体质量。鼓励有能力的残疾人自谋职业，在资金、场地、技术、设备方面予以优先照顾，号召残疾人合理利用自身的有利条件，开设盲人保健按摩等行业，有效解决了残疾人就业问题。对于那些就业确有困难的特困残疾人或其家庭成员、残联和街道共同出资，设立公益岗位，让他们参与社区的环境卫生和社区治安等工作，解决他们基本生活经济来源。

（四）残疾人文体活动

残疾人开展文体活动是为了适应残疾人身体健康及保持愉悦心情的需要，能够促进残疾人平等参与社会活动、走出封闭个人空间。残疾人参与文体活动经历着从无到有、从弱到强的发展过程，与党和政府的高度重视有着紧密关系，体现了国家对残疾人业余文化生活的关注。残疾人通过体育、文化的活动来再现自己对美好生活的热爱，用旺盛的活力和健康的心理向社会展现残疾人积极阳光的一面，充分享受社会发展所带来的成果。

残联在社会大众传播媒介和文艺部门努力与残联人合作、促进残疾人文体事业的发展过程中起到了引导和桥梁作用。1992年，在中国残疾人联合会的不懈努力下，中国残疾人事业宣传新闻促进会成立；为了丰富聋哑残疾人的娱乐活动，适应残疾人的需求，开办了手语电视节目，在语音、手势播报节目的同时，还添加中文字幕；国家每年要举办残疾人表彰大会，对在生活中自强不息的残疾人予以表扬，用榜样的力量来激励社会成员和残疾人热爱生活，帮助别人，快乐自己。在中残联的领导和关怀下，一批优秀的反映残疾人工作、生活的电影、电视剧涌现出来；以华夏出版社和中国残疾人杂志社为首的出版单位，出版发行了适合残疾人阅读的盲人、聋哑、智力残疾人读物，还出版了有关残疾人就业、康复、教育、医疗等方面的书籍、报刊1000多种，共千万册之余。残联和文艺部门合作成立残疾人艺术团，在各地巡回演出，有的还到国外参加国际演出，获得了无数的奖杯和荣誉。我国还举办残疾人运动会，鼓励热爱体育、善于运动的残疾人参与竞技比赛，在1985年、1989年和1992年，我国先后举办了三届全国残疾人运动会，全国有14万多名的残疾人参加了选拔赛，提高了残疾人参与体育活动的热情。开展全国性残疾人运动会极大地推动了基层残疾人体育运动的发展，在基层掀起了体育运动的热潮。在国际上，中国残疾人体育代表团多次参加到奥运会项目的比赛中，在第八次、第九次残奥会获取奖牌第一的佳绩，展现了我国残疾人的风采。

（五）残疾人无障碍环境建设

人们常常用衣食住行来描绘生活中每天必须经历的事情，就残疾人而言，出行也是其日常生活的一部分，出行困难是残疾人必须时刻面对的问题。1985年4月，全国人大和全国政协六届三次会议在北京召开，部分人大和政协委员提交了提案：在对正在建设和即将建设的公共场所建筑和民宅建筑设计和建设过程中，要考虑到残疾人和老年人的特殊需要。以北京市王府井大街和新华书店等公共场所的建筑工程进行试点，对原有建筑实施无障碍改造。1989年4月1日，经国家建设部、国家民政部和中国残联共同努力，我国第一部无障碍设施建设方面的规范颁布《方便残疾人使用的城市道路和建筑物设计规范》,成为方便残疾人出行的无障碍设施建设与改造工作的政策依据。1990年12月28日全国人大颁布了《中华人民共和国残疾人保障法》和经中国残联起草上报国务院审批的"发展中国残疾人事业的四个五年计划",对建设无障碍建筑提出了意见和要求。2000年,建设部对我国无障碍设施建设现有经验和存在的问题进了总结,对《方便残疾人使用的城市道路和建筑物设计规范》进行了修订。以此为基点,2001年8月,建设部、民政部和残联三部委联合颁布实施了《城市道路和建筑物无障碍设计规范》(以下简称《规范》)。《规范》把24个条款纳入国家强制性标准之列,对于违背规定的建设单位,建筑管理部门有权按照国务院《建设工程质量管理条例》和《强制性标准条文实施规定》等相关文件的规定予以处罚。

在严格执行无障碍道路和建筑物建设方面的同时,各地还出台了方便残疾人出行的地方性政策。许多城市规定盲人和肢体残疾人可以免费乘坐公交、船舶、地铁等公共交通工具;残疾人机动车辆可以在停车场等公共停放点免费停放;盲人残疾人可以凭借残疾人证免费邮寄信件、书籍等印刷品。所有这些举措为残疾人公平参与社会生活提供了良好的社会环境。

四 残联在社区服务过程中的困境和出路

残疾人联合会是残疾人利益的代表者、管理者和服务者,在生活中,无论发生了多大或多小的事情,残疾人首先想到的是残疾人联合会。在残疾人心目中,残联已经是残疾人的知心人,是全能政府。但实际情况并非如此,残联在帮扶残疾人过程中也存在不少困境。

(一)残联在社区服务过程中的困境

基层残联向上要对市级残联组织负责,接受地方政府的领导和监督;向下要对社区残疾人负责。残联时刻要克服社会对残疾人事业无限期待与残联发展的主客观条件不够成熟的矛盾,基层残联工作处境相当艰难。

1. 基层残联面临经费困难、投入不足的困境

基层残联的运作经费来源渠道包括政府部门的财政拨款和向社会

筹集的慈善捐款，其中，政府的财政投入占残联收入的90%以上。政府部门本身的财政状况原本也紧张，政府财政拨款要实行财政预算，残联部门的拨款收入就只能勉强维持残联工作人员的基本工资，无法满足残疾人事业的进一步发展要求。基层残联组织只有在政府部门和上级残联的命令框架下完成各项行政工作，缺乏工作的自主性，被动而无创新，甚至连许多必须完成的、急需解决的基本民生问题也会因为经费问题而不得不搁置。在目前社会成员慈善意识有待提高、现有财产继承法对继承财产征税力度过低的状况下，个人慈善募捐的数量在残联经费开支中的比重微不足道；企业家对企业社会责任的认识还不够深入，有些企业一味追求商业利润，忽视企业发展与企业社会责任辩证关系，在对待残联的慈善募捐方面的态度比较消极，即使有意对残疾人事业的慈善募捐，也多针对大型的慈善活动，几乎很少向基层残联组织捐款。资金运作不足导致残联的职责难以很好地发挥，以上级任务为基本办事出发点；身在基层，却脱离基层人民。

2. 残联基层组织的缺失

残疾人联合会在对残疾人就业、康复、教育、无障碍环境建设等方面起到了至关重要的作用，能够保证残疾人生活质量、平等参与社会活动、共享改革和发展所带来的劳动成果。残疾人联合会是经政府批准的残疾人组织，无论在经费来源，还是在人才任用和体制结构方面与社会组织相比，都具有巨大的政治和社会优势。但基层残联还存在"一支独大"的状况，缺乏基层残疾人社会组织的支持，在工作过程中，显得力量单薄，无法满足残疾人工作、学习和生活需求。为了提升工作效率，提高残疾人的社会满意度，应该强化中国残联指导、监督职责，加强残疾人社会组织的创建和快速发展，弥补残联缺乏得力帮手的事实。残疾人社会组织是在社会中成长起来的，是由群众自发组织所形成的民间力量，社会组织可以满足不同残疾人群体多元化、多层次的需要，在实践中可以进行多样有益的探索和尝试，即便出现失败，其成本也较低。社会组织是对残疾人服务体系有益的补充，随着政府职能转变不断深入，社会改革的根本出路在于体制改革，在社区残疾人服务方面体现为走社区服务社会化。各种残疾人协会是不同类型残疾人进行交流经验感受的组织，对于破除残疾人的寂寞，培养残疾人自立、自信的性格具有重要意义。基层残疾人协会也是残疾人娱乐的场所，通过互动活动，能够激发他们对美好社会的向往，以更加积极的社会态度来正视自己所遭遇的困境，克服困难，互相关怀、互相鼓励、互相帮助、走出因残疾而带来的阴霾。残疾人服务中介机构对于满足残疾人多样性需求也意义非凡，它们所提供的服务是残联所无法给予的。有效率而合理的残疾人服务机构体系构成状况应是以残联为主导、各残疾人组织为主体、残疾人协会和残疾人服务中介机构为补充的面向所有残疾人的残疾人服务机构体系。但是，残疾人服务的现实状况是残联既是残疾人社区服务的领导者、监督者，又是服务的提供者，一身兼多职。几乎看不到残疾人社会组织的身影，最终导致了残联工作效率的不尽如人意。

3. 残联工作方法单一，残疾人社会参与度低

由于残联机构的人事配备受政府编制名额的限制，出现工作量大、人手不足的状况，带来工作方法的机械化、工作态度的消极化，工作效果无法得到残疾人的高度认同，残疾人的主动参与度较低。首先，残联部门人员工资完全依靠政府部门的财政拨款，残联无法获得更宽泛的资金来源。在人员有限的状态下完成上级部门布置的大量任务，会导工作的完成情况不尽如人意，既无法深入残疾人当中，也无法根据每个或某类残疾人的特点和需求做细致化的工作。残疾人工作是一项个案社会工作，要依据每一位残疾人的自身特点，发现他们所面对的困难，有针对性地提出工作方案。人手短缺导致残联工作无法做到这一基本要求，残疾人在残联工作人员的眼中只能是机械化的外在工作对象。其次，残联工作人员结构不合理。计划经济时代的烙印在残联的人事安排方面依旧存在，残联工作人员构成多以军队退伍人员的地方安置、企业转制的人员、上级政府部门的特定人事安排等。工作人员年龄偏大，知识层次低，缺乏主动创新精神，习惯于上传下达的工作方式，在工作过程中缺乏热情。随着人事制度的改革不断深入，通过公开招聘方式使一批年轻有为、具有专业知识的年轻人充实到残联队伍中，但由于资历和年龄的关系，他们目前还无法在残疾人

服务方面担当大梁。最后，残联的服务工作演变成送钱、送物活动。面对多样化的残疾人需求，没有从根本上找到问题的根源，把钱和物看成是解决问题有效途径：残疾人无法就业，在年关送上一笔慰问金或救济款成为司空见惯的事情。残联部门简单粗放式的工作方法导致残疾人对其工作态度的不认可、不满意；送钱送物的做法导致残疾人对残联的过度依赖，一旦有困难就要找残联，不会从深层次地去思考自己到底需要什么，如何摆脱目前的困境，坐等上级部门和残联的"输血"，无法与相关部门合作把帮扶过程演变为"造血"过程。

4. 缺乏其他部门的联系，无法形成合力作用

残联以政府行政部门的指令为工作出发点，缺乏工作的自主性和灵活性；在工作任务的完成方面，又依据上级残联部门的指令为工作原则，完成上级的指标任务是衡量部门工作能力的主要标准，缺乏工作热情。为了完成上级部门的指标任务，下级残联部门又需要向政府部门寻求资源和帮助，忽视了社会部门和经济部门在残疾人社会工作中的作用。首先，从残联与所属的社会组织关系看，残联没有认真履行指导、监督残疾人社会组织建设的职责，专门的残疾人协会在基层凤毛麟角、残疾人社会组织的发育发展处于起步阶段、残疾人服务中介组织也是依靠自己的力量在发展，很少得到残联的扶持。其次，从横向联系来看，残联没有与社会部门和经济部门就残疾人服务达成默契。一方面，残联和社会部门就残疾人的服务和帮扶的范围、界限没有加以明确的划定，哪些是社会部门的范畴，哪些是残联的范畴比较模糊，在工作中往往出现工作交叉的情形和真空的状况，难以收到令社会部门、残联和残疾人三方满意的效果。另一方面，残联和经济部门的联系仅限于经济来往：残联委托国家税务部门向企业收取残疾人就业保障金是残联和经济部门最常见的联系方式。其实，在残疾人就业、残疾人康复、残疾人医疗、残疾人教育、残疾人出行等方面，残联和其他部门之间有广泛的合作空间。以残疾人就医而言，企业下属职工医院，拥有较为先进的医疗设备和技术精良的医务人员，但职工医院的服务范围仅限于内部职工，使医疗设备长期闲置，最终成为企业的负担。与企业职工医院形成鲜明对比的是，为残疾人服务的社区

医疗中心设备陈旧、医务人员的整体素质状况较差，要为大量的社区居民提供服务，就形成了供不应求的状况，很多人因不满意社区医疗中心的服务质量转而到大型医疗机构就医，带来人力、物力的浪费。残联和街道办出头牵线让职工医院进驻到社区，为所有社区成员包括残疾人提供医疗服务，既使企业摆脱了经济负担，实现了医院的自我盈利，又解决了社区居民看病难的困境，实现了互利双赢。

基层残联经费困境导致出现人事安排紧张局面，其后果表现在人浮于事，为了完成上级部门的指标任务而忽视残疾人的特殊性，导致工作方法简单，无法适应残疾人多元化、多层次的需求；此外，残联在工作中过于强调工作的独立性，忽视了与社会部门和经济部门的合作，难以取得满意的社会效果。因此，针对上述困境，残联要采取相应的对策，真正履行好代表、服务、管理职能。

（二）残联社区服务中的对策

残疾人事业的总目标是：通过政府、社会、残疾人和残疾人工作者的共同努力，创造良好的物质条件和精神条件，使残疾人在事实上成为社会平等的一员，享有全面参与社会生活的权利，履行公民义务，共享由劳动和社会发展所带来的物质文化成果。为了实现总目标，中国残联制定了多个残疾人发展的"五年"规划，大力发展地方各级残联机构，完善残联工作的各项制度，取得了举世瞩目的成就，受到党和政府的高度评价，也得到了国际残联组织和人权组织的赞誉。但是，也应该看到，中国残联的建设与发展是一个自上而下的工作模式，出现上强下弱的局面，基层残联面临着人员结构不合理、资金短缺、无法形成合力作用、工作虚无化等问题，使党中央所寄予残联彻底改变残疾人生活状况和精神面貌的美好愿望很难在短期内得以实现，急切要求各级政府部门协同残联加强改革、力求创新，在实践中不断完善各项制度，使残联的工作能够取得更大的进步，使广大残疾人群体能够对残联的工作更加满意。

1. 完善残联工作的法律法规，拓宽残联的资金来源渠道

新中国成立以来，我国的法治建设取得了巨大成就，各种类型的法律法规在实践中不断得到修改并逐渐完善，实现了有法可依的状

态。与残疾人利益保护的法律法规也经历了从无到有、从有到优的发展历程。我国基本大法《中华人民共和国宪法》第 45 条规定："中华人民共和国公民在年老、疾病或者丧失劳动能力的情况下，有从国家和社会活动物质帮助的权利。……国家和社会帮助安排盲、聋、哑和其他有残疾的公民的劳动、生活和教育。" 1991 年，我国颁布了第一部关于残疾人保障的专门性法律《中华人民共和国残疾人保障法》。此外，还有《中华人民共和国劳动法》《中华人民共和国婚姻法》《中华人民共和国教育法》《中华人民共和国未成年人保护法》《中华人民共和国妇女权益保障法》《中华人民共和国老年人权益保障法》《中华人民共和国公益事业捐赠法》等共有 30 多部法律就残疾人保护问题做出具体规定。国务院、民政部和中国残联也制定专门性的法规对残疾人加以保护：2007 年的《残疾人就业条例》明确了对残疾人就业的保护措施，规定政府、社会、企业、残疾人的责任和义务；《城市居民最低生活保障条例》和《残疾人教育条例》等都对残疾人的日常生活权利保护做出具体界定。但是综观以上的法律法规可以看出，我国至少还缺少一部对残疾人事业发展总体性规定的综合性法律，在该法律中要对残疾人工作的相关事项做出更为详细的规定，包括对残联的扩展资金源泉的规定。由于对基层残联的募集资金还缺乏细致的法律规定，基层残联在资金的募集方面存在许多盲区，导致只能按照出资部门的命令办事，没有自主性。

首先，要强化基层残联对辖区企事业单位、政府机构、社会团体所征收的残疾人就业保障金的支配力度。残疾人就业保障金是向无法按照政府规定落实按比例就业的单位征收行政罚款性质的强制性收费，用于残疾人的再就业。基层残联取得对辖区保障金支配使用权限，只要是用于了残疾人事业，就理应合法。其次，政府要把残疾人事业作为一项独立的财政预算，而非归结在社会事务整体预算之中。残疾人事业就小的方面而言，涉及不到社会人口 5% 的人群；就国家层面而言，它涉及社会的团结和稳定、小康社会、和谐社会的构建，是大局问题；从国际影响来看，残疾人问题涉及中国人权，涉及能否为发展中国家树立良好的人权榜样问题。所以，政府在残疾人经费问题上要有大局观念，社会最底层人的生活水平和社会地位提高了，才算得上建成了小康社会。最后，加强宣传，动员社会成员参与到残疾人的慈善活动中来。号召个人发扬人道主义精神，用善良的心去关怀、温暖残疾人，通过捐款、捐物参与到残疾人事业中来。动员企业和有爱心的单位投身到爱心活动，广泛参与社会慈善捐款。

2. 提高基层残联工作人员的工作能力，强化职业道德

针对残疾人队伍年龄、能力两极分化状况，进一步加强残联队伍建设，完成残联所担负的职责。首先，加强基层残联人事制度建设，在制度上保证残联工作人员的优胜劣汰。建立较完善的奖励和惩罚制度，对于一些工作能力较差、责任心不强的人员，在职称、福利待遇方面对其加以限制；对工作能力棒、工作态度认真、事业心强的人员要敢于破格任用，打破人事制度的条条框框。残联工作人员要有使命感和责任感，用真心、爱心、耐心来为残疾人提供服务。其次，注重对基层残联工作人员的业务素质培训，提高服务技能。基层工作人员要面对的是一个个活生生的残疾人个体，由于身处的环境不同，个人的遭遇相异，在需求方面就会各不相同。作为管理者和服务者，要不断提高自身的知识水平，用宽泛而专一的知识技能来解决残疾人所面对的问题，残联工作者要学习社会工作的基本知识、医学保健的专业技术甚至是专门的劳动技能。最后，培养残联工作者的职业道德观念。残联是一个服务性机构，富于爱心、乐于奉献是对这一行业所有从业人员的基本要求。此外，残联的工作对象是一个个比较敏感的残疾人，问题处理不当，对残疾人而言则是雪上加霜；处理得体的话，则是雪中送炭。

3. 加强对残疾人社会组织的引导和管理

如果缺乏残疾人社会组织的协助，基层残联残疾人工作就会出现孤掌难鸣的状况。首先，要在街道社区层面成立专门的残疾人协会。根据残疾人的人数和现实需要，指导和协助成立盲人残疾人协会、肢体残疾人协会、精神残疾人亲友协会及聋哑人残疾人协会等，这是残联的职责义务。残疾人协会的成立，可以聚集相同类型残疾人共同讨论在生活中所遭遇的挫折，交流对抗残疾人、医疗、康复方面的经

验。专门残协另一职能是把残疾人的要求、愿望、不满、抱怨反映给残联，有助于残联改进工作作风，转变工作态度、制定更加合理的工作规划。专门残协成为沟通残疾人和残联的纽带和桥梁，传达残联的工作政策、工作计划，保障残联工作计划的顺利开展。其次，扶持、培养残疾人社会组织，鼓励、支持现有社会组织工作。社会组织是非政府性质的服务团体，公益性是其主要特征。根据当地状况，培养适合本地特点的社会组织，在人才选拔、地址选择、经费筹集方面要给予大力支持。在社会组织成立之后，要监督其发展动向，保持公立性和公益性，在资金、制度建设上予以支援。社会组织来源于民间，与普通市民有天然的联系，借助于社会组织的协助，残联在政策的宣传、意见的征集、服务项目的落实以及与社会组织合作方面会收到事半功倍的效果。最后，加强残疾人服务中介机构联系。残疾人服务的中介机构是以残疾人为主要工作对象、以微利为目的的社会服务机构。由于服务工作人员是社区成员或者本身就是残疾人，对本社区的残疾人状况非常了解，能及时、周到地提供所需服务。目前，残疾人中介服务机构面临着工作待遇低下、工作压力大、运行成本高的难堪局面。基层残联应该对中介机构的人员状况和经营状况深入了解，突破现有困境，使中介机构发挥出应有的帮扶功能，担当好基层残联左右手的角色。

4. 加强与政府、社会、市场部门的合作，形成合力作用

首先，残联要与民政、教育、劳动、卫生等其他部门加强联系与合作。在残疾人就业、医疗、康复、环境建设方面都必须和其他部门合作，只有这样，才会收到较好的社会效果。此外，为残疾人所举办的许多大型活动都是自上而下式的，由几个甚至十几个部门联合发文，在形式上是人人有责，在结果上人人不用负责，人人可以推卸职责。其次，要加强与社会部门的合作。社会部门即指社会组织，包括专门为残疾人服务的社会组织。有些社会组织有比较先进的管理经验，在人员管理、制度执行方面有其成熟而独到的模式，值得残联在社会化活动中去借鉴和学习；有的社会组织在资金筹集方面有良好的社会背景、资金雄厚，残联可以在具体服务项目上与他们合作，解决

好资金不足的难题；有的社会组织有着灵活、细致、专业化的工作方法，在个案工作、集体工作和社区工作等方法的应用上会恰到好处，残联可以派遣工作人员向他们学习好的工作方法，在实践中实现服务队伍素质的升级。最后，与经济部门合作，改善服务效果。经济部门是商品和服务的直接提供者，它们的最终目标是追求经济利益最大化，为股东和员工利益负责。残联和经济部门有非常广泛的合作领域，在就业、医疗、教育、无障碍化环境建设等诸多范畴都有合作的焦点。

第四章　社区服务主体的市场组织

现代社会日益分化，逐渐形成三个既相互联系又相互独立的三大领域：第一部门的政府，又被称为公共权力领域，是以国家的稳定、有序、进步为主要目标，为全体社会成员提供公共产品和服务，追求社会公平公正；第二部门的经济组织，又被称为经济领域，即通常所说的企业，以追求利益最大化为根本目标，按照经济规律办事，保障企业股东和职工利益为办事原则；第三部门的社会组织，又被称为公共领域，由众多的社会组织构成，以部分公众或全体公众的"公共利益"为追求目标。

第一节　企业社会责任理论

企业是从事生产、流通、服务等经济活动，以生产或服务满足社会需要，实行自主经营、独立核算、依法设立的一种营利性的经济组织。企业的本质在于追求经济利益最大化。经济利益是以企业遵守法律法规、遵守社会道德、履行慈善职责为前提的，西方企业社会责任理论对企业的经营活动进行了新的解译，也给我国企业的健康持续发展指明了道路和方向。

一　企业社会责任的概念提出

到目前为止，学界就企业社会责任概念还没有统一的界定。企业社会责任概念是一个历史性的议题，其历史和商业活动的历史一样古老。在古希腊时期，商人在经商时就非常关注社会福利状况和商业职业道德，这不但是社会舆论的要求，也是商人成功行商经验的总结。在春秋时期的中国，尽管"抑商重农"的思想占据了社会主流地位，商业的发达程度还较为低下。但是，诸子百家就"行商"和"公益"进行了"义利之辩"，探讨商人在个人商利和社会公益间利益与道德取舍问题。

资本主义发展初始，机器化大生产取代了个体手工作坊，商业得到了快速发展，为企业社会责任讨论提供了广阔的社会背景。西方社会早期企业理论认为，企业代表着股东的利益，企业永恒不变的追求目标是企业利益最大化和股东利益最大化。古典经济学认为，自由竞争资本主义企业的生产与道德无关，不受社会伦理和道德的限制。

企业社会责任的提出是和资本主义的原始积累所造成的社会矛盾分不开的。资本主义通过对内剥削和对外掠夺，实现了资本主义发展所必需的原始积累。这一积累过程带来了正面和负面社会效应：一方面是社会物质财富的累积、生产效率的飞跃、生活水平的提高、社会进步的加快；另一方面是贫困人口的蔓延、环境污染的加剧、劳资矛盾的爆发、社会风险的出现以及伦理道德的滑坡。剥削导致了工人阶级的强烈反抗，社会日益不稳定起来，为了缓和不断突出的劳资矛盾，在行动策略上，资产阶级就选择妥协和让步的办法以应对日益紧张的局面。随着资本主义经济的进一步发展，追求利润最大化的目的始终没有动摇，但如何缓解利益最大化所引起的社会矛盾就成为摆在企业管理者及学者面前无法回避的理论问题和现实问题，企业在追逐利润的同时，还必须承担起社会责任。

最早提出企业社会责任的是美国学者奥列弗·谢尔顿（Oliver Sheldon），1923 年在对美国企业进行实地考察后，谢尔顿从管理哲学角度提出了企业社会责任概念，认为企业社会责任与企业满足企业内部和外部人们需要的责任是密不可分的，企业社会责任里含有伦理道德因素成分。在帕特里夏·韦翰尼（Patricia H. Werhane）看来，所谓企业社会责任"是指企业具有的那种超出其业主或股东狭隘责任观念之外的、替整个社会所应承担的责任"。[1] 学者戴维斯（Davis）与布

---

① Werhane, R. E. Freedman, *The Blackwell Encyclopedic Dictionary of Business Ethic*, USA: Blackwell Business, 1998, pp. 593–594.

洛姆·斯特斯（Broom Stems）对企业社会责任所进行的界定是："企业的决策者们采取行动的责任或义务，他们采取行动以保护和改善那些与他们自己的利益相一致的整个社会的福利。"[1] 基思·戴维斯（Keith Davis）和罗伯特·布洛姆斯特朗（Robert Bromsrong）指出："企业社会责任是决策者在考虑自己的利益的同时，也有义务采取措施以保护和改善社会福利。"[2] 美国大学教授 A. B. 卡罗尔等对企业社会责任给出了较为经典的定义："企业社会责任意指某一特定时期社会对组织寄托的经济、法律、伦理和自由决定（慈善）的期望。"[3] 中国学者就企业社会责任给出了各自的定义。徐淳厚提出："商业企业的社会责任，就是企业在营销活动中客观存在的，有义务完成的，维护公众利益，保证经济增长，促进社会发展方面的责任。"[4] 中国台湾学者刘连煜也认为："公司社会责任者，乃指营利性的公司，于其决策机关确认某一事项为社会上多数人所希望者后，该营利性公司便应放弃营利之意图，俾符合多数人对该公司之期望。"[5] 卢代富在细密梳理和回应传统的企业主流理论基础上，界定了企业社会责任的含义："所谓企业社会责任，乃指企业在谋求股东利润最大化之外所负有的维护和增进社会利益的义务。"[6] 尽管有关企业社会责任的定义很多，但是我们不难看出，企业社会责任是企业实现自身经济利益的同时，对社会所要履行的职责和应尽的社会义务。

二 企业社会责任理论流派

（一）利益相关者理论

相关者概念最早是伊戈尔·安索夫（Igor Ansov）在《公司战略》中所提到的。后来，米尔顿·弗里曼（Milton Freeman）在《战略管

---

[1] Werhane, R. E. Freedman, *The Blackwell Encyclopedic Dictionary of Business Ethic*, USA: Blackwell Business, 1998, pp. 593 – 594.
[2] A. B. 卡罗尔、A. K. 巴克霍尔茨：《企业与社会：伦理与利益相关者管理》，机械工业出版社 2004 年版，第 23—24 页。
[3] 同上。
[4] 徐淳厚：《试论商业企业的社会责任》，《经济纵横》1987 年第 9 期。
[5] 刘连煜：《公司治理与公司社会责任》，中国政法大学出版社 2001 年版，第 66 页。
[6] 卢代富：《企业社会责任的经济学和法学分析》，法律出版社 2004 年版，第 84 页。

理利益相关者方式》一书中对"利益相关者""利益相关者理论"等术语多方面加以论述,利益相关者的概念才得以广泛使用并被人们所接受。弗里曼认为,利益相关者是指那些对企业战略目标的实现产生影响或者能够被企业实施战略目标的过程影响的个人或团体。[①] 利益相关者理论是有关企业治理的理论,强调企业在进行社会绩效评价的时候,不仅仅要对其股东的利益负责,而且还要对其他所有利益相关者负责。

马克斯·克拉克森(Max B. E. Clarkson)把利益相关者分成两个层级:初级利益相关者和次级利益相关者,前者是指与企业有最为密切关系的人群或个人,没有他们企业就无法正常运行,包括股东、投资机构、员工、消费者、供应商、政府和社区等。后者是指可以对企业产生影响,也可以被企业所影响的群体,他们不介入企业具体事务,包括媒体、宗教组织、社会团体、种族组织或非营利组织等。[②] 李·普瑞斯顿(Lee E. Preston)是从传统投入产出模型与利益相关者模型加以比较的视角来研究利益相关者:在传统的投入—产出模型中,员工、供应商、投资机构都被认为是投入要素;在利益相关者模型中,作为投入要素除包括上述的顾客、员工、供应商、投资机构之外,还包括政府、社区、行业协会、政治集团等。各个利益相关者都能够在企业活动过程中获取一定收益,并且他们所获得的利益应该是平等的,不应该有等级之分。[③] 利益相关者理论论述了企业对利益相关者的责任,从原有单纯的对股东的责任扩展到所有的利益相关者,企业所要处理的关系就更为复杂一些:不仅要处理好与股东的关系,而且要处理好与各种利益相关者间的关系,要对所有的相关利益者负责。

---

① 王凌云、张龙:《利益相关者对企业战略成功的影响》,《经济管理》2003年第14期。

② Clarkson: "A Stakeholder Framework for Analyzing and Evaluating Corporate Social Performance", The Academy of Management Review, Jan 1995.

③ 陈维政、吴继红、任佩瑜:《企业社会绩效评价的利益相关者模式》,《中国工业经济》2002年第7期。

（二）社会责任层级理论

企业社会责任层级理论重点讨论两方面问题：企业承担社会责任的范围、社会责任间的关系。该理论认为企业所要承担社会责任的层次性，即企业基础性的社会责任和高层次的社会责任。1971 年，美国一个名叫经济发展委员会的组织主要成员是美国主要企业领导人，就把企业社会责任比作三个责任同心圈：最里圈的内容是履行经济职能的基本责任；中间一圈的内容是社会价值观；最外圈的内容是参与改善社会环境活动的社会责任。①

社会责任层级理论最具影响力的是 A. B. 卡罗尔，他提出了三维企业社会绩效模型：企业要履行经济责任、法律的责任、道德和慈善的责任。卡罗尔认为，企业社会绩效和经济目标是高度一致的。1991年，他又提出了企业社会责任金字塔学说：在众多所要履行的社会责任中，最基础的内层是经济责任，是其他责任的前提；第二层是企业的法律责任；第三层是企业的道德责任；最高层次的是慈善责任，开展慈善行动，促进人类幸福。1993 年，德·乔治提出企业三种层次标准：第一层次即最低限度的道德要求，包括必须遵守的基本道德规范，不杀人、不盗窃、不欺骗；第二层次是企业应该履行的积极义务，保持与利益相关者相互信任、帮助困难员工、补偿企业对社区造成的危害、保证公平市场环境等；第三层次的道德要求即对于道德理想的渴望，能够在经济的、社会的、环境的领域内激发起能量，造就企业独特的身份特性和使命。②

上述三种社会责任层次理论的共同点在于：企业所要承担的社会责任包括经济责任和法律责任，是企业社会责任的"最内层"核心，其次是企业的道德责任，位于最高层次的是对全社会的责任。企业各种社会责任间有着明显的层级递进关系，各个层次社会责任是需要依次加以实现的，互相之间无法进行超越。

---

① 乔治·A. 斯蒂、约翰·F. 斯蒂纳：《企业、政府与社会》，华夏出版社 2002 年版，第 53—58 页。

② 赵琼：《国外企业社会责任理论述评——企业与社会的关系视角》，《广东社会科学》2007 年第 4 期。

(三) 企业公民理论

企业公民理论的前提是认为企业是和公民平行的行为主体，企业同个体社会公民相同，既拥有社会公民所享有的权益，也必须承担对社会应尽的责任。

企业公民是一个较为新颖的概念，《世界经济论坛》把企业公民定义为：企业通过其核心商业活动、投资活动、慈善活动来参与公共政策，在经营过程中，企业要处理好与经济、社会、政府和环境的关系以及与利益相关者的关系，这些关系的处理都对企业发展有着重要的影响力。美国波士顿学院"企业公民中心"用三个核心原则和三个价值命题来界定企业公民要素：三个核心原则分别是危害最小化、利益最大化、关心并对利益相关者负责。三个价值命题是：命题一，理解、强化企业价值观；命题二，把经过整合的价值观运用到企业策略中；命题三，在企业运行过程中坚持并强化这些价值观，并形成社会行动。[1]

科里斯·马斯登（Chris Marsden）用三个阶段来描绘企业公民的发展历程，即觉醒阶段、参与阶段、网络化阶段。觉醒阶段的事件涉及更多的是环境问题，如20世纪70年代的雀巢婴儿食品事件和1969年的美国环境保护运动；参与阶段事件的焦点是人权问题，如1984年印度庞贝毒气泄漏事件；网络化阶段所涉及的问题多数集中在经济政治性的复合问题，如1995年的壳牌石油事件、1997年的亚洲金融危机。科里斯·马斯登认为，企业的商业活动总是会成为重大社会问题的一部分或社会事件的诱因，同时也是解决重大社会问题的重要组成部分。[2]

---

[1] The Center for Corporate Citizenship at Boston College, The Value Proposition for Corporate Citizenship, The Center for Corporate Citizenship at Boston College, 2005, http://www.bc-ccc.net.

[2] Marsden, Big Business and the Corporate Citizen—Are They One and Same? The First National Conference on Corporate Citizenship, Deakin University, 1998.

第二节　市场组织在社区服务中的作用

在计划经济时代,"企业办社会"是政企不分的时代产物,本应该由社会所担负的责任交由企业承担,企业担负着职工的生老病死等各项事务,甚至还包括职工的父母和子女赡养和管理职责,企业承受着巨大的经济压力。在市场经济时代,经济体制改革使企业成为自负盈亏、自主经营的经济主体,失去了计划经济的庇护,企业要把自身所担负法定职能之外的经济负担转嫁到所生产产品或服务中去,就会使商品或服务的价格过高,企业会失去社会竞争力。因此,企业无谓担负的社会责任是不利于其发展的。但是,企业参与社区服务并不是走"企业办社会"的老路,政企分开并不意味着企业和政府的一刀两断,要在保证企业自主经济的前提下,企业发扬慈善意识,承担社会责任的行为。企业参与社区服务过程,体现出企业特有的文化、向潜在顾客推荐企业的品牌、展现企业家高尚的人格魅力、最终实现把社会效益转化为经济效益,实现企业可持续发展的长远目标。

一　市场组织和社区服务之间有着深厚的合作基础

企业和社区有着千丝万缕的联系,企业的生存、发展与社区息息相关。企业离开了社区,企业的发展会受到人力、物力、场地等因素的制约。

社区为企业的发展提供了工作场所和基础设施。社区是现代生活重要的社会元素,每一个城市居民都生活在社区范围之内。为了便于社区居民工作、学习、出行等,政府和相关部门在道路、建筑物、能源、交通等基础服务设施方面都进行了比较完备的建设。除高污染、高危险的企业外,企业能够"免费"使用基础设施,减少了对基础建设的额外投入。同时,大量社区成员的积聚而居,极大地提高了企业生产和服务的规模效应,减少了企业人力、物力、财力的投入,降低了企业运营成本。企业利用社区内现有的场地、建筑物开展经营生产活动;社区原有的学校、医院、文体活动场所能够满足企业职工子女入学、职工或家庭成员的就业与保健、文化体育活动等需要。

社区为企业的发展提供了充足的人力资源。充沛的劳动力是企业发展的必备条件之一，社区内企业在劳动力的使用上具有得天独厚的优势，社区为企业提供了充沛的劳动力资源。一方面，社区企业便利的上班条件对社区居民有着巨大的诱惑力，可以避免远程上班所必须经历的交通拥挤的困扰，既节约了资金支出，又避免了无谓的时间浪费和体力消耗。同时，对社区企业的认同会转化为对社区企业的热爱，社区企业的健康发展会给社区带来物质利益和精神层面的回报。另一方面，社区劳动力资源对企业具有巨大的吸引力，社区企业对社区居民的了解所形成的熟人社会的人际关系，对社区文化的认可，导致社区企业更愿意雇用社区居民。排除心理层面的因素，从经济利益考虑，社区居民会有更加便利的工作时间来完成企业所交付的任务，距离的优势所带来的交流便利性，这些因素都能够转化为企业所追求的经济利益。

社区为企业的发展提供了良好的文化环境。社区完备的治安环境，保证了企业的财产安全及产品生产、服务提供的顺利进行。社区优雅整洁的自然环境，保障了企业潜在的利益：避免因环境污染，为企业争取外来客户的合作提供了自然元素的筹码。可以想象，如果企业坐落在社会治安混乱不堪、环境状况恶劣的地方，企业是不可能安心于生产的：企业会因盗窃而蒙受巨大损失；企业员工的人身财产安全会受侵害，生活在惊恐之中，或者因受到不良社会风气的影响而无暇顾及工作；企业潜在合作伙伴会因为糟糕的周边环境拒绝与企业合作。劣质的外在环境会给企业带来损害，包括有形资产和无形资产的损失，企业就会失去应有的竞争力。

企业可以为社区服务提供必要的资金支持。残疾人社区服务的主要困境在于缺乏充沛的服务资金，政府的财政投入在社区服务经费的构成中比例过大，基层政府部门，包括残联、民政等必须按照预算计划实施社区服务，缺乏必要的灵活性和自主性，在工作中表现为官僚主义作风盛行、工作效率低下、服务对象的满意度不高等问题。社区企业成长在社区，就有必要融入社区，最简单、最直接的融入方式就是履行企业社会责任，为社区服务提供一定的资金支持。企业的服务社区的捐资、志愿服务等活动，是出于企业对社区的回报，是在较高精神层次上的社会慈善行为。企业是以营利和追求利润最大化为目标的经济组织，企业的行为若以慈善为目标，就会偏离企业正常的运行轨道，伤害到股东和员工的利益，不利于企业长远发展。所以，企业对社区服务的支持是在坚持企业经营性本质前提下的慈善行为。

社区与企业的关系是无法割裂的统一有机体，你中有我、我中有你。企业履行社会责任，自觉回报社区，在解决居民就业、完善基层设施、提供服务资金等方面给予社区支持。

二 残疾人社区服务与企业社会责任的新途径

企业介入残疾人社区服务的方式很多，企业可以根据自身条件和社区残疾人的实际需要而定。主要有以下几种方式：

(一) 增设残疾人就业岗位，提高残疾人就业能力

依据2007年正式实施的《残疾人就业条例》和2008年的《中华人民共和国残疾人保障法》的有关规定：机关、团体、企业事业组织、城乡集体经济组织，应当按照一定比例安排残疾人就业，不得低于本单位在职职工总数的1.5%，并有义务为其选择适当的工种和岗位。对未达到比例的，须交纳残疾人就业保障金。此外，我国《中华人民共和国公司法》规定：公司从事经营活动，必须遵守法律、行政法规，遵守社会公德、商业道德，诚实守信，接受政府和社会公众的监督，承担社会责任。以国家法律形式明确了企业的社会责任主体地位，并且把企业社会责任界定在法律规范和社会公德之上的一种法定义务。

就业能力是一种素质和技能，包括四个方面的内容：获得工作的能力、完成工作的能力、工作晋级的能力和适应工作变动的能力。就业能力以人的身体和心理为基础，可以通过学习、培训、教育以及具体实践活动而获得，并发展成为劳动者能够自觉掌握的终身谋生手段。对残疾人而言，自身身心缺陷会导致某些劳动就业能力的局限和损害，但是，这种局限性是可以弥补的，残疾人通过发挥其他部位感觉和运动能力，调动人的代偿功能机能，可以使受局限和损害的能力

得到最大限度的发挥和弥补。残疾人正是通过功能代偿的方式达到严格的工作要求，甚至成为行业的工作标兵，出色地完成本职工作。因此，具体到残疾人的劳动就业能力，我们应该强调他能干什么，而不是不能干什么；应该强调残疾人能以自己的方式干什么，而不是所谓的"正常方式"，这是我们认识残疾人就业能力的基本立场。同样，我们应该把残疾人纳入社会整体人力资源开发的范畴，既要实现充分开发，又要达到合理利用；既要加强能力建设，又要突出机会补偿，这才是我们对待残疾人就业能力的基本态度。[1] 劳动者就业能力是一个相对宽泛的概念，没有具体的指标进行操作化。因此，企业对上述能力的认同、评判、培养和运用掌握绝对话语权。企业在实现自身的组织目标过程中强化对残疾人劳动技能的培训和教育，让他们的职业规划与企业目标相一致，涉及企业人力资源开发与利用。单一地从企业利益最大化的企业目标来看，企业强化对残疾人四种劳动技能的培养，就必须花费健全人更多的人力、财力，似乎对企业的效率提高是不利的，当然也不是相对立的关系。企业之所以投入更多的精力加强对残疾人劳动技能培养，除履行企业社会责任、完成法律对企业中残疾人按比例就业的硬性规定之外；最直接的因素是经济因素和经营理念的变化：企业的利润来源于社会，对残疾人弱势群体的关注不仅可以获得良好的社会效益，以此为桥梁，最终实现经济利益最大化。企业从社会责任角度思考残疾人的就业能力，是一种理念转变，体现了人类社会共同发展的美好愿望。同时，企业承担社会责任是一种理性化的未来投资。投资都讲求有回报，企业对残疾人劳动能力进行投资、提高了残疾员工的就业能力，对企业来讲不仅具备一定的现实经济价值，还有巨大的社会价值。

残疾人就业意义重大：对于残疾人个人而言，参加生产劳动获得劳动报酬能够有效改善自身经济状况，提升其社会地位，减轻家庭、社会负担，有利于体现残疾人社会生存意义和人生价值。对于社会而

---

[1] 唐铺：《从就业能力角度探讨政府、企业和人在残疾人就业中的作用》，《教学与研究》2008年第3期。

言，参加社会劳动是对政府投入人力、物力、财力进行残疾人教育培训一种有效回报方式，有利于我国残疾人事业的可持续发展；残疾人参加生产劳动，能够避免人力资源的浪费，合理开发利用人力资源，有利于促进社会公平正义，让全体社会成员共享改革开放发展成果；对于企业而言，参与残疾人社区服务实践了企业服务社会的价值理念，获取了良好社会效益，并能够实现经济利益。

武汉市Z街道社区内企业共解决残疾人就业120多人，不仅完成了1.5%的残疾人就业规定，多数是超额完成。根据残疾人能力较为低下的特点，组织业务熟练且有耐心的员工，对他们进行手工技能培训，企业与街道办合作对社区中符合企业岗位要求的残疾人进行集中培训，根据被培训人员的实际表现，再筛选能够胜任工作要求的人员，进行单独训练，直到符合岗位要求。企业实行外包的方式为残疾人提供简单的包装等工作，为他们提供就业机会。对于特困残疾人与无法适应企业工作岗位的残疾人，企业把他们安排到企业卫生环保的岗位上，保证他们有一定的社会收入。对于高学历、有一技之长的残疾人，安排到自动化操作、会计等部门，减少其活动量，同时能够发挥他们的技术特长。街道办与企业积极配合，为残疾人就业提供必要的帮助，街道办在残疾人服务中心设立了专门的手工室，为社区残疾人提供手工练习和加工成品的工作场所，同时，也为残疾人进入企业做好技术准备。

(二) 为残疾人社区服务提供资金支持

街道办事处是市和市辖区政府的派出机构，是连接社区残疾人和政府的纽带和桥梁。长期以来，街道办是贯彻上级政府部门的政策、方针、制度的执行机构，担当社区居委会的指导者角色，既是社区服务所需资金主要的提供者，也是残疾人社区服务质量的监督机构。因此，街道办事处在社区服务中起到了至关重要的作用，能否发挥好其职能作用，既是检验政府工作效率的试金石，也是提高弱势群体生活水平的一道重要的保障底线。

由于街道办对区、市级政府的过度财政和行政依赖，使其在社区服务方面的作用大大降低。街道办事处缺乏独立的人事权力，而且在职能划定方面缺乏必要的法律依据，使其无法摆脱半政府、半民间的角色。在"两级政府、三级管理"的城市治理模式下，街道办承担着城市"第三级管理者"的职责，其工作任务要依据民政局、劳动局、残联等部门的指令来确定，难以满足残疾人的现实需要。资金来源过于单一是街道办又一困境，政府部门的专项拨款几乎成为其唯一源泉，面对日益增加的居民需求，政府的资金投入和居民现实需要间的矛盾日益突出。因此，扩大资金来源就成为街道办所面临的任务之一，企业对街道办的资金支持就显得格外珍贵。以企业的名义在街道办设立残疾人帮扶的基金会或以企业的名字命名某一次的社会活动是一种有益的尝试。企业对社区残疾人的资金帮扶，既有利于企业良好社会知名度的提高，又有利于发扬服务社会的企业文化精神，获取社会的认可，实现社会效益和经济效益的双丰收。

为了克服残疾人、低保户、边缘贫困群体在政府部门的社会救助面窄、手续烦琐、时间周期长等问题，Z 街道办自筹资金成立了街道基金会，对就医资金困难、大中专入学困难、失业下岗人员实行临时救助。基金会是以街道的名义设立的，资金由街道办自主筹集，街道办通过开源节流的方式筹集资金 20 万元，动员街道辖区内的多家企业捐款，以企业的名称命名每一次的救助活动，筹集资金 13 万元，并与企业签订长期合作协议，保证基金会资金的稳定性。企业资助街道办的行为使企业在社区内的社会信誉度有了大幅提高。

（三）利用企业资源提高社区残疾人医疗和康复福利

一直以来，看病难、就医难是困扰政府和社会大众的问题，实现"小病不出社区"的目标，单一依靠政府的力量是不现实的，要求社区管理部门向社会部门和经济部门寻求帮助。如果能够实现在社区范围内解决社区成员的就医问题，既节约普通居民出行成本和宝贵时间，又极大地方便了行动不便残疾人群体，对于提高他们的健康和生活质量有着主要意义。对企业而言，与社区医疗中心相比，企业医院拥有比较精良的医疗条件、先进的医疗设备和专业的医疗人员。旧有管理体制下单一对内经营模式使企业职工医院长期处于亏损状态，成为企业难以摆脱的沉重包袱。彻底改变亏损状态，走市场化道路是无奈选择。但与大型综合性医院相比，在规模、人力资源、医疗设备方面都处于弱势地位，无法和他们在同一水平线展开平等竞争。一方面是社区医疗条件的欠缺，居民对就近就医的需求，医疗资源需大于供的局面；另一方面是企业医院医疗设备的长期闲置与市场化道路中的竞争劣势，医疗资源需小于供的状况。社区和企业的现实医疗供需矛盾，使双方合作成为可能：企业下属医院可以和社区联合，走社区化医疗合作之路，既有利于企业医院医疗资源的合理利用，提高经济效益，又方便社区居民的就医，方便残疾人日常康复。

武汉市在街道辖区内的武汉长江动力公司开展医疗服务合作，长动公司把长动医院搬迁到公司最近的社区，成为该街道第一家社区企业医院。2010年，长动公司共投资200多万元对医院的部分设备进行了更新换代、对医院的外观进行了美化，并在此基础上承担了街道残疾人阳光中心的服务任务。每年为残疾人和低保居民提供两次免费体检，建立健康档案，对需要进行住院治疗的低保残疾人实行免费治疗。义务为200多名残疾人提供5000人次的专业康复，取得了良好的康复效果，得到了残疾人和家属的一致好评。

(四) 通过企业志愿者队伍建设加强社区残疾人服务

志愿服务是指自愿贡献个人的时间和精力，在不为物质报酬的前提下，为推动人类发展、社会进步和社会福利事业而提供的服务。志愿者就是具有自愿精神，能够自动承担社会责任而不关心报酬的人。企业志愿工作有三个要素特征：一是员工志愿参与，志愿奉献；二是企业或员工做出明确具体的社会服务行动；三是面向有社会需要的机构或者公众。[1] 企业志愿者活动的优势在于企业或职工有着较强的职业技术，更容易通过实际操作给予社区居民帮助。

大多企业都已经认同了企业承担社会责任的重要性，认为让员工参与志愿公益活动就是企业向社会所出示的一张名片，能够展示企业凝重的社会责任感和服务社会的经营理念。彼得·德鲁克曾指出，

---

[1] 周勇、鲁金玉：《企业志愿者活动：实现CSR的一个有效路径》，《企业经济》2011年第3期。

"捐出金钱很容易,但如果只是为了捐钱而捐钱,那么股东、经理人和员工都会对此冷嘲热讽。公司的慈善事业并非首席执行官'感觉良好'的问题,它如果没有和公司的竞争力和技能联系起来,那么它应该是政府和慈善机构的任务。"① 企业支持员工志愿活动的方式很多,包括为志愿者职工提供带薪志愿服务时间、帮助职工选择适合的服务项目和内容、对志愿职工提供合适的技能培训、对表现突出的企业社区志愿者公开奖励和表彰等。企业鼓励员工参与志愿活动和企业的社会价值理念与经营价值观是紧密联系在一起的,通过志愿活动提高产品的知名度和企业的社会认知度。随着社会进步、生产力的发展,社区残疾人的需求呈现出多样化、多层次性的特点。企业志愿活动的加入可以有效缓解残疾人供需矛盾,弥补残疾人需求中志愿者的专业实际操作能力低下的缺陷,实现奉献、友爱、互助、进步志愿精神。

2011年,企业开展服务社区残疾人居民的志愿活动共计300多人次,涵盖内容包括大型残疾人活动志愿服务、残疾人上门水电修理、残疾人手工技能指导培训、残疾人康复服务、残疾人或子女的学习辅导等。通过长时间接触和相处,志愿者和帮扶对象产生了深厚的感情,有些志愿服务就成为自发服务。由于企业有较为规律的时间性、距离社区较近等特点,居民所获得的志愿服务的数量、质量远远多于并优于社会志愿者,而且他们有较强的专业技能,企业志愿者对于提高社区残疾人的生活质量起到了很大的作用。

第三节 企业参与社区服务所遭遇的困境及对策

企业参与社区建设和社区服务有助于培养居民对社区企业的情感,拉近企业与社区的距离、拉近企业员工和社区居民之间的距离。

---

① 彼得·德鲁克:《新社会——对工业秩序的剖析》,上海人民出版社2002年版,第67页。

特别是在社区和企业利益对立，群体事件多发的时期，探索出一种社区企业和社区居民共建、共享的和谐社会氛围，具有宝贵的现实意义。尽管社区和企业之间有着共同的利益点，是相互依赖的有机体，具有无限合作的空间和机会，但社区企业在社区服务中还是会遭遇到很多的困境。

一 企业参与社区服务的困境

首先，企业参与社区服务具有较强的随意性，缺乏长久规划，无法形成制度性模式。企业要明确自己的职责目标，追求利润最大化和维护股东和职工的利益是其首要原则。但是，在全球化的现代社会，现代企业理论对企业经营理念的影响深刻，企业社会责任理论要求企业在履行经济责任、法律责任、道德责任的同时，还要履行社会责任的慈善责任，企业能否得到消费者的信赖和支持，除优质的服务和精良的服务外，企业对社会所能够履行的社会责任也是消费者选择某一企业产品和服务的主要决定因素；企业和企业之间的合作基础是互利共赢，合作讲求对方经济实力和社会信度，企业的社会信度就是企业的社会知名度，是企业日积月累的社会口碑，有责任感的、能够自动履行企业社会责任的企业具有极佳的社会口碑，更容易受到青睐。所以，企业在合法经营的同时，应该注重培养和积累良好的社会信誉。但是，有些只注重企业经济行为的聚集效果，忽视了社会效应，在社区服务等慈善活动中，表现出很强的随意性，没有长久性制度规划。在企业效应好的时候，会根据企业的收益状况，投入较多资金来支援社区建设和社区服务；在企业效应差的时候，就不再支持社区服务，对社区服务的支持完全取决于企业的盈利状况。有时，企业参与社区慈善活动完全是企业所有者的个人爱好，企业主在任时，对慈善事业的关注是一种常规化的活动，基本与企业的收益状况无关；但当企业主退位后，新任领导对社会慈善事业的关注度就会降低，企业社会责任行为完全等同于个人行为。说到底，企业还没有把企业履行社会责任当成是一种社会义务，缺乏对企业社会效益和经济效益之间关系相关性的理解，没有把履行慈善责任融入企业文化建设之中。企业社区服务参与的随意性，会给企业带来不良的社会影响，影响企业社会信誉度的积累，也对社区服务的发展不利，影响社区服务工作的正常开展。

其次，企业参与社区服务法规、政策方面的支持和鼓励力度较小，参与的积极性不高。现有法律法规的不健全导致企业不愿履行社会义务、参与社区慈善活动的积极性不高。1999年9月1日实施的《中华人民共和国公益事业捐赠法》第二十四条规定：公司和其他企业依照本法的规定捐赠财产用于公益事业，依照法律、行政法规的规定享受企业所得税方面的优惠。2008年1月1日《中华人民共和国企业所得税法》正式实行，该法规定：企业的公益捐赠支出准予扣除部分统一为不超过年度利润总额的12%，企业（包括事业单位、社会团体以及民办非企业单位）通过公益性社会团体或县级以上人民政府部门，捐赠在年度利润总额12%以内的部分，准予在计算企业所得税应纳税所得额时扣除。[1] 显而易见，为了保证中央和地方的财政税收，对捐款免税额度的规定为企业盈利额的12%，超出12%的捐款还要依法缴纳因慈善捐款所必须承担的税款。这就很容易解释我国企业慈善捐款的积极性不高缘由所在。此外，我国法律对慈善活动免税激励措施仅限于可供计算的钱物等经济实物，对企业参与慈善活动的劳务服务没有一个明确的规定，在法律法规的制定方面还存在漏洞。

最后，企业参与社区慈善活动缺乏与相关部门的沟通配合，没有达到预期效果。企业参与社区服务等慈善活动过程中往往会自行其是，缺乏与相关部门的沟通配合，难以收到"名""利"双收的效果。其一，企业直接面向社区居民，提供社区服务，没有与其他部门取得联系，出现交叉服务现象。在一定程度上能够与社区建立起较为融洽的关系，但其社会影响力就会限制在社区的范围之内，不利于更广范围的企业知名度的提升。其二，只与单个部门合作实施社区慈善活动，会出现"短板效应"，难以收到经济效益和社会效益的双丰收。以企业和政府部门合作参与社区建设和慈善活动为例，企业协同政府

---

[1] 周晓易、胡茜贤：《捐赠是"苦口"，还是"良药"?》，《经济观察》2009年第8期。

部门共同参与，会得到政府部门的肯定和表扬，但难以获得现实的经济利益。

二 企业参与社区服务的应对之策

企业参与社区服务是宣扬企业关心社会、回报社会的深厚企业文化手段，对于企业眼前经济目标的实现会似乎不利，不利于实行利益最大化的经营目标，出现社会效益和经济效益不一致，甚至对立的状况。企业在社区服务常常伴随着积极性不高、缺乏制度性保障甚至难以收到良好社会效果的困境。针对以上的困境，应采取系列措施予以应对。

首先，加强有关法律、法规、政策的完善工作。进一步完善《中华人民共和国公司法》对企业社会责任的规定，强调企业经济责任、法律责任、道德责任的同时，必须承担慈善责任，界定慈善责任的范围，对违背法律规定，拒绝履行社会责任的行为给予一定的处罚和惩戒。可以借鉴把企业慈善责任作为企业信誉的一个考核指标，再加以量化处理，出台具体措施，表彰或奖励出色履行社会责任的企业。避免企业承担慈善责任作为企业自律的行为，以动员更多力量参与社区建设，共同努力实现构建小康社会的目标。要对《中华人民共和国企业所得税法》的内容再做适当调整，把企业的社会慈善捐赠免税力度再大些，可以借鉴美国等捐赠款项抵消税收的做法。公益捐赠是对国家、社会、人民都有益处的社会行为，要鼓励这种行为，政府应该对慈善捐赠行为予以更多的支持鼓励，提高政府对企业捐赠额的免税比例，要把捐赠额度内的缴税税率低于普通税率，吸引和鼓励企业加入慈善公益捐赠的队伍。加快遗产税法的相关法律出台工作，加大对遗产税的征收力度，可以根据中国国情制定出符合我国实际的纳税标准。遗产税征收力度的加大，既有利于企业所有者提高社会慈善的自觉性，也有利于培养社会成员自我独立意识，减少因社会因素所造成的社会不公平现象的发生，减少"官二代"和"富二代"出现概率，力求实现党的十八大报告提出的公平目标："加紧建设对保障社会公平正义具有重大作用的制度，逐步建立以权利公平、机会公平、规则公平为主要内容的社会公平保障体系，努力营造公平的社会环境，保证人民平等参与、平等发展权利。"

其次，多部门合作，实现预期目标。企业参与社区服务，履行慈善责任的目的是形成良好的社会影响力，提高企业的知名度。但有时此目标很难最终实现，企业没有与相关部门进行合作，无法形成一定的社会影响，也影响了企业参与公益的积极性。因此，企业在参与慈善活动，注意与相关政府职能部门的合作。一方面，让政府部门知道企业在实现经济目标的同时，通过爱心慈善活动，承担社会责任。在政府部门对规划项目进行企业招标时，把慈善行为作为中标加分的因素，可以把社会效益变成经济收入。企业和政府一道参与慈善活动，可以增强企业的社会影响力，借助政府媒体力量，通过广播、报纸、电视、网络等传媒工具宣传企业的文化理念、提升企业产品的社会认知度、提高企业正面社会形象。另一方面，与政府相关部门的合作能够提高慈善活动的实际效果。政府在社会慈善活动中积累了丰富的活动经验，人力、物力、财力的应用区域和比例分配都非常明确，能够用合理的方式得到最佳的社会效果。相对而言，企业在社区慈善活动的经验要浅薄得多，与政府合作能够实现回报社会的愿望。企业和社会要加强对政府的慈善资金和物质的监督，政府有义务为企业和社会部门的慈善活动提供良好的社会环境，杜绝企业或社会部门以慈善名义实行摊派、征收，防止权钱交易的腐败行为。同时，政府有接受社会和企业监督的义务，防止慈善资金的挪用、贪污状况的发生，增加慈善事业的社会透明度，在公正、公开的社会氛围里发展慈善事业，增加企业和社会成员参与的积极性。

最后，建立起企业自律和制度建设双重保障。从宏观方面对企业参与社区服务的建议，良好的外部环境是企业顺利参与社区服务的外因，内部的企业自律和制度机制建设是保障企业顺利开展慈善行为的内因。企业重视企业文化建设，积极、健康、爱心、奉献应该是优秀企业所共同遵守的理念和原则，也是有深厚文化底蕴企业的奋斗目标，一个具有社会责任感的优秀企业家所必须坚持的信念。因此，有着优良文化传统的企业和优秀企业家是一种相辅相成的关系，可以相互影响、相互作用。对于优秀企业而言，参与社会活动，回报社会是其一贯坚持的办事原则，坚信利润来自社会，回馈于社会。社区内企业把服务社区作为长期坚持的一项制度，自觉履行社会责任，关心、帮助社区居民，促使企业文化和社区文化有机融合，赢得社区成员的理解和支持。除企业自律外，还要在企业长久规划中对回报社会的行为加以制度化界定，保证企业慈善行为不因领导者的更替而中断。

第五章　社区服务主体的社会组织

社会组织在社区服务中的作用正被社会成员和政府部门所逐渐重视，社会组织具有公益性、民间性、社会性和志愿性等特点，能够辅助政府部门和经济部门共同完成社区服务任务。但社会组织在发展壮大过程中也出现了一些问题，既需要社会组织自身通过制度完善逐步克服，也需要政府部门发挥引导和监督职能，依靠外力作用实现健康发展。

第一节　社会组织的含义、分类和特征

一　社会组织的含义、分类

由于文化各异和语言使用习惯的不同，各国在对社会组织的名称称谓上各不相同，如非政府组织、非营利组织、公民社会、第三部门、独立部门、志愿者组织、慈善组织、免税组织等。在中国，人们习惯于从性质和功能方面称谓三大社会部门，即政府组织、经济组织和社会组织。2007年，我国正式使用社会组织来代替称谓民间组织。在中国传统的观念中，"民"是与"官府""官方"相对立的，反映出传统社会"差序格局"一种对立的社会结构状态，是阶级对立的体现。所以，在构建社会主义和谐社会的新历史时期，为了避免社会阶层对立抗衡，人们习惯于用社会组织来指代所谓的民间组织。

一般而言，社会组织有广义和狭义之分。广义社会组织指一个社会中的所有组织，包括经济组织（企业）、政治组织（政府）和其他组织；狭义的社会组织，指政府和企业之外的不以营利为目的的民间

组织，主要包括社会团体、民办非企业组织和基金会。[①]

　　社会组织划分为三种类别，即社会团体、基金会和民办非企业单位。社会团体是由社会成员志愿组成、拥有共同的社会愿望、按照既定的规程开展活动的非营利性社会组织，包括学术性团体、行业性团体、专业性团体、联合性团体等。学术团体可以细化为自然科学类、社会科学类和自然科学与社会科学交叉类三种，通常以某某学会或某某研究会命名；行业性团体是经济团体，细化为农业类、工业类和商业类，通常以某某协会命名；专业性团体是一种非经济类团体，主要由专业人员组成的团体，通常以协会、基金会命名；联合性团体是以不同人群联合而成，或者是有上述三类团体的联合，通常以联合会、联谊会、促进会命名。基金会是指依靠向单个社会成员、社会法人或其他社会组织募集资金或物质、以发展社会公共事业为目的、依法成立的社会组织。基金会包括公益（公共）基金会和私益（私人）基金会。公益基金会包括慈善基金会、教育基金会、残疾人基金会、环保基金会、科学研究基金会、保护特殊人群基金会等，成立的目的是为实现对社会公众利益或某个特殊群体的利益的保护；私益基金会包括家庭家族基金会、企业基金会、商业组织基金会、个人基金会等，是为某些特定群体利益而成立的基金会。两种基金会的区别在于资金的捐赠来源不同：公益基金会资金财物来源于公众，能够向社会公开招募；私益基金会资金来源是定性接受社会中的个人、企业或家族，不得开展招募捐赠活动。民办非企业单位是指企事业单位、社会团体或其他社会力量以及公民个人利用非国有资产举办的、从事非营利性服务活动的社会组织。民办非企业单位属于非政府组织性质，具有两个基本特征：资产归社会占有；经营收入不能分红。包含教育事业类、卫生事业类、文化事业类、科技事业类、体育事业类、劳动事业类、民政事业类、劳动服务类、法律服务类、中介服务十个类别。2011年3月底，我国有社会团体24.6万个、民办非企业单位19.9万

[①] 周春霞：《浅析社会组织与政府关系发展的新特点》，《社会主义研究》2010年第6期。

个、基金会 2243 个。[①]

就社区服务而言，社区社会组织在承担社区服务、满足社区不同人群的需求方面发挥巨大作用。这些组织通常是由社区成员自主参加的组织，肩负社区公共事务和向社区成员提供服务的社会机构。按照创办机构的性质，可以划分为政府主导下的社区社会组织和居民自主创建的社会组织。社区中的社区公共服务中心、社区文化站、社区卫生服务站、残疾人阳光中心、社区劳动保障服务站、老年人服务中心等都是由区、街道办等相关政府部门组办的，具有强烈的政治色彩。成立的目的是协助相关部门完成为特殊群体提供社会保障、社会救助、社会福利等任务。社区民间自主创办的社会组织包括，非正式的娱乐健身组织，包括老年舞蹈队等，主要从事娱乐和文化活动为主。还可以根据社会组织的活动领域和社会功能，把社区社会组织细化为救助类社会组织、慈善类社会组织、公益类社会组织和文体娱乐类社会组织等。社区社会组织的活动范围呈现出不断拓宽的良好趋势，涵盖的服务领域包括社区福利、社区教育、社区环保、社区卫生、社区家政、社区就业、社区医疗、社区康复等，成为社区服务的重要辅助力量。

二 社会组织的特征

美国约翰·霍普金斯大学非营利组织国际合作比较研究中心的教授莱斯特·M.萨拉蒙（Lester M. Salamon）教授认为，社会组织应该具有七个方面的特点：①非营利性，社会组织的经营收入不能向机构的经营者或所有者提供利润分红，不得以营利为最终目的，营利收入须用于机构的可持续发展和所进行的项目。②民间性，社会组织是具有共同志向和爱好社会成员自发组织下所形成的，不是政府组织或其附属机构，在体制管理方面具有很强的独立性。③组织性，正式的社会组织都具有一定的组织构造，有较完善的规章制度，依法成立，有明确的社会分工和人员组织形式。④自治性，在不违背国家法律和社会道德的前提下，社会组织可以自行制定组织目标，实行组织的自我

---

① 黄震海：《促进我国社会组织发展的若干思考》，《学术界》2011 年第 6 期。

管理，独立安排组织行动，不受政府组织和经济组织的干预，独立决策，对自己的行为负责。⑤非政治性，社会组织不同于政党组织：可以在政府组织的指导下完成既定的组织目标，不受政府的干预，更不会成为政府的附属机构。⑥非宗教性，不是宗教组织，不开展宗教活动，没有传教和礼拜等宗教仪式或活动，更多的是在物质层面进行活动，而非精神层面的活动。⑦自愿性，机构成员是在自愿基础上结合而成的，不是法律意义上的结社行为；他们所接受的资金和社会捐赠出于社会成员个人或组织的自愿捐赠行为，不存在被迫行为。①

我国社区社会组织大致拥有下列特征：①活动的公益性，社区社会组织的成立是为解决社区居民的实际需求，能够反映、维护特定人群的利益。所以，社区社会组织制定组织目标和发展规划时，以居民公正合理的需要为出发点。②参与的志愿性，我国社区社会组织是在志愿者服务社会的志愿精神引领下开展服务工作的，要求组织成员自愿奉献精神和自觉遵守组织规则。③自治的民间性，组织成员大多来自社区或其他社会组织，以社会成员自觉奉献为主要活动原则，是自我服务、自我管理的民间团体。④利润的社会性，社区社会组织的非营利性并不排除社会组织从事经营活动，与经济组织的最大区别在于：经济组织把所获取的营利部分用于分红，分配给股东或员工。而社区社会组织所创造的利润不能用于投资分配和组织成员的社会福利，要依据组织目标，用于发展社会组织，为社区成员提供更好、更优质的服务，提高服务对象的生活水平，推进社区和谐。

第二节 发展社会组织理论依据

社会组织兴起时间为20世纪80年代后期，在世界范围内爆发了"全球化的结社革命"，社会组织在政府和市场间广阔的空白地带逐渐

---

① ［美］莱斯特·M.萨拉蒙等：《全球公民社会：非营利部门视野》，贾西津、魏玉等译，社会科学文献出版社2002年版，第3—5页。

确立了自己独立的社会地位，并把这种影响力渗透到社会生活的几乎所有方面。从理论角度看，社会组织的发展主要依据于市场失灵理论和政府失灵理论。

一 市场失灵理论

（一）市场失灵的起源

所谓市场失灵，是指市场缺乏经济效率，难以或无法有效配置经济资源的一种活动状态，是市场在维持合理需求和阻止不合理需求活动时，价格偏离了理想化状态，导致市场对资源配置的效率降低或消失。

自由主义经济学家亚当·斯密认为，市场的有效运行具有下列三个显著特征：一是自然性，无须人力调节就可以达到的自我完善状态；二是协调性，市场活动主体的个人或集团之间利益关系调节，可以通过市场活动自发内在机制自行调节，利益的分配自然会趋于公平合理；三是系统性，个人维护自身利益最大化的同时，能够实现社会利益最大化，因为社会中很多经济因素是在相互作用和相互影响的，而非单个因素独立发挥作用和功能。

尽管自由主义经济学家鼓吹和推行市场在资源配置作用的独特优势，但他们也看到市场是并非完美的，主要表现为贫富分化、分配不公以及利益最大化所带来的相对生产过剩等，即市场的资源配置作用的结果和理论上的判断存在现实差距。

市场失灵理论的产生经历了两个阶段：一是以门格尔、杰文斯和瓦尔拉斯为代表的边际革命。经济学家把边际效用价值论和一般均衡理论融合起来建构出微观经济学基础，认为在市场经济条件下，市场活动是个人选择的过程，在有限资源条件下，运用经济技术是可以实现利益均衡的。张伯伦和罗宾逊夫人论述了垄断行为是如何从自由竞争和垄断竞争演变而来的，把垄断现象放置在市场内生的地位加以思考，使垄断成为研究市场失灵的突破口。边际主义不但促进了微观经济学的产生，也为人们全面认识市场缺陷准备了一个工具箱，从而为市场失灵理论纳入微观经济分析的框架开启了门径。① 二是以庇古为代表的福利经济学。庇古对经济学发展的贡献体现在：用运边际分析方法来分析市场的作用，认为资源最佳配置状态的衡量标准是边际私人净产品和边际社会净产品相等，这种最优配置是通过自由竞争和资源自由流动自发实现的；社会福利最大化的标准是当社会成员收入均等化后，社会福利就会达到最大化，按照边际效用递减规律，人们此时的主观评价的总和为最高值；资源最优化配置是一种理想状况，当边际私人净产品和边际社会净产品之间相互背离时就被称为外部性，市场和资源占有无法实现最优配置时，就需要政府的行政干预。以庇古为首的旧福利经济学的显著特点是：运用新古典传统的理论框架，对市场评价找到一个新标准，即社会福利的标准，摆脱了以道德来评价社会边际成本和私人边际成本，用经济学的理论来研究边际成本。新福利经济学是在对庇古的旧福利经济学的扬弃基础上发展起来的，以帕累托最优为起点，以社会福利的角度来分析市场经济的优缺点，重点研究市场的缺陷性。与旧福利经济学不同，新学派除对外部性加以更为深入的研究之外，还把研究领域拓展到对社会公共产品的研究。

（二）市场失灵理论的内容

市场失灵理论的内容可以概括为垄断、外部性、公共产品三个方面。垄断是市场运行结果的表现形式，由于市场的运行作用，从原始自由竞争发展成为对资源的垄断，人们把对市场作用下的垄断，归纳为市场失灵。市场失灵研究在于外部性和公共产品研究，研究视野不再是市场本身，强调在市场之外、市场所无法发挥作用的社会经济关系，沿着市场化和政府干预两种途径来解决市场失灵问题。20世纪70年代，人们对垄断理论的认识进一步加深，认为垄断具有合理积极作用，适度垄断比自由竞争会更利于资源的优化配置。所以，在以垄断为主的资本主义国家，对垄断的研究淡化了，研究重点放在规模经济研究与开发方面，集中于外部性和公共产品研究。

---

① 刘辉：《市场失灵理论及其发展》，《当代经济研究》1998年第8期。

1. 外部性

外部性是指在经济行为主体的个人或企业的商业活动对他人或企业的外部影响力，又被称为溢出效应，表现在社会净产值和私人净产值的不一致，或者说是社会边际成本和社会边际成本的不一致。外部性具有以下特点：一是非市场性，即外部性的影响不是通过市场作用得以实现，而在个人和商家的关系范畴之外，市场对产生外部性的经济活动主体无法加以适当的奖惩活动。二是决策的延伸性，在市场经济环境下，私人决策源于生产的私人成本和利润之间的比例关系，即当私人成本小于社会边际成本时，外部性的形成就会比最优化水平高；当私人成本高于社会边际成本时，外部性的水平就会低于最优化水平。个人或企业的决策不是为了产生外部性，外部性只是作为生产过程的一个延伸物。三是关联性，外部性要求发生交易的双方在损益总额上是相等的，外部性和受损者之间有很强的关联作用，具有正或负的社会福利意义，获益者获得了社会福利，受损者则为社会福利做出了贡献。四是强制性，外部性是强制性地作用在交易行为主体自身，这种强制作用不能通过市场方式来加以解决。

对于如何解决外部性所表现出来的私人和社会间边际成本的不一致性问题，有两条解决之道：

一是源于以庇古为代表的旧福利经济学传统，认为外部性问题源于市场活动，却不能用市场方式加以解决。要依靠政府部门的强力介入，依靠政府政治优势征收附加税或发放津贴方式，用外力作用来影响私人决策，使私人决策的均衡点无限靠近社会决策，最终实行两者间均衡。二是以科斯为代表的自由市场学说理论，明确企业的产权，对产权关系加以细分。

2. 公共产品

公共产品是指某个人对某些物品或劳务的消费并未减少其他人同样消费或享受利益，如国防路灯、无线电广播等。[①] 公共产品的显著

[①] 胡代光、周安军：《当代国外学者论市场经济》，商务印书馆1996年版，第16、17—20页。

特点是非竞争性和非排他性。

非竞争性是指某人在享受公共产品或服务的同时不会对其他人的享受带来妨碍，比如，照明路灯的享用，不会因为某人的享受给其他人的享受带来妨碍。非排他性是指是否付费不会成为对公共产品的享受前提条件，以及公共产品是向全体社会成员或某一区域的社会成员开放。非排他性会带来两个社会问题：一是"搭便车"现象，享用公共教育、国防建设等公共产品而不必分担其成本，造成了供应方无法获取资源优化配置生产性收益；二是偏好显示的不真实性，消费者不愿意表达对公共产品享受的主观需求状态，致使公共产品提供给者的需求曲线无法确定。①

克服市场失灵的方法有两方面：一方面，政府加大宏观调控和干预的力度，运用政体力量来克服市场失灵；另一方面，允许社会组织的介入和参与，借助于社会组织所能够提供的公共产品、公共服务满足公共利益，弥补市场的不足，体现社会的公正性。市场失灵就成为社会组织产生的重要前提和理论基础。

二 政府失灵理论

（一）政府失灵理论的提出

政府失灵是指在市场经济条件下，由于经济制度本身的限制，或外部条件的制约，政府在提供公共物品需求方面出现浪费现象或公共资源的滥用状况，导致了政府在经济调节功能方面的效率低下的现象。政府失灵又被称为政府缺陷或非市场缺陷，是由美国经济学家P. A. 萨缪尔森（P. A. Samuelson）和美国社会政策学者查尔斯·沃尔夫（Charles Vow）所提出的。

查尔斯·沃尔夫认为："不是纯粹在市场与政府之间的选择，而是经常在两者的不同结合间的选择，以及资源配置的各种方式的不同程度上选择。"② 他还认为，市场经济的发展所遭遇的困境完全可以通

---

① 张建东、高建奕：《西方政府失灵理论综述》，《云南行政学院学报》2006 年第 5 期。

② 同上。

过市场自身"看不见的手"来克服，政府的干预是多余的，政府的"守夜人"职能角色对于市场经济而言就足够了，强调大社会、小政府的治理方式。但是，针对"理性人"的市场主体无法克服市场失灵的弊病公共产品、外部性、商业垄断、信息不对称状态。市场机制的独立作用的发挥是一种理性化状态，无法在完全的市场竞争条件下所实现的帕累托最优。也就是说，市场绝非万能的，市场失灵需要克服，需要改善，政府干预成为克服市场失灵的理论依据。在某种程度上，政府干预能够克服个人经营的盲目性，凯恩斯的干预政策理论在一定范围内克服了市场失灵。但是，政府也不是万能的，政府干预本身也有其缺陷性，市场不能解决的问题，政府也非必然能够解决得好。从19世纪70年代开始，西方国家出现了"滞胀"现象，人们开始意识到政府失灵问题。从此刻起，人们把对市场失灵理论转向对政府失灵理论的关注，并取得了丰硕的研究成果。

（二）政府失灵理论的内容

西方学者在政府失灵理论的研究突出成就取得要归功于为公共选择学派和公共政策学派，主要代表人是布坎南和缪勒。他们运用个人主义方法论，以政治经济学为出发点分析政府失灵，把政府失灵分为四种类型，运用"经济人"的研究假设：政府部门及工作人员在政府行政管理中也为"经济人"的身份，他们所追求的目标不是公共利益而是个人的私利。对政府失灵的原因研究表明，政府失灵主要是制约机制和竞争机制的缺乏：市场失灵是政府公共政策得以运用的根本原因；政府失灵是公共政策有效性限制的缘由。政府失灵的类型包括以下几个方面：

1. 公共政策失误

为了克服和弥补市场失灵所带来的不利影响，政府实施市场干预活动，制定并落实公共政策。由于公共政策的制定过程的复杂性，决策者是政府机构而非个人，决策对象是公共物品，必须借助于一定秩序的政治背景才能够得以落实。布坎南认为，公共政策缺乏效率或失误的原因在于以下几个方面：一是公共利益模糊性，社会成员的需求多样性的，有着自私性质，造成了缺乏公共政策目标下的公共利益，因为个人利益之和不等于集体或公共利益。所谓公共利益就是各种不同私人利益的结盟或联合。二是公共决策体制和方式的局限性，假使在社会中真的有所谓的公共利益，现有决策体制的某些缺陷或运作方式的不完善导致无法实现公共利益。三是信息的不完全性，信息的获取是要付出一定成本的，由于个人社会资源的多寡情况各异，在对信息的获取和抉择过程中就会受到自己或外界因素的影响，无法完全掌握信息。因此，在政府无法获得完全信息的情况下，公共决策的失误就在所难免。四是选民的自私性，由于公民对公共政策的了解缺乏透彻性和全面性，选民大多会从眼前利益出发，追求对其最有利的党派人员来执政，以追求利益最大化，这将会导致公共政策的失误。五是政策执行困境，理想化的政策、执行机构、目标团体、执行环境是公共政策得以顺利实施的最基本的四个要素，如果这些要素的任何一个方面出现问题都会影响到政策的实施结果，反过来就会导致公共政策的失误。[①]

2. 公共物品供给的低效

政府基本职能之一就是为民众提供有效的公共物品，政府所提供的公共物品是无法由市场直接提供的，政府起到维护市场秩序的功能。但由于政府机构人员自身"经济人"特点以及公共物品种类的多样性，导致公共物品不能满足大众需求。公共物品缺乏效率的原因有以下几个方面：一是对公共物品的评价缺乏明确依据，公共物品的主要特点在于非竞争性和非排他性，这两大特性使人们对公共物品效用的衡量非常困难；政府部门所能够提供的公共物品更加注重社会价值而非经济价值，社会价值比经济价值更难衡量，缺乏可靠的计量标准和计量方法。二是竞争机制的缺失，政府是社会公共物品唯一的合法提供者，其他部门和个人无法参与这一过程，造成了无法实现成本最小化。没有竞争对手，导致政府的公共物品的数量多于社会需求总和，形成社会资源的浪费。三是激励机制的缺失，与企业不同，政府

[①] 张启强：《布坎南的有限政府论》，《北京科技大学学报》（社会科学版）2007年第1期。

部门没有降低成本的约束和激励机制、缺乏降低成本的社会动力，政府公共物品的提供原则是规模数量的最大化而利润最大化，政府官员凭借能够给予民众获取公共物品这一途径来获取连任的资本，提供公共物品数量越多就更有可能得到选民的支持，使政府公共物品的数量会远远大于最优化的需求数量。四是监督机制的缺乏，政府是代表选民来实行社会管理，政府职权来自人民大众。按照这种逻辑，政府提供公共物品的行为就应该受到选民和公众的监督。但是，由于社会监督机制的不健全和公众对监督信息的不对称性，加之政府工作方式的不透明，都将会给公众的政府监督带来障碍，大众监督者职能成为某种摆设，无法实现真正意义上的监督。

3. 政府的扩张

政府势力范围从第二次世界大战以后就备受人们的关注，其势力扩张到了近乎泛滥的状态。政府范围扩张包括两个方面：政府机构工作人员数量的增加和政府机构开支数量的增长。在提供公共物品方面，政府或政府机构工作人员是以能否或多大程度上可以满足自我利益为出发点。布坎南列出了官僚的可能性目标：薪水、职位、享有的东西、公众中的名望、权力、官职的恩赐、官僚部门的产品、自由自在做出更改、管理部门的悠然自得。布伦南在对政府扩张的解释方面遵从了公众选民和政府官僚的模式：政府扩张是以最大限度地使用政府税收，力求把基本税收控制在合理范围内，使政府可以控制的资金数额得到限制，政府部门和官僚成员就会考虑到过度提供公共物品会对自身和社会都是不利的。穆勒对政府失灵的原因总结为五个方面：政府作为公共物品提供者和外部性消除者；政府作为收入和财富的再分配者，政府给予什么就拿走什么；利益集团和政府增长；官僚体制和政府增长；财政幻觉。[①]

4. "寻租"活动

政府"寻租"活动在非生产领域追求经济利益的活动，是对既得

---

① 张建东、高建奕：《西方政府失灵理论综述》，《云南行政学院学报》2006年第5期。

利益加以维护，或是对既得利益进行再分配的非生产性活动。"寻租"是政府干预活动的产物，在政府干预市场活动的同时，就会出现特定的经济利益，即政府干预可以实现以租金形式出现的经济利益。"寻租"活动又是政府干预的必然产物，只要有政府干预就会有"寻租"活动。缪勒把"寻租"活动分为三种形式：借助制度的"寻租"活动、借助关税和配额的"寻租"活动、政府承包的"寻租"活动。布坎南则认为，"寻租"活动是政府机构或工作人员利用较低的成本（贿赂）实现较高的收益（利润），租金就是在支付给生产者的报酬多于实际成本的部分。即租金就是超越社会成本的收入。现代理论中，"寻租"泛指一切由于行政权力而获取的不当得利行为，是指政府管理市场活动所形成的极差收入，只要有政府干预市场经济活动就会出现租金。"寻租"活动是一种与生产无关的活动，它是利用政权的优势、以合法的、灰色的、不合法的手段所能够获取的极差收入，"寻租"行为没有增加社会总产品或社会财富的总量，使社会产品的所有权发生了转移或改变，使资源的有效配置得到破坏，出现配置失灵或无效。"寻租"活动的另一个弊端在于会导致掌权部门为了寻找更多的租金而争夺势力范围，对政府声誉带来不利影响，资源的争夺活动会导致有限社会资源的浪费，出现政府失灵现象。

通过对政府失灵四种类型和其原因的分析可以看出，市场失灵不是政府干预的充分条件，对于市场上无法解决的问题，政府也未必就能够解决得好，也许会出现一种极端的现象，政府失灵会比市场失灵更加严重。

既然市场失灵导致社会资源配置合理性降低，社会福利无法得到保障；政府失灵会导致公共物品的供给是以经济人的理性为出发点，那么，需要有一个新兴的组织来弥补政府失灵和市场失灵所带来的社会公共产品配置的效率低下的现象，社会组织就被人们所认同，承担政府和市场无法完成的任务。

第三节 社会组织在社区服务中的作用

社会组织可以弥补市场失灵和政府失灵的弊端，承担着政府和市场无法顾及的服务盲区，为社会成员提供非政府资源。

一 为居民提供社区服务

社会组织可以实现对政府和市场在社区服务方面的功能代偿作用，弥补它们在社会福利功能发挥的不足，满足社区居民特别是社会弱势群体的生活、就业、出行、教育、医疗、康复、娱乐等需求。社会组织为居民提供各种服务，包括福利服务、公益服务、慈善服务和文化活动服务。政府和社区居委会是各类社区服务最重要的提供者，但是，由于人力和资金困境，政府和居委会的服务不可能面面俱到，存在着一些不足和缺憾，社会组织发挥出拾遗补缺的作用，与政府部门合作，为社区居民提供优质、周到的服务。在美国，社会组织是社区服务最主要的提供者，政府通过向社区社会组织购买服务的方式把公共服务交还到社会手中，借助于社会组织实现对社区成员的服务任务。在中国，由于社会组织发展还处于很不规范的起步阶段，社区社会组织的数量不多、服务的水平和服务质量还不尽如人意，完全借用国外购买劳务的方式完成政府社区服务的任务是不切实际的。借鉴国外成功的实践经验，从中国实际状况出发，适当放权给社会组织，把政府部门不该管理和无法管理的社会职能交还给社会，给予社会组织以足够的发展空间，引导并培养社会组织发展，使其能够担负起政府部门所转移出来的社会功能，实现"小政府、大社会"的社会改革目标。

二 反映居民需求、宣传政府政策的中介

社会组织成员有时就是社区中的居民志愿者，社区社会组织服务对象也是社区居民，社会组织的草根属性特征使其能够更全面细致地了解社区居民的需求状况。除为社区居民提供优质而细致的服务之外，社会组织还可以把社区居民的需求状况向政府部门进行反映。一

方面，依据社会组织的民间性特点，反映居民需求是其职责之一，在履行职能过程中，能够得到底层社会成员的理解和拥戴，利于社会组织的发展与扩大。另一方面，社会组织也承担着协助政府了解并服务社区居民的任务，直接或间接解决居民所遭遇的难题。此外，社会组织还承担着向居民宣传政府法规政策的任务，成为他们工作任务的重要组成部分；社会组织在社区开展各种服务活动，在法规政策的约束下，满足居民需要，可以得到政府的认可和居民拥戴，实现联系政府和居民的中介作用。

三 弥补社区服务的资金困境

在美国、加拿大、澳大利亚等国家，社会服务的资金来源主要有三方面：一是政府的财政投入，占总资金量的50%左右，政府财政资助采用项目制方式，资金的多少和用途主要依据是社区服务组织和服务机构所能够提供的服务项目；二是社区服务所带来的经济收益，占总资金量的40%左右，主要是服务组织向社区服务对象提供有偿服务过程中，收取一定数量的服务费用；三是社会捐资，占总资金量的10%左右，体现为企业或个人的捐款活动。在中国，社区服务的资金来源较为单一，社区服务资金总量的90%为政府投资、少许资金是社区服务机构的服务收费以及微量的社会捐款。单一资金来源带来政府"垄断"社区服务、缺乏同企业和社会部门合作动力、受益群体所能够享受的服务项目单一，服务质量低下，无法得到社区居民的认可和支持。社会组织可以弥补政府在社区服务方面投资的不足，通过政府购买社会组织服务的方式，政府用较少资金就能够补救社区服务财力、人力和物力的不足。同时，社会组织主动与政府部门配合，在资金方面给予政府有益帮助，也有利于社会组织的长远发展。

四 引导居民广泛参与、提高社会的参与程度

社会组织和政府部门在社区服务方面的重要区别点在于社会组织是以志愿服务为原则，社会组织成员多来自民间，是一种互利性质的服务。由于社会组织的草根性特点，它们所提供的社区服务活动更容易得到社区居民的响应，吸引更多热衷于公益活动的社会人士参与到志愿活动中来，将有助于社会组织队伍的扩大，提高社会成员的社区

服务参与热情。在美国，成年居民参与社区服务的志愿者人数占美国成年总人口的50%，志愿者组织总数量为100万个。在中国，社会组织的志愿者数量、社会组织的注册数量、所能够提供的服务时间、项目等指标都在逐年提升，但与发达国家相比还存在较大的差距。据2008年3月21日《中国社会报》报道，截至2007年年底，全国累计共有2.68亿人次的青年和社会民众在扶贫开发、社区服务、社会活动、环境保护等各种领域提供总计超过61个小时的志愿服务，志愿者在册人数为2511万人。

社会组织参与社区服务是一项多赢的社会活动。对于政府而言，有利于解决政府在社区服务方面的资金困境、人力资源短缺、服务质量低下等问题，有助于政府改进服务质量、拉近政府和社会成员的距离，实现"为人民服务"的社会宗旨；就社区居民而言，社会组织参与服务能够让受益群众面临多样性选择，可以得到更加优质而价廉的服务；对于社会组织而言，可以宣传社会组织的服务理念，动员更多的有志之士投身到社会组织服务之中。

第四节　社会组织所面临的主要问题及解决之道

改革开放以来，我国的社会结构、经济结构发生了巨大的变化，社会阶层结构也出现深刻变动，各种利益集团的博弈也日趋激烈，社会矛盾因不同利益主体的存在而日益突出。个人在利益表达方面没有优势可言，寻求社会组织的庇护和通过社会组织来实现个人利益诉求是社会成员的理性选择，这也成为社会组织得到社会大众支持并迅速发展的主要原因。社会组织已经成为与政府部门、经济组织并列的"第三部门"，在社会发展中起到了举足轻重的作用。社会组织的发展壮大对社会发展起到了促进和推动作用，但是，由于社会组织还处于初始发展阶段，社会组织的发展还存在诸多问题需要解决。

一　社会组织发展所面临的主要问题

首先,人们对社会组织认识不够深刻、制度设计的缺陷等因素,导致社会组织的发展受到限制。中国是一个有着五千年文明史的国度,帮助弱势群体、乐善好施是中华文化优良传统的精华所在。"老吾老以及人之老、幼吾幼以及人之幼",人们始终信仰并遵守此行为准则,相信先有国而后有家,结社、参与民间组织活动在古代中国也司空见惯。在两千多年的封建统治时期,集权思想在人们的脑海中留下了深刻的烙印,人们习惯并认可"大国家、小社会"的社会格局,这必将对社会组织的发展带来极大的障碍和束缚。新中国成立所带来的社会制度改变,并没有给人们的意识带来质的飞跃。在百废待兴的新中国成立初期,为了集中力量进行社会主义建设,实现工业兴国的目标和"四个现代化"宏伟设计蓝图,政府动用一切社会资源发展国防科技和重工业建设,模仿苏联模式进行社会主义现代化建设。在社会主义公有制条件下,国家不仅控制了经济活动,也实现了对社会生活的全面"接管",中国政府扮演着"全能政府"的角色,社会组织在当时的历史条件下是没有容身之地的。"全能政府"迫使人们对政府的盲目相信甚至盲目崇拜,缺乏自治观念和志愿意识,"全能政府"观念阻碍了社会组织的发展。人们对社会组织的了解和认识是模糊的,无法思考社会组织的重要性。"全能政府"的另一消极影响是政府本身相信自我能力的无限性,没有政府不能完成的事情,对于社会组织采取排斥和不信任的态度。随着社会的发展,特别是改革开放以后,社会组织的发展过多地受到社会政治因素影响,政府对社会组织的态度缺乏持久性和连贯性。特别是在社会组织发展出现问题的时候,政府会临时性地出台法规政策限制社会组织的发展。

其次,政府对社会组织的支持力度不足,社会组织发展的资金短缺,自我生存能力不强。社会组织正常运作的关键在于充裕的资金源泉保障,人力资源、物质资源都要依靠资金的支撑,没有足够资金支持,社会组织根本无法运行下去。在美国,社会组织的收入大致分成四块:社会组织收入的30%来自政府的财政拨款,50%来自服务收入,12%的收入来自企业或个人的社会捐赠以及会员所缴纳的会费,

8%来自社会组织的经营投资的收入。① 尽管美国在组织资金来源方面较为多样化，但在实际运行过程中依然出现资金不足的窘境。在中国，社会组织的资金在数量和来源上与国外相比都有较大的差别：政府在资金方面的援助微乎其微；缺乏必要的宣传，企业和个人的社会捐赠杯水车薪。社会组织资金主要自我筹集、少量的社会捐助、服务收费。社会组织资金短缺往往会影响到社会组织的正常运作，无法发挥其应有的社会功能。在目前社会公益意识不强、社会组织力量势单力薄的情况下，保证社会组织的资金来源，加大政府对社会组织的经济和政策支持是社会组织健康发展的基本保障。

再次，政府对社会组织的定位不准确，社会组织与政府部门关系过于密切，缺乏独立性，影响服务效率。按照在民政部门登记与否为标准可以把社会组织分成三种类型：一是在民政部门正规登记、依法成立的社会组织，包括社会团体、基金会等。这类社会组织能够获得法律的认可，或者说是得到了政府的承认，所承担社会职能是政府部门的部分职能下放后交付到社会组织手中，让渡部分权力给社会组织，扶助政府完成对社会管理的职责。实际上，该类型社会组织就是政府部门权力下放的机构，相当于政府部门的分支部门，其独立性要依赖于政府的实际需求而定，成为帮助政府解决社会问题的辅助性工具。二是一种自下而上、依靠社会力量独立运作的完全民间性质的社会组织，如城市社区基层组织、农村社区发展组织、单位挂靠社团、宗教社团等。这类社会组织通常是无法找寻可靠的主管部门或主管单位，也无法得到民政部门的认可，因无法登记而不具有合法地位，但也绝非非法组织。这类社会组织获得足够发展空间和社会影响力的途径是，采用聘请退休或在职的政府官员担任组织名义职位，或邀请政府官员参加组织活动，积极向国家行政体制方向靠拢，弥补身份地位的不足，以此为手段获取"合法"地位（不是身份）。三是无须民政部门的登记而被政府认同为合法的社会组织，如国务院或中共中央批

---

① 上海市社会团体管理局供稿：《美国非营利组织对加强中国特色社会组织建设的启示》，http：//www.chinaassn.com/50129。

准的社会组织或政府根据实际部门发展需要所创立的社会组织等。此类社会组织是响应党和政府的号召所成立的，尽管没有民政部门的登记批准，由于和政府的近亲关系，具有合法社会地位和社会身份。他们的工作原则是在政府部门领导和监督下开展社会工作，履行政府交付的社会职责。所以，无论是"合法"登记的社会组织，还是没有合法身份的社会组织，都或多或少地和政府保持着某种联系，其地位和功能定位要依据政府的需要来确定，无法摆脱政府束缚与干预，其独立性受到限制。

最后，社会组织建设规范模糊，缺乏监督管理机制，自律性较差。我国社会组织的运作方式较为随意，缺乏明确的制度管理规范，自治机制不健全是社会组织普遍存在的问题。表现在下列两个方面：一是社会组织活动开展的随意性较强，甚至没有被批准成立就擅自开展活动。按照国家法律法规界定，社会组织的成立需民政部门备案、批准方能开展组织活动。以社会组织的名义开展非法社会捐资的现象已经屡见不鲜；有的社会组织利用开展科研活动的名义，收取高昂的费用，以活动为名行敛财之实；有的社会组织与境外反华势力勾结，以社会组织的名义收集情报或秘密开展反华活动，给社会带来不稳定因素。二是社会组织的管理方面比较混乱，人事任用制度、财务管理制度、人员奖惩制度等制度建设方面比较混乱。突出表现在有些社会组织在名义上是福利性组织，却开展营利性组织活动；由于制度性因素的欠缺，有些组织成员假借慈善之名，开展以营利为目的的经营活动，严重违背了社会组织的活动宗旨，给社会组织的名誉带来了恶劣的社会影响。

二 社会组织发展的对策与出路

社会组织的发展是社会进步的产物，国外成功经验告诉我们，作为社会第三部门的社会组织在调整政府和群众之间的利益方面起到了平衡性作用。社会转型所带来的社会问题和社会矛盾是无法单一依靠政府力量所能解决的，经济部门的参与在一定程度上可以缓解社会问题，但经济部门的营利性本质属性使无法从根本上解决社会矛盾，社会矛盾绝非经济纠纷。所以，社会组织作为连接政府和民众的桥梁媒介，利用其草根性特点能够协助政府减缓甚至化解社会矛盾。在社会快速转型期，各种社会问题和社会矛盾更加突出，需要政府和社会部门共同合作，推动社会组织健康发展，保障社会组织在社会公共管理中发挥出应有的社会功能。

(一) 加大对社会组织认识的宣传力度，改变陈旧的思想观念

诚然，传统文化对社会组织的发展起到了一定阻碍作用，但一味地把社会组织发展缓慢的原因归结为社会文化观念的影响和几千年的封建统治是一种不负责任的表现。按照社会文化变化规律，意识形态的改变总是要比物质形态的变化要缓慢得多，但不是说意识形态就无法改变。同样，人们对社会组织的认识是一个艰巨而漫长的过程。让广大基层群众了解社会组织的作用和功能，使他们对社会组织有一个全面的了解和认识，动员更多的人投入志愿者活动中来，不是一朝一夕的事情。在社区中，要利用社会组织服务社区的便利条件，宣传社会组织在社区服务、社会建设中的巨大作用，用手边的实例动员和号召更多的受益者参与社会组织活动，让志愿精神在社区层面上开花结果。

武汉市 Z 街道社区的社会组织在街道宣传栏上定期出报，宣传社会组织在帮助社区居民的具体事例。开展"服务社区，志愿奉献"的演讲活动，让社会组织志愿者和受益对象用亲身经历和感受来感动社区的每一位成员，排除空洞的说教、借助生动的实例来宣传社会组织对居民的帮助作用。在宣传和服务中，志愿服务的理念在社区中生根发芽。据街道社会事务办公室介绍，2002 年开展"883 计划"以来，社区社会组织的数量和服务人次都逐年不断增加：2002 年参与社区服务的社会组织有六七家，服务人次达 100 次左右；2012 年参与社区服务的社会组织总数为 40 多家，服务人次计 3000 次左右。很多志愿者本人就是社区居民，他们原本是服务的受益者，在接受社会组织的服务过程中被感动，志愿加入到社会组织，成为社会组织的一员，用自己的行动来回报社会组织、回报社会，实现人生价值，服务他人、快乐自己。

(二) 理顺和政府的关系，实现政社分立

社会实践表明，政府改革实行的政企分开、政事分立的措施使一大批的企业和事业单位重新焕发了生机。面对社会组织这一新兴事物，如何调整政府和社会组织的关系，让社会组织有更为广阔的发展空间，这个问题不仅涉及政府效率和职能转变问题，也牵涉社会组织的独立性问题，最终反映在能否得到人民群众认可的问题。我国社会组织多数是由政府职能部门转化而来，或由政府为实现某种目标专门设立而成的，或在政府的指导和监督下开展工作的。总之，在活动内容、组织建设、管理方式甚至是资金来源方面都与政府有着某种天然联系，对政府有着严重依赖性，俨然成了政府部门派出机构。社会组织的政府色彩厚重，淡化了其自治性和民间性的特点，脱离了人民群众，忽视组织成员的意愿，无法得到基层群众的理解和支持，不利于社会组织的长远发展。所以，对于社会组织而言，当务之急就是要理顺与主管部门关系，摆脱对政府部门的过度依赖，实施政社分开。对于社会组织的管理职能，要从分担政府下放职能转化为对社会事务的间接管理，从一线的管理者转化为政府部门和社区群众的服务者。政府在社会组织的职能转变过程中起到重要作用，政府部门转变工作作风，从对社会组织的领导者转化为指导者，从是社会组织上级主管部门转变为社会组织的服务者。放权给社会组织，使社会组织成为民主选举、民主决策、民主管理、民主监督的群众性自治组织。

(三) 制定并完善社会组织的法律法规，切实履行规范指导功能

社会组织在提供社区服务、协助政府完善社会福利、承担反映社区居民需求并宣传政府法规政策方面起到桥梁作用，同时，能够解决社区建设资金不足问题。从国外社会组织运作经验来看，社会组织的发展与社会法律法规的健全是密不可分的。严密而宽松的政策、法律法规是社会组织顺利发展、有效开展社会工作的制度保障。与国外几十年社会组织发展历程和完善健全的法律体系相比较，我国社会组织法律建设还处于法规层次，尚没有一部全面界定社会组织建设的法律。在社会组织实践过程中，往往出现运作时无法可依，存在法律空白。我国还没有专门针对基金会、非企业社会团体、行业协会的专项

法规，政府在对这些行业管理方面缺乏法律依据，政府对所属组织的管理多依据实际需要而非依据法律，会出现短视行为，不利于社会组织的长远发展。依据社会组织发展的实际需要，尽快出台详细界定社会组织的组织结构、财产使用、经营范围等主要内容的专门性综合法律。目前，在出台综合性规范社会组织的法律条件还不够成熟的条件下，政府部门要尽快修改完善《社会团体登记管理条例》及《民办非企业单位登记管理条例暂行条例》等政策、法规，完善规定，在对社会组织的审计、注册、登记等方面要简化程序；在对社会组织管理方面，要严格监督、管理。保证其在运作过程中的流畅性，减少守法成本，增加其违法成本，保护社会组织的合法权益和运作的自主性。

（四）加强社会组织自身能力建设

受全球化浪潮的冲击，社会组织面对众多的挑战和机遇，必须加强自身能力建设。重视培养专职工作人员，加强对志愿者和工作人员专业知识培训，提高组织领导者和工作人员的管理服务水平。为了提升社会组织在社会经济发展中的作用和社会影响力，要同社会其他部门合作，包括政府、企业、科研机构等。在实践中不断提高专业化水平，在坚持独立性、非营利性、自愿性和草根性的同时，为社会成员提供更有效的服务，帮助他们表达利益诉求，逐渐树立起社会组织的团体文化和价值理念，得到更多社会成员的理解和支持，使社会组织真正成为第三大社会力量。加强社会组织的制度建设，制度是一个团体存在和发展的基本前提，缺乏制度规范的约束，社会组织就无法正常运作，发展更无从谈起。加强对社会组织的管理体制和运作体制改革，加强社会组织监管与建设的力度。形成多部门监管社会组织的格局，对于主管部门而言，强化社会组织日常活动的监管，杜绝社会组织从事非法行为或营利性的商业活动。社会组织还要注意自身组织建设，要以政府监管为契机，完善组织内部管理。力求与政府、企业合作，提高解决社会问题和服务社会的能力；抓好组织章程建设，出台适合本组织发展的奖励和惩罚制度；建立组织信息公开制度，定期向社会公开组织活动状况和社会资金使用情况，接受社会监督；健全组织任用制度建设和追责制度建设，公开公平地向社会招聘优秀的工作人员。总之，社会组织在加强对内部制度建设的同时，要强化对组织成员的培训工作，以制度为原则，把社会组织建设成为自我发展、自我管理、自我教育、自我监督的社会团体，提高社会组织的社会认可度，得到政府和居民的认可和支持。

第六章　社区服务主体的居民委员会

社区服务主体包括政府、企业、社会组织和社区居民等，政府、企业和社会组织是社区服务发展的外在依靠力量，社区居民的互助则是社区服务发展的内在依靠。自我管理、自我教育、自我服务、自我监督四个"自我"为标准的居民委员会，是实现基层群众民主自治、居民依法管理的社区服务依靠力量。对于残疾人而言，居民委员会是可以听取并反映他们愿望诉求，直接提供服务的"知心人"。

第一节　居民委员会的发展历程、性质

一　新中国居委会发展历程

在新中国成立前，国民政府的保甲制度规定：十户为一甲，十甲为一保，三保以上成立联保办事处。保甲制主要职能包括户口清查、户籍登记、居民监视、规约制定、经费摊派、税捐征收、兵员补充、治安管理等，采用联保连坐制，在社会底层建立起一道严密的监控网络，对城市和农村居民实施严格的监管和控制。

（一）始建阶段（1949—1957年）

新中国成立后，政府着手开展城市基层治安和户籍管理工作，旧的保甲制度不再适合社会发展需要，探索适合社会发展的基层居民管理方式已势在必行。面对急剧变化的社会状况，很多社会问题都需要在基层层面得到解决，如政府命令传达、社会治安、卫生防疫、烈军属和困难居民的社会照顾等，这些工作非常重要，直接涉及人民政权的稳定和百姓生活的安定。在这一特殊的历史条件下，中央政府授意

浙江省政府，要求在杭州市率先实行农村政权建设试点。在杭州市的上城区、下城区和江干区实行居民委员会建设工作试点，拟用居民委员会取代保甲制。根据浙江省政府的指示精神，杭州市政府着手开始实施试点工作。杭州市民政局就建设居民委员会相关事宜负责制订实施方案，再交由区长联席会议讨论，再由市民政局和区委会共同承担成立居民委员会的具体工作。1949年10月28日，在浙江省政府和杭州市民政局共同努力下，新中国的第一个居民委员会在杭州市上城区成立。从此，新中国的第一个城市居民的自治性组织居民委员会在杭州市成立，终结了中国几千年的编户齐名管理制度。同年12月1日，浙江省杭州市政府颁布了中华人民共和国历史上第一份关于建立城市居委会的行政命令文件《关于取消保甲制度、建立居民委员会的指示》，既成为杭州市统一建立居民委员会的指导性文件，也成为新中国政府居委会建设的具有参考价值的文件母本。

居委会的成立结束了数千年的封建保甲制度，拉开了新中国基层民主建设的序幕，为公民参与国家治理和社会管理提供了一条便捷之路。为了保障居委会建设的成果，中国政府着手起草制定旨在促进居委会开展服务工作的法律法规，我国居民委员会组织法和村民委员会组织法的重要立法原则就是保证居民自治，保证了居民对国家和社会事务管理的参与权。1954年12月31日，根据宪法精神，全国人民代表大会常务委员会第四次会议制定了《城市居民委员会组织条例》和《城市街道办事处组织条例》，第一次用法律的形式规定了居民委员会的性质、地位和作用，有力地推动了我国居民委员会的组织建设工作。到1956年年底，在全国范围内建立起了居委会这一组织。

（二）曲折发展阶段（1958—1976年）

尽管有法律规定，但在这一特定历史时期，居委会工作出现混乱、倒退现象。居委会的名称可以随意改动就可见一斑，无视居委会职责、任务，居委会建设工作处于停滞状态，突出表现在居委会和街道办职责含混不清，严重偏离了自治本质，成为政府的下派机构。在"大跃进"时期，居民委员会和街道办进行合并，把居委会变成了政社合一的人民公社，居委会的作用从服务居民转移到大力发展工商业建设，居委会性质发生了根本性变化。在"文化大革命"时期，居委会成为阶级斗争的场所，受极"左"思想影响，居委会工作基本处于停滞状态，一切以阶级斗争为纲，居委会已经名存实亡，无法履行服务职责。原来设置在居委会名下的民事调解委员会被改名为调处委员会，其任务从对居民纠纷的调节和对轻微刑事案件的处理改变为对社会不良分子的专政。从性质上看，具有了专职性质，居委会俨然成了政权机关，背离了居民委员会的自治性质和宗旨。

（三）恢复阶段（1976—1986年）

十年浩劫的"文化大革命"结束后，特别是党的十一届三中全会的召开，居民委员会工作又重新得到恢复，其工作逐渐转入正轨。1980年1月，全国人大常委会重新颁布《城市居民委员会组织条例》；1982年修订的《中华人民共和国宪法》（以下简称《宪法》）以国家大法的形式对居民委员会的性质、任务和作用加以规定，突出了居民委员会在实现居民服务的功能。各地政府根据新修改的《宪法》和《城市居民委员会组织条例》，对居民委员会加以全面的治理和改进，加强了制度建设和各种基础设施建设，使居民委员会的各项工作都有条不紊地顺利开展。

（四）快速发展阶段（1986—2000年）

1986年12月，民政部召开第一次全国城市街道居民委员会工作座谈会，表明政府对居委会工作重视程度不断加强。1989年12月，七届全国人大常务委员会十一次会议通过《中华人民共和国城市居民委员会组织法》，为我国居委会建设提供了明确的法律依据，也为我国居委会建设进入快速发展阶段奠定了法律基础。为了适应居委会的发展，各地都相继招入了一大批年富力强，知识丰富，政治素养高，责任心强的人员，充实到居民委员会的干部职位中，保证了居民委员会人事构成年轻化、知识化。各地还就居委会建设的制度设置、工作方法、考核办法等做了详细规定，制订了适合本地特点的民约乡规，依靠自律力量化解群众间矛盾，形成和谐的居民关系。居民委员会配合政府社区建设的需要，积极投身于对弱势居民的帮扶照顾工作，保障居民的正常生活秩序，开展便民利民服务和生活服务，使居民委会的工作在法制轨道上顺利开展。

（五）社区居委会阶段（2000年至今）

从2000年开始，大力开展街区改革，取得了良好的社会效果。中共中央、国务院颁布了《民政部关于全国推进城市社区建设的意见》（以下简称《意见》），根据《意见》精神，把原街道办和居委会所辖区域适当加以调整，以调整后的居民委员会辖区作为社区，以此为基础，成立社区居民自治组织。社区居委会成员需由居民民主选举产生，对社区居民负责，负责社区日常工作管理，接受上级政府的指导，使社区居委会成为自我管理、自我教育、自我服务、自我监督的群众性自治组织。社区建设蓬勃开展，委员会在社区建设和社区服务中的作用越发得以显现，成为社会建设不可或缺的有生力量，在社会保障中起到了兜底保障功能，对保障包括残疾人在内社会弱势群体的正常生活起到了无法替代的作用。

二　居委会的性质、特点

我国《宪法》第一百一十一条规定："城市和农村按居民居住地区设立居民委员会或村民委员会，居委会是基层群众性自治组织"。《中华人民共和国城市居民委员会组织法》第二条规定："居民委员会是居民自我管理、自我教育、自我服务的基层群众性自治组织。"《宪法》规定了我国居民委员会是不同于国家政权组织或机关的群众性自治组织，政权机关包括行政机构、权力机关、审判机关和检察机关，而社区居委会不属于其中任何一个分类，更不是政权机关的派出机构。同样，社区居委会也不同于社会组织，尽管在非营利性、群众性等特点方面两者有相似之处，但社区居委会是由社区居民民主选举产生，代表社区所有居民的共同利益，对本社区所有成员负责；社区社会组织的服务对象具有一定的局部性，根据社会组织的性质，服务对象会有所不同，且不限定在某一个社区。此外，社区居委会的设立需有区级政府部门的批准和备案；社区社会组织的成立则由民政部门审核登记。社区居委会也不同于街道办事处：街道办事处是不设区的市和市辖区政府的派出机构，其性质属于政府机构，是政府部门职能机构的延伸，在"两级政府、三级管理"的城市管理模式中充当

"第三级"管理者的职责。

社区居委会具有以下五个明显的特征。

第一,群众性。从《宪法》对居民委员会的规定可以看出,社区居委会首先不是政权机关,也不是政府部门的派出机构,而是具有自治能力的基层群众性组织。群众性特征表现在两个方面:其一是居住在某一社区的居民,不管其家庭出生、性别、种族、民族、宗教信仰、文化背景、财产状况异同,都有权利和义务选举或参加居民委员会组织;其二是居民委员会组织为社区内所有成员服务和帮助,向政府部门反映居民的利益诉求。

第二,基层性。社区居委会设置的目的是加强对基层群众的服务和管理,在最底行政区划之下的居委会组织,其服务对象为基层人民群众。居民委员会要在区级政府和街道办的指导下开展群众工作,由基层群众组成,服务对象也是最基层群众。

第三,自治性。在国家法律法规和政府政策的约束之下,社区居民委员会依法开展工作,具有一定的自主权和自治权。居委会的活动要受党组织的领导和政府部门的指导。党组织对社区居委会的领导保证了其正确的政治方向,并不涉及具体的工作内容,在完成社区服务方面,居委会的自治性不会因为党的领导而降低。同样,政府部门的指导关系是指在居委会遇到困难时,对其工作加以指正和帮助,避免走弯路。自治性的又一表现在于社区居民委员会所出台的决定和措施,不具有国家强制力,居民对居委会决定的遵守主要依靠道德力量,对于违背规定的人员,只能依靠说服、教育、批评等方式来"逼迫"其遵守。

第四,社区性。居民委员会是一个具有极强地区性的群众组织,是按照社区居民的实际需要、生活特点、方便群众生活为原则而设立的。脱离社区谈论居民委员会将出现无本之木,没有地域性的居民就不会有设置居委会的必要。地域性的社区和居民共同构成了草根性微型社会。

第五,广阔性。社区社会组织无时不在、无处不在。在中国,随着我国社区建设的不断深入,社区已经涵盖了中国城市领土的每一角落。社区居委会是中国城市数量最多的社会组织，只要有人生活居住的地方就存在着社区居民委员会组织。居委会组织包含着几乎全部城市社会成员，只要是生活在某一区域的城市居民，就一定会涵盖在社区居委会组织之中。

第二节 居委会在社区服务中的作用

城市社区居民委员会的设置初衷在于适应政权建设的现实需要，从中央、省、市、区、街道，政权的制度设计是从上至下式的权力逐渐递减顺序的。尽管街道办位于政权架构末端，其权力微乎其微，但街道办所要完成的工作任务却并不因为权力的减小而减少；相反，呈现出权小任重的趋势。行政性质的街道办面对诸多有待完成的工作任务，亟须一个机构来助力，居民委员会就成为其选择的目标。由于居委会承担着区级政府和街道办所托付的职能，它的性质就必然会从"群众性自治组织"转变为"半官方、半民间"的社会组织。

一 社区服务的提供者和实施者

为了适应政权结构的变化，政府把政权建设的重心从农村转移到城市。居委会承担着政权建设的社会职责；协助政府完成对基层群众的社会管理的职责；负责社会治安、卫生防疫、军烈属的生活照顾、特困人群的社会服务等社区服务职责。

居民委员会与其他社区社会组织相比，具有优越的政权资源优势和民众资源优势。作为街道办下属机构，居委会要完成街道办所下达的任务，负责社区的治安管理、摊点卫生等行政性事务；要协助政府部门开展贫困救济、最低生活保障、残疾人服务、老年人服务、社区居民就业服务，以及与社区居民息息相关的便民利民服务、家政服务、儿童服务等。在以"单位制"为主体的计划经济时代，上述服务项目都有单位承担，居委会在社会管理方面起到补充作用，处在服务主体的边缘化地位。随着社会经济体制改革和政治体制改革的不断推进，"小政府、大社会"的理念成为主流，原来由政府和企业所承担的社会职责重新交还到社会手中，居委会的管理和服务职责又从边缘性位置回到了中心位置，甚至是核心位置。就社区残疾人服务而言，居委会的任务包括残疾人或子女入学、残疾人就医、残疾人就业、残疾人救济、残疾人低保、残疾人住房、残疾人社区出行、残疾人康复、残疾人文化活动等，涉及残疾人衣、食、住、行、医、文化等所有方面。在给居委会带来了巨大工作负担的同时，也拉近了与社区居民的距离，与社区居民一道完成服务职责，增加了居委会工作成就感。

二 社区服务的组织者和倡导者

《中华人民共和国城市居民委员会组织法》（以下简称《城市居民委员会组织法》）所界定的社区居委会职能包括：公共服务、政府协助、反映民意、民事调解、政治整合等。现有居委会在人员数量设置、人员素质状况方面都存在一些缺陷，顺利完成这些任务有一定难度。发动社区成员参与社区服务，依靠居民的互助和自助来协助完成居委会的任务。除社区居民力量可以利用外，社区内的社会组织也是社区服务的又一有生力量。社区社会组织在服务目标方面和居委会是一致的，两者有着合作的基础。居民委员会可以通过文化宣传，利用社区辖区内的社会力量和社区居民资源，号召居民参与社区自助活动和志愿服务活动；与社区社会组织合作，共同完成对社区居民的服务工作。社会组织利用居委会的资源优势，居委会利用社会组织的人力优势，在合作过程中实现互利双赢。组织和倡导社区成员参与社区服务，不仅可以有效挖掘社区现有资源，还可以扩充服务范围和服务项目，开展形式多样的社区服务，满足居民多样化的服务需求。

三 社区服务的协调者和监督者

由于多家社会组织同时参与社区服务，他们的工作方法、服务内容、服务对象就会出现重合和重复的地方，当然，服务的盲区也在所难免。为了避免此类状况的发生，合理调配有限的社会资源，达到更好的服务效果，要求对社区社会组织的服务方式、服务内容、服务对象进行合理的组织分配。社区居委会利用对居民需求较为熟悉的优势来协调社区内部各部门间的关系、协调居委会和街道办的关系、协调居委会和业主委员会的关系、协调居委会和物业公司的关系。只有在关系顺畅的前提下，各部门才能通力合作，借助合力作用，保证社区服务的效果，实现协调社会关系和服务居民的初衷和目的。从理论上讲，政府部门是组织活动监督者的最佳人选，但这与社会管理由社会部门负责的管理理念格格不入，而社区居民委员会对社区所需服务状况了解更加透彻，是协调分配任务的不二人选。居委会依据所掌握的居民服务需求现状，对社区社会实际服务能力和服务内容、服务对象加以有效配置，合理利用现有资源，实现社会效益最大化。此外，社区居委会还是社区服务的监督者，监督内容包括三个方面：一是对政府部门所能够提供的服务项目和资源利用状况的监督。政府在社区建设和社区服务中处于主导地位，具有明显的政治优势，会出现"寻租"行为，或者是为了实现某种政绩而采取短视行为。社区居委会对政府服务行为的监督有其自身优势，清晰地掌握政府所提供公共物品的数量和用途，依据社区实际需要对不合理的资源配置加以建议劝阻，有利于政府资源的有效利用，也实现借助公共物品服务拉近政府和群众距离的目的。二是对社区社会部门的监督，包括服务过程是否违背了非营利性原则、服务项目的累赘重复等。三是对服务受益者的监督。社会资源总是有限的，社会成员的需求则是无限的，按照"理性人"观点，每一个社会成员都会追求最大化的社会利益，社区居民也不例外。居民为了获取更多的社会资源可能会采取欺瞒手段，获取不同社会组织或政府的帮助；或者利用虚报的方式隐瞒自己的经济状况，在信息不对称的状况下，获取更多的资源帮助。社区居委会在对其帮扶对象实现帮扶之前，须认真了解受助人员的实际需求状况，对符合条件的成员进行张榜公示，接受社会的监督。社会监督是自我监督最有效的方式，既节约了监督成本，又增加了社会透明度。

第三节 居民委员会面临的主要问题和对策出路

随着经济体制和政治体制改革的不断深入，社会管理的方式也发生了深刻变化，由政府或企业埋单的"单位制"管理形式被社区服务所代替，社区委员会从服务的边缘地位正逐渐走向中心地位。社区居委会建设取得了丰硕的成果，在基础设施建设、人事制度配备、工作人员待遇、可利用资源数量和政府的资源投入等方面，都有了很大的改进和提高。社区居委会工作也取得了实质性的成就，得到了政府部门的肯定和褒奖，也受到社区居民的称赞和拥护。但与新时期构建和谐社会的要求还存在一定的差距，还存在一些问题期待进一步加以解决。因此，认清形势，明确居委会存在的不足和问题，积极加以改进和解决，对于推进居委会建设具有较为深远的现实意义。

一 居民委员会所面临的主要问题

（一）居委会的工作任务负担重，无法分清应然角色和实然角色

居委会的性质、地位和作用，已经在《宪法》和《城市居民委员会组织法》中有明确规定：居委会是自我教育、自我服务、自我管理、自我监督的基层群众性组织。社区居委会的任务是加强对社区事务的管理、为社区成员提供服务、反映居民需求，成为连接政府与基层群众的中介组织。从上述意义看，社区居委会的任务是明确的、范围是清晰的。但在实际运作中，居委会的工作任务总是受到政府部门限制和影响，要参加政府部门组织的各种会议，工作任务大都与市、区、街相关部门所下达的任务相关，包括卫生、治安、计生、救济、优抚、就业、残疾人服务、老年人服务等工作在内总计100多项。武汉市Z街道下属有27个社区，正常性和定期性工作种类多达100项，简单归类主要体现在11个门类：民政和社保18项；城市建设18项；维稳和综合治理17项；党建工作13项；建设文明12项；社会组织建设与管理11项；市政设施管理9项；科教文卫7项；计生管理6项；经济发展4项；人口管理4项。任务繁重与人员紧张的矛盾是能否开展满意优质服务的关键。

接受上级部门检查、考评成为居委会日常工作的重要组成部分。由于居委会在工资福利方面对区政府和街道办的财政依赖，以及社区居委会所需服务设施、物力、人力方面投入都要依靠政府部门的财政投入，社区居委会在形式上是受政府部门的指导，实质上演变成为接

受政府部门的领导。政府直接管理和控制居委会,居委会从群众自治组织演化为半民间、半官方的准政府部门。此外,政府部门为了更好地掌握社区居委会,通过"政绩"考核方式引导其走行政化道路。"将社会组织纳入行政科层体系并将更多的行政管理事务和治理责任向下转嫁的做法是基层政府推动政府权力下渗最简单的措施。"[1] 社区委员会工作人员愿意接受政府的安排,以便获取更多政府资源的支持,通过与政府部门的"通力合作"获取更多提升机会,从一定意义上讲,社区居委会已经偏离了服务社区居民、管理社区事务的工作本质。

社区居委会工作任务繁重,严重影响了居民自治建设的发展,也影响到社区服务实际效果。首先,社区居委会没有理解其法律所赋予的应然角色,即自我管理、自我服务、自我教育、自我监督的基层群众性组织;为了获取眼前实际利益和获取更多的社会资源,背离了所应该担负的社会职责,履行着与本质属性不一致的实然角色。其次,政府部门没有理顺基层社会管理体制,各部门间缺乏协调沟通,"条""块"间的矛盾较为突出,各部门各自为政。在实际工作中表现为工作重复而效率低下,比如说,妇联部门要求对妇女家庭状况加以调查,计生办部门要求对适龄妇女的生育状况加以社区调查,劳动部门要求对就业状况实施调查,如果上述部门间存在默契沟通的话,这些工作可以一次性完成。反之,社区居委会就要做三次重复性的劳动,增加了额外劳动量。最后,社区居委会任务繁多是由于同其他部门的配合失调,社区服务部门在服务工作中没有认真履行好自己的职责,没有完成预期的工作任务,对居委会的工作有着不利影响,如供水、供电、供暖服务等,在一定程度上会增加社区居委会工作负担和工作难度。

(二) 居委会的组成、机构设置问题

首先,居委会选举中的选民和候选人资格问题。选民资格的界定

---

[1] 王巍:《社区治理结构变迁中的国家与社会》,中国社会科学出版社2009年版,第8页。

问题：按照《城市居民委员会组织法》规定，凡是18周岁、没有被依法剥夺政治权利的所有本地居住社区居民，均享有选举权和被选举权。机关、团体、部队、企事业组织不得参与所在地的居民委员会。但在实际操作过程中，户口在社区但长期不在社区居住的居民是否能够参与社区选举？户口不在社区但长期居住在社区的居民是否为社区选民？对于这些较为实际的问题，在每次的居委会换届选举中都会出现，不同地区在方式方法上有着较大的差异，我国《城市居民委员会组织法》对此也没有做出明确的规定。候选人资格问题：根据《城市居民委员会组织法》的规定，凡年满18周岁的本地区居民，不管文化程度、种族状况、性别、家庭出身等，都有权成为社区居委会的选民和候选人。但许多地方为了提升社区居委会的工作效率，对候选人加以特殊规定，年龄界限、学历状况等都有特别规定，如候选人须高中专学历以上，年龄在30—50岁，这明显与《城市居民委员会组织法》相违背。在资格问题上要严格执行法律规定，实行全面放开，扩大候选人参选比例，把素质好的社区居民推到居委会成员的岗位中。为了能够招揽到优秀的社会人才，提高居委会的工作能力和效率，有的地方把非本社区的居民推荐为居委会候选人，在《城市居民委员会组织法》中没有就此项内容加以明确规定。投票问题：投票存在不规范行为，由于社会的流动性，很多社区居民在投票的当日无法参加投票活动，就委托其亲属和朋友代为行使选举权，这也是公民行使政治权利的体现，一个选民到底能够接受多少人委托来行使选举权才能更为合适？如果一人投出多张选票的话，拉票活动该如何杜绝？

其次，居委会组织机构设置，以及居委会和社区服务中心的关系问题。社区居委会在设置方面包括社区党委、社区居委和社区工作站三部分内容。社区居委会是在党的领导下开展社区管理和社区服务工作，党委对居委会的工作负有领导监督职责。为了提高社区居委会的工作效率，地方政府对居委会实行了"议行分设"制度，居委会成员承担对社区公共事务的讨论，而不具体负责政府下达的社区服务工作；政府出资招聘社会工作者设立社区服务中心，其工作人员来自本社区居民，经过专门培训上岗服务。这样的设置有利于居委会完成街道办或区政府交办下达的任务，但容易增加政府投入成本，居委会和服务中心间会出现缺乏配合、"扯皮"现象。为了避免两个机构间的摩擦对立，很多地方对居委会组织设置方面，实行居委会领导管理工作站的工作模式，把社区服务中心作为居委会的下属机构，完成居委会的各项职能，社区工作站工作人员的工资福利由街道办和区政府共同承担。实际上，依然无法摆脱对政府部门的依赖关系开展社区管理和服务工作，政府部门把完成政府交付的任务作为居委会政绩考评和奖励的依据。

这就涉及两个问题：其一，通过居民公开民主选举产生的居民委员会如何行使由街道办和区政府出资招聘的服务中心工作人员的管理和领导，服务中心工作人员的工资待遇、劳动福利、社保等都是有政府出资的，与居委会没有实质性的关联。正是在政府的资助下，才成立了社区服务中心，按照"谁出资、谁受益"的原则，街道办对社区服务中心有领导权和管理权，政府部门可以直接与服务中心取得联系，布置工作任务。社区居民是在服务中心的帮助下解决了生活难题，一旦有了问题首先想到服务中心而非居委会。这样一来，居委会就会处于一个边缘化的境地，出现无权、无责的尴尬境地。其二，设立社区服务中心的必要性问题。《城市居民委员会组织法》第十三条规定：居民委员会根据需要设立人民调解、治安保卫、公共卫生等委员会。按照对该条文的理解，居委会有权成立治安保卫、公共卫生、文化教育、人民调解、劳动保障等工作委员会，居委会按照实际需要招聘社工，把各委员会直接纳入居委会的直接领导之下，再加之其他社区社会组织的协助，完全可以完成社区管理和社区服务工作，用委员会取代服务中心是可行的。

（三）居委会队伍素质偏低，待遇不高

居委会是负责社区服务和社区管理的基层群众自治组织，居委会工作效率和工作绩效取决于居委会工作队伍的素质状况和服务态度，建设一支作风优良、敢于付出、乐于奉献的居委会服务队伍，关系着社区成员福利。从现有社区居委会队伍的建设状况来看，主要存在以下三个方面的问题。

（1）居委会人员结构不合理。由于游离于政权结构之外，长期以来，政府部门对社区居委会的重视程度不够，把居委会当成是街道办的"派出机构"来使用。在对社区委员会的干部任用方面，多带有福利性质，把社区中需要照顾的弱势群体推荐安排到社区居委会，使居委会成员文化素质偏低，缺乏现代化知识，办事能力较差，年龄结构偏大。

（2）居委会成员的工作收入、福利待遇偏低。社区居委会工作人员在工作收入和福利待遇方面没有能够参照事业单位或企业工作标准，他们的工资收入和社会待遇远远低于社会平均工资水平，特别是在不发达地区的中小城市，社区居委会工作人员甚至只能享受最低工资收入。在社会福利方面，也只能享受最低待遇。

（3）专业化队伍建设道路任重而道远。社区居委会成员多为社区中的弱势群体，窘迫的生活境遇导致他们无心也无力主动提高自己的文化水平和服务技能。在工作中完全凭借少许热情来为社区居民服务。对这些人员的培训和教育工作也很难推进下去，缺乏压力，没有动力，使专业化的道路漫长而遥远。

（四）居委会基础设施建设简陋、办公经费紧张

随着政府职责转变深入开展，政府越发重视基层民主建设，各地政府加大力度落实社区服务的公共用房和公益性服务设施，对于提升居委会的办公条件起到了积极的推进作用。但是，也应该看到，贫困地区社区居委会的办公场所还比较简陋，有的地方甚至租用闲置的学校或厂房来办公，在公益性设施建设方面也存在许多问题。由于政府的投入限制，社区居委会除人员的工资归政府支付以外，其他办公开支则由社区居委会自主解决，对于经济发达，社区产业繁盛，经济收入丰厚的社区而言，充足的经费来源是有保证的；对于经济不发达，自主收费项目极少的社区而言，每月的办公经费极其有限，每月的水、电、电话、办公用品等基本开支都难以应付，对于需要维护和修理的社区公益基础设施更无力顾及。

二 社区居委会的出路

针对社区居委会在实际工作过程中所遭遇的困难，各级政府和各

社区居委会都在分析缘由，寻找一些符合当地情况的合理解决方法，不断探索适合本地特色的工作模式。

（一）要理顺居委会和地方政府的关系，解决居委会任务负担过重的问题

要加快出台《城市居民委员会组织法》的实施细则，对地方政府和社区居委会关系加以明确界定，杜绝政府对居委会的任务摊派，赋予居委会对政府强制摊派的拒绝权。通过法律法规的完善，从制度上保障社区居委会的独立的基层群众组织性质。改革政府考核居委会的实施办法，对居委会的工作成绩和缺陷做出实事求是的评价，形成以社区居委会党委、街道办工作评议小组、社区居民代表等多家单位对居委会工作实施考核的局面，并予以等级评定，居委会与上述多家部门一起共同制定考核细则，实行年终考核评价。杜绝政府评价的"一言堂"行为，把群众满意作为考核的首要标准。采取措施，减轻社区居委会的工作负担，当政府部门确实需要居委会配合与协助时，要社区居委会协商，在征得同意后，要以购买服务的方式来给予劳动报酬，以便解决居委会经费短缺的困境，同时也利于改变居委会的不利地位。在多家政府职能部门交付具有重复性任务给居委会时，部门之间要有默契，把能够合并的工作尽量合并，减少重复工作的无谓人力浪费。在工作布置方面能够通过电话告知的要杜绝书面文件；能够书面通知的要杜绝开会，减少文山会海，把社区居委会从形式主义中解脱出来，储备精力做好社区居民服务，实现真正的自主性和自治性。

（二）开发社区自有资源，扩展资金来源，解决经费、办公设施困难

社区居委会工作离不开资金支持，充裕的资金是顺利开展服务和管理居民的基本保障。为了有效解决现有资金短缺不利局面，各地政府要逐步完善资金投入机制，实行多渠道融资。政府是资金"获取"的最主要渠道，社区居委会的建立是为了适应构建和谐社会的要求，作为公共财政资源的所有者和分配人，政府负有为居委会工作筹措经费的职责。在目前居委会的其他筹资渠道还不够顺畅的情况下，政府应加大对居委会资金投入的力度，增加资金投入的数额，对于一些设

施落后、办公条件较差社区,保证投资增幅大于财政收入的增幅。政府在对福利彩票和体育彩票公益性收入的分配方面,杜绝平均主义做法,拿一定份额用于社区福利性、公益性服务项目,重点是对现有基础设施的维护和保护。除政府部门的外在投入和扶持外,社区居委会还要重视自我"造血"功能的培养。首先,要增强自身的经济创收能力,从社区内部挖掘资金潜力。社区居委会掌握整个社区管理权,可以利用居委会开展过社区服务的经验,重新尝试开展一些经营性产业,如对社区闲置房屋的出租或投入经营,但要注意营利性和福利性之间的平衡点。其次,注意对社会力量的开发利用,利用社区老年服务之家、社区服务中心、阳光中心机构等有针对性地开展一些有偿服务项目,以增加社区居委会的收入。再次,与社区内的企业合作,共同开发社区市场潜力,利用企业力量来弥补资金困境。居委会可以与物业公司合作,共同开展物业管理和服务,一方面可以增加社区的收入,另一方面可以解决社区失业人员的劳动就业。最后,把一些数额较小、零散性的税源归由社区居委会征收管理,增加居委会的可支配收入。

增加居委会资金数量能够解决社区居委会的办公用房问题,充足的资金来源保障了办公经费,使服务质量更有保障。针对有的社区缺乏办公用房的不利局面,政府部门要出面与出租方协调,用优惠的价格延长服务使用年限,在水费、电费方面给予照顾,政府可以予以适当财政补助。对于在社区内的适合居委会办公建设用地,政府土管部门优先批复给居委会,建设办公用房。

(三)规范居委会选举制度,动员居民共同参与社区公共事务

在社区居民的选民资格的认证方面,要实事求是,以实际需要和方便居民为原则。针对户口在本社区而长期不居住的群众,在选举时,尽可能与之联系,确有困难不能参与现场选举就视为弃权,不允许委托别人代为投票。由于长期不在社区居住,对社区的状况不了解或不关心,让渡其选举权可能会被利用,出现拉票、贿选状况。对于长时间在社区居住而非本社区居民的外来务工人员,他们的饮食起居与社区建设息息相关,更与居委会有着千丝万缕的联系。对这些人员

区别对待，能够在本社区持续居住半年以上的外地住户，如果愿意参加居委会选举活动，就赋予其选举权。上述两种居民住户都不宜当选为居委会委员，因为他们无时间参与社区管理和决策，因没有长期居住而不能对社区长远发展做出规划，会出现短期行为。

社区是基层群众参与社会事务的活动舞台，居委会是居民公共社区参与的主要部门，体现出居民的社区利益需求。居委会的工作对象是社区居民，居民对居委会的参与和支持是居委会完成本职工作的关键。社区自治就是要让全体居民共同参与管理社区事务，对居民利益密切的社区事务和利益须公开征求居民意见，集思广益，动员集体的力量处理好社区事务。通过社区居民的参与逐渐培养居民的归宿感和认同感，激发其为社区建设奉献的决心和力量。首先，动员社区居民参与社区管理。对于大家共同关心的社区问题，居委会要收集和听取居民意见，通过听证会、座谈会形式让居民理性化表达自己的见解和意见，把自我利益通过公开、民主的方式表达出来。其次，努力培养社区社会组织，成立社区服务志愿组织、社区老年人组织、社区文化活动组织、社区妇女组织、社区残疾人组织等，让更多的人参与到自己喜好的组织活动中来，通过社区组织动员基层群众参与社区事务。最后，开展社会志愿服务活动。居委会是社区居民的代表，但居委会力量是有限的，完成社区服务和管理，造就良好社会环境要靠全体成员共同努力。动员社区成员开展志愿活动是一种简洁高效的方式，社区志愿者可以参与社区环境保护、社会治安、未成年人保护、残疾人服务、老年人照顾等服务项目，社区内的居民志愿者是社区服务最为强大的有生力量。

（四）加强建设居委会专业化队伍、提升人员素质

专业化、职业化是居委会建设的必由之路，培养一支素质高、精干高效率的居委会队伍是社区服务质量的有力保障。首先，要加强对现有干部成员教育培训工作。居委会工作人员呈现出年龄偏大、知识层次较低、专业技能较差等特点，完全凭借工作经验和较为熟悉的人际关系来处理社区事务。提高他们服务技能，用专业化的社区服务知识武装他们，不断提高服务能力。其次，在保证新老有序交替的前提

下，从社会上引进优秀人才充实到社区居委会，鼓励国家党政机关工作人员、企事业单位工作人员、高校教师、大学毕业生、退伍军人参与竞选社区居委会成员或领导职位。再次，政府部门与居委会共同制定管理规则、奖惩制度、晋级考核办法等，严格对居委会成员的考核、评定，并把考核结果作为其晋级、提拔的依据，形成能者上、庸者下的人才流动体制，依靠制度力量强化自律观念。最后，提高社区居委会工作人员的工作待遇。人才是创新的动力，没有人才社会就会停滞不前。一方面要合理运用人才，另一方面要留住人才，使优秀的人才能够安居乐业，物尽其用。留住人才的关键是要保证他们无后顾之忧，须提高工作待遇、福利水平，完善养老保险、医疗保险、失业保险、工伤保险等各种福利待遇，为他们提供宽松、愉快的工作氛围。只有如此，才能保障社区专职工作者有一种愿意付出、乐于奉献的积极心态。

第七章　调查对象的残疾人社区生活状况

社区是居民生活和交往的场所，社区发展水平决定了社区群众的生活水平。残疾人对社区服务水平的依赖程度要高于普通人，虽然家庭成员是残疾人最主要的依靠力量，随着社区服务水平的不断提高，残疾人对家庭的依赖性逐渐弱化，对社区服务的依赖程度逐渐上升。残疾人逐步从封闭的家庭中走出来，在社区或社会上来展示其自强不息的精神，用自己的力量和勇气向社会争取属于他们自己的权利和利益。

第一节　调查对象的总体状况

武汉市 Z 街道办事处下属 27 个社区，在 23.48 万的总人口中，有各类残疾人 778 名，残疾人占居民总人口的 0.33%。男性残疾人为 454 名，占总数的 58.3%；女性残疾人为 324 名，占总数的 41.7%，男性比女性多出 16.7%。未满 18 周岁的残疾人数为 29 人，占总残疾人数的 3.7%；成年残疾人数为 749 人，占总残疾人数的 96.3%。参加工作的残疾人人数为 239 人，占总残疾人数的 30.8%；退休人数为 235 人，占残疾人总数的 30.2%；无业残疾人数为 281 人，占残疾人总数的 36.1%；"三无"残疾人数为 4 人，占残疾人总数的 0.5%；低保残疾人数为 182 人，占残疾人总数的 23.4%。按照残疾人部位的不同可以把残疾分为视力、听力、言语、肢体、智力、精神和多重六类，具体情况如表 7-1 所示：

表 7-1　　　　　　　　来源于 Z 街道办提供的数据

残型 比例	视力	听力	言语	肢体	智力	精神	多重	合计（人）
人数（人）	87	40	4	349	113	159	26	778
百分比（%）	11.18	5.14	0.51	44.86	14.52	20.44	3.34	100

注：由于四舍五入的原因，数据之和有可能不完全等于100%；下同。

根据残疾程度的不同，可以把残疾分为不同等级，由重至轻分别为一级、二级、三级和四级，武汉市 Z 街道办事处辖区社区残疾人的残疾级别状况如表 7-2 所示：

表 7-2　　　　　　　　来源于 Z 街道办提供的数据

级别 比例	一级	二级	三级	四级	合计（人）
人数（人）	123	209	318	128	778
百分比（%）	15.81	26.86	40.87	16.45	100

Z 街道社区残疾人比例与 2006 年国家统计的全国残疾人比例 6.34% 差距很大。实地调查过程中发现，一个原因是武汉市的残疾人标准是已经取得残疾人证，对于没有取得残疾人证的残疾人就不在统计之列；另一个原因是，有些年龄较大的残疾人，在计划经济时代已经被安排到政府部门、国营或集体单位工作，享受着政府或企业福利待遇，在就医、社保等方面无须自己来承担个人费用（有时是极少的一部分），在工作的后期或退休后致残，就不愿主动向残联的统计部门申报，导致漏统状况的发生；再有一个原因是，有些年龄较小的残疾人的父母或监护人担心残疾会遭到社会歧视，影响孩子的正常生活和学习，有意隐瞒不报，特别是轻度自闭症和精神病患者。

通过与街道社会事务办公室工作人员取得联系后，在社区残疾人协理员的协助下对 30 多名残疾人进行了个人深度访谈。委托社区残疾人协理员发放问卷 178 份，有效回收 52 份，有效回收率为 29.2%。

第二节 残疾人生活的基本状况

在党和政府的关心和大力支持下,我国残疾人的社会生活状况发生了巨大变化,残疾人事业取得了举世瞩目的成就,多次受到世界人权组织的表扬。但就目前状况而言,中国残疾人社会生活状况不容乐观,从家庭收入、劳动就业、社会保障、教育康复、生活照顾五个方面来看,都处于较低水平。

一 家庭收入

据武汉市统计局公布的数字,2011年武汉市居民家庭人均年收入23720元,武汉市残联的统计数据显示,武汉市残疾人人均家庭年收入为16230元,残疾人家庭人均年收入为城市居民人均收入的59.9%。按照我国政府2011年颁布2300元贫困标准,武汉市Z街道社区的残疾贫困人口为92人,街道办把一级残疾人和三无人员全部纳入低保对象,每月可获取低保补助450元。

在走访中我们发现,残疾人的致贫原因主要有以下几个方面:

其一,家庭残疾成员的医疗、康复费用等额外支出,残疾家庭经济状况较为紧张,甚至沦为绝对贫困。调查资料显示,残疾人人均月医疗和康复费用支出为201.20元,其中,最高的为精神类残疾人,人均费用为342.20元,调查对象中月医疗开支最高的精神残疾病人,医药费用高达890.00元,而随着年龄增加其所需费用也会不断增加;最低医疗和康复费用的支出为视力残疾人,为10.30元。

和正常家庭比较,残疾人在医疗、康复方面的经济开销给本来就不富裕的家庭造成了沉重负担。对于家庭残疾人员,特别是残疾儿童,亲友和家人对其寄予了很高的康复期望值,希望能够借助于现代医学,使他们过上正常的生活,至少能够生活自理,不要成为社会负担。由于我国医疗体制改革还处在初级实验阶段,很多药物和治疗康复费用还不在居民医保的报销范围之内,且即使可以报销,比例也非常小,需要家庭来埋单这些高昂的费用。原本较为拮据的经济状况,在沉重的额外压力之下,只能债台高举。

其二,残疾人需要家庭成员的陪护和照顾,导致家庭成员无法外出工作,减少了家庭收入。对于正处于最佳康复期的残疾儿童家庭而言,康复是关系到其一生命运的大事情,为了配合康复,取得最佳治疗效果,家庭成员不得不放弃外出工作的机会,全身心照顾他们。还有些残疾老人,生活不能自理,需要子女的陪护,自然会影响家庭劳动力的经济收入。

普通工薪阶层的工资水平本来就低,只有夫妻两人同时工作,才能勉强维持生活,由于家庭成员的残疾而必须放弃现有的工作,使得家庭收入状况急剧紧张。

残疾人家庭经济拮据状况可能会各不相同,但大体而言,都会出现支出增加,收入减少状况,使原本并不富裕的家庭更是雪上加霜。一方面残疾家庭要负担高昂的医疗、康复费用,另一方面还要留出专门的劳动力来照顾家中的残疾亲属,导致残疾家庭必须面对双重压力,生活质量和普通家庭相比,会有很大差距。

二 劳动就业

Z 街道所属社区的法定年龄的残疾人就业人数为 239 人,无业人员为 281 人,无业率占残疾人总数的 36.1%,社区残疾人就业状况不容乐观。劳动作为体现自我社会价值、参与社会活动的方式之一,对于平等享受社会发展所带来的物质和精神财富具有深刻意义。通过走访和问卷材料,很多残疾人无法享受平等的就业权,无法获取公平就业机会。表现在下列方面:

其一,就业范围狭窄,多集中于技术含量低、工作环境恶劣、工资报酬低的行业。如残疾人就业多集中于从事农业产品生产、服务业和商业服务、制造业和运输业,在一些高福利、高待遇部门则很少见到残疾人的身影。在政府机关(残联除外)也很难为残疾人提供就业岗位。在问卷中在问及残疾人劳动就业困难的原因时,72.8% 的人选择"缺乏合适的岗位"、65.6% 的人选择"缺乏技能经验"、57.1% 的人选择"行动不便"、45.5% 的人选择"社会歧视"、13.9% 的人选择"家庭可以养活"、其他占 5%。

对于职业技能低下、无特殊一技之长的残疾人而言，他们更加珍惜来之不易的工作机会，付出比正常人更多的辛劳和汗水。他们需要社会为他们提供更能适合发挥身体特点的工作职位，需要社会能平等地为其提供就业机会，没有歧视。

其二，残疾人就业的社会歧视。我们可以把这种社会歧视称为"间接歧视"，即对某项看似中性的规定或标准，在执行过程中，对某些群体而言是不利的或根本无法完成的。从表面上看，每一个具有劳动能力的人都有公平竞争地参与就业的机会，平等地获取劳动报酬，但有时这些政策本身是不平等的，有时会把残疾人排斥在就业领域之外。

残疾人对就业的期望要远胜过普通人，就业不仅仅是生存的基础，而且能够改变亲人、朋友和其他人对自己的固有看法，是所有残疾人共同愿望，只有通过就业才能体现出残疾人的存在价值。但劳动技能的匮乏和自身身体和心理障碍导致无法和正常人一样获得就业机会。所以，加强对残疾人身体健康的恢复和技能培训是解决残疾人获得就业岗位的必要前提和基本保证。

职业康复是残疾人"残"而不"废"地获取就业岗位的重要保障。把康复治疗和劳动就业紧密结合起来是目前国际社会最流行的做法。开设庇护性工厂是国际通用的做法，把残疾人安排在庇护性工厂工作，做一些力所能及的工作，既获得了劳动收入，又有利于残疾的康复，更重要的是，能够通过在庇护工厂工作使残疾人获得重返社会的信心。通过在庇护性工厂的工作经历，让残疾人学会在工作中自我照顾、学会与人相处，为新的就业岗位做心理准备。在访谈中，在谈到就业问题时，很多人都表达了对康复、特别是职业康复的期待。

对于劳动技能匮乏的残疾人而言，职业培训是其获取就业机会的必要前提。由于身体、心理或精神状况的天然缺陷，如果没有获得规范性、正规性的职业培训，就无法获得常规劳动技术，无法获取一份属于自己的工资，将无法在社会上立足。在问卷中，经过三次或以上技术培训有71名残疾人，有的甚至参加过六七次由不同部门提供的职业培训。可见，正规系统的职业培训对残疾人就业的重要性。

残疾人就业是关系到残疾人生存和发展的首要问题，由于自身存在某些缺陷，加上社会观念歧视，残疾人所能够获取的就业机会比普通人要少。从残疾人身体康复为起点，加强对残疾人的职业康复和技能培训，使他们获得一份自己满意的工作，实现融入社会、实现自身价值的目标。

三 社会保障

残疾人是处在社会最底层，最容易受到社会风险冲击的人群，社会保障无疑是保障他们基本生活的最后一道防线。但就调查所掌握的数据来看，武汉市残疾人社会保障状况还不尽如人意。不同类型残疾人保障状况差距很大：在社会保险方面，在职工作人员的养老保险、失业保险、医疗保险、生育保险、工伤保险都非常齐全，几乎达到了100%。对于低保残疾人或重度残疾人，政府为他们缴纳全部养老保险金，即重度残疾人和低保残疾人的养老保险费用由政府埋单，可以免费享受养老保险（按最低档计算，60周岁后可领取114.00元/月）。在医疗保险方面，重度残疾人和低保户残疾人的医疗保险费用由政府缴纳，可以享受每年门诊费用（300元）30%的报销比例，即每年有90元的门诊费用可以在医疗卡直接扣除，剩余部分自理；在大病救助方面，最高可以享受11万元的报销额度；对于住院费用的报销额度视医院的等级确定：三级医院可报销600元/年、二级医院可报销700元/年、一级医院或定点医院为800元/年。对于非在职工作人员，也非低保户或重度残疾人而言，其医疗和养老保险的比例分别是76%和85%。低于全市95%的覆盖率。

对于绝大多数的残疾人家庭而言，在其生活状况比较拮据的情况下，每年要缴纳最低100元的养老保险金，也是一笔较大的额外开销。在问卷中，所有残疾人投了最低级别的养老保险，为最低档社会养老保险。医疗保险的投保率要高些，残疾人就医已经成为其生活的必不可少的组成部分，但与普通市民（95%）相比，其参保率仅为85%，少10个百分点。

不仅在保险方面，对特困残疾人有特殊照顾政策，在日常出行方面，残疾人也享受政府的优惠待遇，比如进入公园、景点免费，免费乘坐公交或船舶，在公共场合免费停放残疾人代步工具等。但在很多专门为残疾人所设立的福利项目的享受方面，只是有其名无其实。

对于有特殊困难的残疾人，在遭遇疾病、子女入学、突发事件时，会陷入暂时性贫困，政府对这部分残疾人实行临时性救济，在物质方面予以支持，以防止暂时性贫困转化为永久性贫困。只要残疾人在生活中出现特殊困难，向社区服务人员反映，都会得到相应帮助。走访中发现，Z街道社区在残疾人等社区成员突遇特殊困难时，街道办都会及时向他们伸出援助之手，也证明了街道办在社区紧急救助服务中的成绩是富有成效的。政府在对特困户残疾人就医方面，提供住院免费救助，因疾病在指定社区医院住院治疗所产生的费用，特困残疾患者在签字确认后，由医院与市医保中心直接结算，Z街道下属社区182名低保残疾人都可享受此待遇。对于边缘低保户也实行特殊照顾和相应补助，每年的"五节慰问"活动的对象都是以边缘低保户和特困户为主，给予一定物质或金钱照顾。2012年春节慰问活动，残联和街道办为20户低保户和边缘低保户提供送米送油"送温暖"活动，还为他们每户提供200元的过年慰问金。2012年8月17日，街道办在"送清凉活动"中，为9户残疾人家庭每户送去200元慰问金；在中秋节慰问活动中，为16户残疾人家庭每户送去200元的慰问金。

由于临时性救助只是暂时解决了困难，也只是解了燃眉之急，并没有从根本上解决问题；在节日慰问活动中，也出现一些问题，比如在活动的惠及面方面，并不是所有的人对此类活动都满意。

在社会保障方面，处于边缘贫困的残疾人明显处于劣势，既无法享受到国家的代缴免费政策，又在临时性补助方面无法得到适当的照顾。有时，他们的生存状态比低保户还要难，政府要特别关心他们的生活状况，稍有疏忽，就会滑落到贫困户行列。一是加大对他们的照顾力度，在就医、入学、就业、社保等方面予以力所能及的帮助和照顾，在其遭遇临时性家庭变故时，给予大力扶持，在精神上和物质上都给予支援。二是制定专门的政策来改变边缘户状况，可以把他们纳入补助对象，或在就业、入学方面予以特殊照顾等。总之，残疾人在社会保险方面存在保险层次低、参保率低等问题，残疾人是最容易受到社会风险冲击的弱势群体,要在政策设计方面多予以照顾,对确实无力承担费用的残疾人要给予减少。在公共福利方面,要尽量从现实需要出发制定出能够给残疾人带来实实在在的优惠政策,在免费出行、公园进入、代步工具停放等方面放宽残疾等级和类型的限制,多创造机会让他们接触社会,只有先接触,才能够谈论社会融入。

四 教育康复

随着九年义务教育的普及和中等、高等层次特殊教育的深入开展,我国残疾人的整体教育水平有了明显提高:截至 2011 年年底,全国开办特殊教育普通高中班(部)179 个,在校生 7207 人;其中聋高中班级 145 个,在校生 6198 人;盲高中班级 19 个,在校生 1009 人。残疾人中等职业学校(班)131 个,在校生 11572 人,毕业生 6449 人,其中 4781 人获得职业资格证书。全国有 7150 名残疾人被普通高等院校录取,877 名残疾人进入特殊教育学院学习。全国未入学适龄残疾儿童少年人数为 12.6 万人,其中视力残疾儿童 1.2 万人,听力残疾儿童 1.2 万人,言语残疾儿童 0.9 万人,智力残疾儿童 3.5 万人,肢体残疾儿童 3.5 万人,精神残疾儿童 0.6 万人,多重残疾儿童 1.7 万人。[①]

尽管在残疾人教育方面已经取得了可喜的成就,但我们应该看到,残疾人文化程度普遍偏低的状况依然存在,影响到残疾人就业等个人发展和生活质量。残疾人教育程度低下的原因很多,与残疾程度、残疾类型、家庭经济状况和观念等都有直接关系,更与现有的特殊教育资源量不足息息相关,每一个残疾人的背后都隐藏着辛酸的求学故事。

科学研究数据显示,残疾儿童康复最佳时间段为 0—6 岁,如果能够在这一时期实行强制干预和科学合理治疗,绝大多数的残疾人儿童的残疾程度会有所缓解和改善,甚至能够康复,能够像正常孩子一样学习、工作和生活。反之,错过这一黄金时期,即使后期花费再多

---

① 《2011 年中国残疾人事业发展统计公报》[残联发(2012)6 号],中国残疾人联合会网站,http://www.cdpf.org.cn/sytj/content/2012-03/29/content_30385873.htm。

精力干预，也可能无法改变残疾状态。尤其是对聋哑儿童、自闭症儿童和脑瘫儿童而言，早期干预治疗和康复至关重要，将影响到孩子一生的生活和幸福。

随着医疗知识的普及，很多家长都了解到了早期干预的重要性，而治疗是一个漫长的过程，需要专业人士的指导和专业机构的配合。幼儿特教康复班就是集康复和教育于一体的有效形式，既有专业人员康复指导，又能够提供文化教育，为孩子提供接触社会的机会。但问题是集康复兼教育功能于一体的康复训练学校或机构的数量严重不足，且费用昂贵，无法满足残疾家庭的需求，也超出了普通家庭经济承受能力。

适龄残疾儿童入学同样困扰着家长。特殊教育学校数量很少，入学门槛很高，经常是封闭式管理，专业特教老师匮乏，这样的教育环境未必利于孩子成长，但普通学校对残疾儿童要求很严格。

高中教育属非义务教育，繁重的学习任务和高昂的费用开支使残疾学生家庭不堪重负，这也是残疾人文化层次不高的主要原因之一。对于普通家庭来讲，残疾子女在读完初中后，或选择辍学，或到职业中专培训班学习，接受高等教育的比例很低。为了改善残疾学生的就学费用压力，武汉市残联制定出专项政策：残疾人学生或特困残疾家庭子女，就读中专、专科、本科和电大学习实施学费补助，极大地提高了残疾人接受更高教育的积极性。武汉市政府规定：残疾学生和特困残疾家庭子女就读中专（职高）补助标准为3000元/年/人；大学专科生补助4000元/年/人；本科及以上学生5000元/年/人；电大专科残疾人补助1400元/年/人，报销200元书本费；电大本科残疾人补助2100元/年/人，报销200元书本费。此外，针对残疾人学生和残疾人家庭的子女在入学中遇到经济困难，社区和街道办会给予一定临时性经济补助，以现金形式发放到他们的手中。在实际走访中发现，政府出台经济补助政策可以有效刺激残疾人就读高级学校的积极性，使他们获得更多的知识和技能，能够在竞争激烈的社会上立足，得到一份凭借自己能力而获取的工作，能够自食其力，体面地享受社会发展的物质和精神成果。

对于普通家庭而言，残疾人入学接受教育，特别是接受高等教育时，是非常重的经济负担，完全依靠残疾人家庭来消化这种负担是不现实的。残联要与教育部门联系，制订出专门针对残疾人教育的费用筹集解决方案，开辟绿色通道，绝不让学费成为残疾人接受更高级教育的障碍。除助学贷款形式外，政府要适当考虑对接受高等教育残疾人学费的减免政策的制定，或者由政府向社会募集基金，专门用于解决残疾人或残疾人家庭成员的学费问题。

五 生活照顾

依靠父母、子女、夫妻、其他家庭成员的家庭照顾模式是中国残疾人生活的主要模式，也是一种传统模式。Z街道社区的778名残疾人中有726人与家庭成员生活在一起，占残疾人总数比例为93.32%；有27人在托管机构生活，占残疾人总数的3.47%；独居生活的有25人，占残疾人总数的3.21%。可见，家庭照顾是残疾人生活照顾的主要形式，家庭成员是残疾人生活照料最主要的依靠力量；托养机构里的残疾人多为轻度残疾，有较高的生活自理能力，很多重度残疾人是不被托养机构所接纳，管理人员数量少，服务实施有限等因素限制了托养机构对重度残疾人的照顾能力；独居残疾人也多为轻度残疾人，他们又大致分为两种状况：一是没有直系亲属，在社区和街道办的帮助下独立生活；二是直系亲属依然存在，不愿意与他们生活在一起，日常辅助性照顾依然由家庭成员承担。家庭照顾主要依靠血缘和亲情来维系关系。家庭照顾包括内容非常宽泛，主要有起居饮食照料、日常经济开销、医疗康复费用的承担，更重要的是要负责其日常行动的看护等琐事。随着人口流动速度不断加快，核心家庭数量的逐渐增多，家庭规模渐次缩小，家庭成员对残疾人日常照顾的承受力在不断降低，有力不从心之感。由家庭照顾转向社会照顾是社会发展的趋势所在。

父母对子女的照料不仅考虑现有生活状况，在现有托管机构还不是很多的情况下，而且更多考虑孩子未来，表现出对其未来的担心。

夫妻间的无私照顾是出自多年相处的所培养出来的爱，最终把爱转化成为难以割舍的亲情，他们对另一半的照顾是发自内心的、无私的，多数老年夫妻一方为残疾人大都属于这种情况。但随着社会的发展，传统家庭观念在不断淡化，中年夫妻间更看重的是物质利益，对亲情成分重视就不如老年夫妻那样深厚。在走访中，很多中年残疾人的配偶都因为无法忍受贫穷和对方成为家庭累赘而离家出走，或离婚。离婚后的残疾人大都表示对对方行为的理解，同时，对发生此类行为也深感无可奈何。

子女对残疾父母的家庭照顾是出于对父爱和母爱的回报。过去艰苦岁月给成年子女留下了太多的记忆。为了孩子，残疾父母亲付出了太多，子女要用行动来报答他们的无私付出。兄弟姐妹间的照顾是血缘亲情的自然流露，还包含着法律上的义务。随着家庭规模的不断小型化和人口流动速度的加快，家庭照顾的困境就越发凸显出来，社会机构照料成为未来残疾人供养的主要方式，但社会机构发展还处在起步阶段，还存在很多的不足和问题。

托养机构的数量和需求之间比例失调，缺少对重度残疾人的托养服务。家庭照顾是残疾人照料的主要形式，而且家庭成员的女性承担主要照顾角色。这种照顾可以在精神上给残疾人更多的慰藉，但也给家庭成员带来了巨大的经济负担和精神负担。为了照顾残疾人，有的家庭成员放弃了工作，专门负责残疾家庭成员的起居生活，不仅带来经济上的损失，还给他们带来了沉重的精神压力。由于缺乏重度残疾人的托养机构，残疾人只有待在家中，成为家庭的"累赘"，对于残疾人而言，也承受着精神的煎熬。

托管机构只负责残疾人的饮食起居，缺乏科学系统的康复训练。对重度残疾人的托管、照顾较少，而对轻度残疾人的照料也只限于饮食起居的照顾，缺乏专业康复人员，无法对残疾人进行常规性的康复训练。

残疾人照顾不仅是残疾家庭的责任，也应该是社会的责任、政府的责任。政府部门要对民政部门所管理的托养机构加以职能改革，加大投资力度，扩大对重度残疾人托养受理规模，招募专业社会工作专业的毕业生充实到托养机构之中，加强康复训练，减轻家庭照顾的压力。社会力量所开展服务的民间托养机构要在质量上多下功夫，提高残疾人服务的质量,只有质量提高,才能得到社会的认可,经济效益才能够提高。要争取政府力量的资助,把民间资源和政府资源有效地结合起来,充分利用政府重视残疾人的良好机遇,把残疾人托管机构做大、做强。

第三节　残疾人与社区服务主体

残疾人社区服务的主体包括政府部门、经济部门、社会部门以及残疾人家庭等,政府在社区服务中占主导作用。无论是服务基础设施建设、服务资金的投入、具体服务内容方面,政府的核心地位是无法动摇的,经济部门和社会部门在残疾人社区服务中能起到辅助或补充作用。

不同政府职能部门负责满足不同类型残疾人的社会需求。民政部门主要负责残疾人救助、低保和社会福利等;人力资源和社会保障部门主要负责残疾人就业培训和社会保险的办理;教育部门负责残疾人儿童的入学教育,以及对成年残疾人教育管理;残联部门是全面管理和提供服务最主要的政府部门,残疾人在社会活动中所有问题都可以向残联反映,残联再与相关职能部门联系,解决实际困难,包括就业、教育、康复、医疗等。街道办是联系残疾人和政府的桥梁,反映残疾人的需求,宣传政府的政策法规,在一定的职权内解决残疾人的困难,比如,提供临时性救济或社区范围内的就业岗位等。

经济部门是指以营利为目的的企业,他们所承担的残疾人服务方面最基本的职能是按照政策法规规定为残疾人提供就业岗位,负责对他们实施技能培训以及保护劳动利益;向残联部门缴纳残疾人就业保障金。企业在残疾人服务的职能还应该包括提供资金、场地、娱乐、志愿服务等相关内容,辅助政府部门做好残疾人的社区服务工作。

社会部门是指各种以非营利性、公益性为主要特征的社会组织,包括社会团体、民办非企业组织和基金会。主要职责是为残疾人提供社区服务、提供实物和资金支援、动员残疾人组织起来相互帮助、宣传政府政策法规。

从三大部门在残疾人社区服务的功能分工来看，它们在服务内容上存在重合和交叉关系，其优点是显而易见的，各部门之间可以相互配合，容易形成合力作用，能够较为彻底地解决残疾人所遇到的困难。交叉和重合关系的缺点也是明显的，会带来工作的无效重复，或依仗对方的存在，在事务处理方面相互推诿，把简单问题复杂化。

一 残疾人社区服务与政府部门

残疾人心目中的政府部门有时专指街道办和残疾人联合会，这两家部门是残疾人接触最多、提供服务最全面、最能解决实际问题的部门，当然也是效率最高的部门。街道办和残联成为政府的代名词，在提到社区服务时他们使用最多的词汇是残联和街道办。

首先，街道办和残联在与残疾人长期接触中对残疾人的态度和蔼，工作方式更具人性化，能够从残疾人利益出发，切实解决他们的困难。与残联相比，其他政府部门的工作对象多是健康人，在交流和沟通方面，自然就会容易些；面对残疾人群体时，工作人员在服务方式上就有点不适应，稍不留心的一个动作，就会给残疾人自尊心带来伤害。而对于残疾人而言，其自尊心较强，更愿意以一种平等的身份接受服务，而不是同情和怜悯。残联和街道办在这方面积累了丰富的经验，在态度方面，更加容易被残疾人所接受。

其次，街道办和残联是政府部门中和残疾人日常接触最频繁的部门，残疾人对其产生了心理依赖，在情感方面，已经把他们视为自己的家人。当生活中遇到困难，无法在家庭范围内解决时，他们第一反应是向残联的工作人员或向街道办反映。长期的行为接触转化成为思想的依赖，他们愿意并能够听取他们的问题和建议，更乐于帮助他们走出困境。

最后，残疾人更加认同残联和街道办工作，除个人感情因素以外，也与工作人员的工作态度有关。在52份有效问卷中，当问及"您对残联工作满意度"时，回答满意的为50份，所占比例为96.2%；而对街道办的满意人数为48人，所占比例为92.3%。可见在残疾人心目中，残联和街道办占据着多么重要的位置。并不是说，其他政府部门在残疾人服务中没有发挥到应有的作用,他们的工作是值得肯定的,之所以没有得到残疾人的认可,除工作方法和态度之外,主要因为其他政府部门的残疾人服务最终是交由残联和街道办来落实和完成的。残疾人是从街道办和残联那里获取了资助,就会名正言顺地认为就是他们提供了服务,从某种意义上讲,民政和社保部门更像是幕后英雄。

二 残疾人社区服务与经济部门

社区内的企业在实现经济效益的同时,还必须承担社会责任,要对社区成员负责,有义务参与社区建设和社区服务。就残疾人社区服务而言,他们除为残疾人提供就业之外,还可以参与残疾人社区医疗保健服务和为残疾人志愿服务等。残疾人主要就业场所是企业,问卷中的"您对社区市场部门工作满意度"的52份回收问卷中,回答满意的有25人,占总人数的50%;回答一般的有15人,占28.9%,有10人回答不满意,占19.2%。由此可见,企业在残疾人社区服务中起到了很大的作用,特别是在残疾人就业和年关、节日的残疾人帮扶中发挥了巨大的作用。

企业利用闲置的医疗资源,服务社区残疾人,既减轻了企业的负担,提高了企业医疗资源的有效利用率,又减少了残疾人的医疗费用开支,方便了残疾人就业,也利于提高社区残疾人的康复水平。

企业参与残疾人社区服务,可以充分体现出企业勇于承担社会责任的慈善意识,向社会传递着优秀的企业文化,用实际行动来展示企业回报社会的理念和决心。社区和社会成员看到并感受到这种奉献精神,对此类产业心怀感激和爱戴,用实际行动来回报企业。企业通过服务社区残疾人和全体居民有利于企业经济利益的实现,能够把社会效益转化为经济效益。

三 残疾人社区服务与社会组织

社会组织在残疾人社区服务中最常见的功能是提供无偿劳务、技术支持、资金支援等。在社会组织的帮助下,残疾人医疗康复、家政服务、扶贫、劳动就业、资金支援等方面都会有很大改善,对于加快改变残疾人现有窘迫的生活状况起到推动作用。在问卷中,对"您对社区志愿者满意度"回答中，"满意"的有 24 人，占问卷人数的 46.2%；"一般"的有 20 人，占总数的 38.5%，不满意的有 8 人，占总人数的 15.2%。与政府部门和企业相比，残疾人对社会组织服务满意度要明显低些。残疾人对社会组织的了解需要一个过程；从另一个角度看，我国社会组织在残疾人社区服务中的作用还没有充分发挥出来，实现社区服务社会化的道路还很漫长。但是社会组织能够有效地弥补政府部门社区服务能力和范围的不足，对其起到有益的补充作用。

社区残疾人的需求是多方面的，既有物质方面的，也有精神方面的，政府部门所提供的多数体现在物质支持方面，社会组织部门所提供的以劳务活动和精神方面为主，经济部门所给予的帮助多数以经济方面为主。只有三方配合，形成社会合力，才能够把社区服务办好，使之更富效率，更具生命力。

第八章　社区服务社会化发展道路

社区服务的兴起是社会经济发展的必然结果，也是社会生活方式转变的产物。新中国成立伊始，计划经济体制保障在人力和资源紧张的情况下，国家集中人、财、物进行社会主义建设，人民的生活水平得到了大幅提高。党的十一届三中全会以后，以经济建设为中心的基本国策的确定，极大地解放了社会生产力。市场经济体制的确立，为生产力发展开拓了更为宽广的道路，推动中国城市化、工业化和现代化的进程。经济体制和政治体制改革的不断深入，使社会结构和人民生活方式发生了巨大的变化。城镇人口不断增长，生活节奏明显加快，社会竞争逐渐加剧，人们需要多样化和多层次性的社会服务以适应社会节奏的变化。人口老龄化加剧，未富先老成为中国社会不争的事实，需要用社区服务来应对人口老龄化；家庭小型化、核心家庭数量增加，家庭的社会保障能力受到严重冲击，人们对社区服务的依赖性愈加强烈，为提高社区居民的生活质量，走社会化服务之路是必然的选择。

第一节　社区服务社会化的含义和理想模式

生产力的发展、物质文化生活水平的提高，导致人们对社区服务需求的不断增加。社区服务内容从原有简单的生活救济扩展到教育、就业、卫生、环境、治安等涉及社会成员生活、工作、社交等所有领域。面对需求日益增加的社区服务，社区服务主体明显没有做好充分的准备。政府部门把社会保障工作作为社区服务的重心，无法满足居民多样化需求。由于传统工作模式的惯性作用,在社区服务对象、服务内容、服务方式上都存在很多不足,难以发挥应有作用;企业是以利益最大化为追求目标的社会经济组织,在计划经济时代,"企业办社会"福利模式使企业背负了沉重的经济负担,企业要发展,就必须摆脱社会包袱,把它交还到社会手中;第三产业主要从事社会服务行业,按照效率原则选择服务对象和服务内容,它们趋于利润高的项目,对于利薄的社区服务业采取避而远之的态度;社会组织是个新兴的社会产物,坚持以非营利性为基本原则,由于数量有限和自身状况限制,在服务对象和服务内容上难以满足社区居民的需求;社区成员的互助行为也只存在以亲缘和地缘关系为基础的社区成员之间,讲求互利性和后期回报,只能解决部分社区成员的服务需求,无法从根本上解决需求矛盾。所以,单一服务主体是无法很好地满足社区服务需求的,需要各服务主体相互合作,取长补短,走社区服务社会化道路是我国社区服务的理想选择。

一 社区服务社会化的含义

社会化是个社会学专业术语,是指个体在与社会的互动过程中,逐渐养成独特的个体和人格,从生物人转变成社会人,并通过社会文化的内化和角色知识的学习,逐渐适应社会生活的过程。[①] 简单而言,社会化就是社会成员对社会规范适应再适应、改造再改造的过程。社区服务"社会化"不是指对社会成员的改变过程,而是公共福利事业的社会化,依靠社会各部门共同合作,齐心合力,把社区服务质量不断提高的结果和过程。社区服务社会化主要含义包括两个方面:一是适应社会需要,既坚持为传统民政对象重点服务,又面向全民,为更多的人排忧解难,扩展服务对象,拓宽服务内容,在消化社会矛盾,优化生活环境,协调人际关系,促进社会发展诸方面发挥更大的作用。二是依靠社会发展,在开辟财源、兴办项目、组建队伍、组织服务诸方面坚持"社会办"和"社会管",使社区服务公共福利事业真正成为全社会的事业,从社会获得能源、获得支持、获得力量,加速

---

① 郑杭生主编:《社会学概论新修》(第三版),人民出版社2003年版,第83页。

其自身发展。①

到目前为止，对于社区服务社会化本质属性讨论还没有形成统一的看法，学术界、政府部门和社区服务参与部门对社区服务社会化的定义大致有两种不同的观点：泛社会化和理想社会化。②

泛社会化是指政府在社区服务中部分承担或不承担责任，用社会化的资源来满足社区居民社区服务。社区服务的管理、经费及设施都通过社会化的办法来解决，即社区服务的管理由社区内单位共同承担，社区服务经费从社会上筹措，社区服务设施依赖于社区内单位的提供或资助等；社区服务社会化的具体行为表现为服务主体、服务对象、资金筹集、服务队伍、管理的社会化。③泛社会化的关键点是，社区服务的主体是政府之外的社会组织或个人，把政府部门排除在服务主体之外。服务主体可以是社会部门的社会组织，也可以是以营利为目的经济部门的企业。泛社会化理论在学界和政府部门都有一定数量的拥护者，他们对这种观点持赞成意见，认为社会化社区服务是在我国经济发展程度较低的状况下，政府经济财力困难时推进社区服务的一种过渡办法，或权宜之计。④

理想社会化是把非政府组织的社会部门作为社区服务的提供主体，志愿者在社区服务中发挥主导作用，现由政府部门为最主要服务提供者转变为非营利性社会组织为主要服务提供者，充分发挥社会部门在服务中的核心作用。一个没有政府背景的社区非营利机构，在社区中更有可能发挥其凝聚力，社会资源将更愿意进入这样一个机构。社会资源的聚集本身就代表社会力量，因此，非政府的社区非营利服

---

① 李振邦：《浅谈社区服务社会化的途径》，《学术交流》1995 年第 1 期。

② 王健：《社区服务社会化体系建设研究》，四川出版集团巴蜀书社 2008 年版，第 192 页。

③ 罗萍：《略论社会转型呼吁社区服务发展》，《武汉大学学报》（社会科学版）1995 年第 5 期。

④ 刘祖云：《香港与武汉：城市社区服务比较》，《华中师范大学学报》2000 年第 1 期。

务机构在理论上可能成为社区的一种凝聚力。①理想社会化观点并不否认政府在社区服务中的作用，也注重其在现阶段的功能，比如在社区服务经费提供方面，政府依然是最重要的出资人，政府最大出资人的身份不能否定。但是，在具体服务的提供方式和服务内容方面，政府则应该把具体事务交由社会组织来完成，其只承担监督者角色。

上述两种观点都有其合理之处，但也存在明显缺陷。泛社会化看到现有社区服务效率低下的症结所在：政府在服务内容上包揽一切，缺乏必要的监督，以政府政治利益为根本出发点，注重形式，忽视内容。所以，在对社区服务主体的设计方面就把政府部门排斥在外，把社区服务视为市场化、产业化过程，忽视或故意解脱政府的职责，这不符合社区服务的本质要求，不符合中国现有社会经济发展水平和现实状况，此模式下的社区服务是无法长久发展的。事实表明，即使在发达国家，脱离政府支持的社区社会化服务是行不通的，注定要失败。理想社会化观点看到了政府在资金资助方面的作用，强调在具体服务方式和内容上政府部门不应该"一家独大"。实际上，在突出非营利组织在社区服务中的作用方面，受国外社区服务成功经验的影响和启发。从理论性上讲，把社区服务交由社会承担的思路是正确的，但它同样忽略了中国的现有国情，社会经济发展水平不高、社会组织的发展还处在初级阶段、人们的志愿服务意识不强等。

针对我国具体国情，政府职能部门已经认识到泛社会化和理想社会化的弊端和不足。2006年国务院颁布了第14号文件，即《国务院关于加强和改进社区服务工作的意见》，要求在社区服务过程中注重社区服务的公益性和福利性，突出政府在社区服务中的主导地位。"发挥政府、社区居委会、民间组织、驻社区单位、企业和个人在社区服务中的作用，政府提供公共服务，鼓励、支持社区居民和社会力量参与社区服务。"提出社区服务社会化的思路和指导思想。按照国务院文件精神，我国社区服务要坚持政府的主导地位，要求社区居委

---

① 杨团主编：《非营利机构评估——上海罗山市民会馆个案研究》，华夏出版社2001年版，第67页。

会、民间组织、驻社区单位、企业和个人能够共同参与到社区建设和社区服务中来，整合社会资源，提高社区服务的质量和效率，为社区居民提供更加优质周到的服务内容，满足居民多样化、多层次的服务需求。按照上述观点，我们可以对社区服务社会化的含义做简单概括，其含义体现在以下三个层次：第一层的社会化是指服务对象要涵盖社区中的每一个社会成员，不再仅限于社会弱势群体，而是为全体社区成员提供服务；第二层的社会化是服务内容的社会化，不仅要提供物质帮助，而且要满足居民的精神文化需求，为居民社会生活提供全方位服务；第三层的社会化是指服务主体的社会多元化构成，包括政府部门、社会组织、驻社区单位、居委会、企业和社区居民，他们通力合作，共同提供社区服务。

二　社会服务社会化的理想模式

社区服务的理想模式就是能够充分调动多元服务主体的积极性，使各服务部门协调合作，为社区居民提供优质服务，提高社区服务的效率。理想模式服务主体包括四个方面：一是政府部门，是维护社会稳定与和谐的关键部门，在社区服务中起主导作用，是社区服务最重要的支撑力量，能够对市场部门加以监督和管理，对社会组织加以方向指导和政策导向，为居民提供合适的服务内容，发挥出领导者、指导者、监督者和服务者的职能。二是市场部门，是社区服务主要提供者之一，在经营策略上较为灵活地依据居民需要，适时调整服务范围和服务内容，依据需要原则满足社区居民的实际需求。市场部门是以质量和效用来获取居民信任的，竞争性促使其在提供社区服务过程中要特别注意服务的质量和效率，能够充分体现出激励因素成分，利于资源的优化配置。三是社会组织，其主要特征在于公益性和非营利性，能够为社区居民提供无偿或低偿服务。志愿者是社会组织最主要的支撑力量，他们能够为社区居民特别是社会弱势群体提供免费的服务项目。通过志愿服务，在居民中产生社会影响力，在基层组织建立草根民间自治组织，自下而上地为居民提供全方位的服务。同时，社会组织能够对政府部门和市场部门加以有效的监督和力量制衡作用，有益于在社会最底层实现政治民主，实现居民自治。四是社区居民，社区居民是社区服务的享受者，一切的服务内容都是依据居民需求来确定，既是社区服务的起点，又是社区服务的终点。同时，居民又是社区服务的参与者和提供者。一方面，可以向政府部门提出服务需求的请求，向政府寻求资源，也能够以此为依据对政府部门加以监督；向市场部门购买服务项目，对服务加以评价，促使市场部门改进工作方法；接受社会组织的帮助和服务，借助于邻里活动，推动社会组织的发展壮大。另一方面，社区居民能够在社区服务中起到有益的补充作用，在政府部门、市场部门和社会组织的帮助下，居民的自我服务能力和意识不断增强，从被动的被服务者转化为主动的服务提供者。利用邻里间的便利性特点，互帮互助，最终成为社区服务不容忽视的社会力量。

在现有社会发展水平和经济发展水平不高的状况下，理想的社区服务运行机制模式是：在政府的倡导和扶持下，为提高社区居民的生活质量，增进社区公共福利水平，以市场主体和社会组织运行主体，以社区成员的自助互助参与为基础，利用社区内外的资源，开展各种以福利性、公益性和互助性为主，以经营性为辅的社区服务。[1]

社区服务经费紧张，社区服务质量不高是不争的事实，应该倡导以政府为主要出资人，动员社会力量合作参与，提供无偿、低偿和有偿的社区服务。除政府资助之外，还要动员社会集资、民间捐助相结合，多方位地筹集服务所需资金，特别要注重通过有偿服务途径来筹集所需资金。社区服务不排除营利性，如果有偿服务的资金是为了增强社区服务能力，实现服务资金的自我积累，最终仍用于社区服务，那么，有偿服务就没有偏离公益性的目标和本质。

在传统政府管理理念的支配下，我国社区服务的主体是政府部门，随着新公共管理理论的引入，市场部门被人们纳入社区服务的视野之中，公民社会理论引导人们来思考社会组织对社区服务的贡献和作用。在上述理想模型中的政府部门、市场部门和社会部门在社区服务中的作用是不同的，有主次之分。随着我国社会经济的不断发展和

---

[1] 沈千帆主编：《北京市社区公共服务研究》，北京大学出版社2011年版，第195页。

人们的思想观念的不断变化，对将来社区服务的发展趋势而言，会出现政府部门的监控能力逐渐淡化，社会组织在社区服务中的地位和作用越来越重要。

不同部门所提供的产品和服务的性质会有所不同，当然也有各自不同的优势和不足，必然会导致政府部门、市场部门和社会部门在职能作用上的差异，表现为在先后出现顺序上的不同。即我们通常所关注的排序为政府、市场和社会组织。政府公共部门的公共产品外部性、"搭便车"现象以及信息的不对称性的出现，以及理性经济人在市场经济活动中所遭遇的市场失灵，必然引发政府干预，对市场行为加以调整。但这种干预行为又会产生新的不良后果寻租行为，以及提供公共产品和服务的低效率性和严重浪费现象，即所谓的"政府失灵"。为了有效应付政府的失灵行为，社会部门就必须弥补政府或市场的不足，提供更加高效、更加经济的产品和服务。社会部门有两个明显的特点：一是具有政府职能部门提供公共物品和服务的功能；二是引用市场组织的运行模式，注重效率和实际效果。可见，社会部门参与社区服务既可以克服政府的低效性，又可以弥补市场部门的利益最大化的经营性弊端。从长远来看，社会组织参与社区服务是社会发展的必然趋势。

第二节　社区服务社会化的具体内容

社区服务社会化体现在服务对象、服务主体、服务内容、服务资金和服务专业化五个方面，具体而言，多元化和专业化是社会化的本质要求和基本特征。

一　服务对象多元化

我国社区服务是经济体制改革、社会快速转型、市场化、城市化的发展结果。20世纪70年代末，我国确立实行改革开放的基本国策，实施经济体制改革，开始从计划经济体制向市场经济体制转变，社会生产力得到解放，人民生活水平有了飞速提高。人们对在只有少数人享受体制内社会福利的状况表现出不满情绪，需要借助体制改革，让全体社会成员共同享受社会福利。党和政府也深刻地意识到这一点，从90年代初开始，政府就着力加强社区建设和社区服务的扶持力度，把少数社会弱势群体纳入政府部门的工作重点，这一阶段的社区服务对象主要包括社区残疾人、低收入人群、下岗职工和孤寡老人和孤儿等。社会成员对社会服务的需求愿望也越发强烈，社会主要矛盾是经济发展水平和社会服务水平的不协调，很多社会问题在社会生活中凸显出来，贫富差异、看病难、就医难、入学难、环境恶化等成为困扰社会发展和影响人民生活的障碍性因子。经济进步和社会发展的矛盾也成为政府关注的重点，人们对于社区服务的需求不断增加，社区服务的对象从狭窄的民政救济扩张为全体社区居民。此外，随着户籍制度改革深入开展，人口流动性增大，城市外来人口和农民工问题也受到了人们的关注，加强流动人口管理，为他们提供社区服务也成为社区服务内容之一。

社区服务对象的多元化与政府服务理念的变化密切相关。随着国家经济实力的增强，政府对民生问题也愈加关注，改善民生成为执政党合法性的重要依据。在"补缺型"福利观念的影响下，政府把社会福利的责任交由社会成员自行解决，主要依靠对象是家庭、家族或地缘关系的邻居，政府社会保障的对象仅限于特困群众，只能保障其低水平的生存。保障范围狭窄和保障水平低下除与福利理念有关外，更与中国政府的经济发展水平有关。随着中国经济的快速前进，综合国力得到大幅提高，社会保障的范围和保障水平也发生了可喜变化，政府的福利观念从"补缺型"向"普惠性"转变，政府在公共服务的具体内容、服务形式和服务水平上都不断得以提高和完善，服务范围不断扩展。所以，我国社区服务的服务对象多元化是经济进步和社会发展的必然结果，服务对象从政府民政对象逐渐扩充为全体社区居民、外来人口，覆盖社区居住的每一位居民。

二 服务内容多样化

社区服务的内容与服务对象的范围大小、服务水平的高低有着必然关联。服务对象覆盖全体社会成员，就需针对不同人群的特殊需求，提供相应多样化的服务内容；在服务水平不高的状态下，社会服务只能保障居民的基本生活，服务内容表现为衣食住行相关的物质帮助，服务水平提高使服务内容从简单的"能够活下来"演化为"有尊严的生活"，引起服务内容的变化。

我国社会福利是以社会救济为主要内容的民政福利服务为起点，扩展到公益性服务和便民性服务等更宽泛的范围。服务内容包括：社区救济服务、社区服务业、社区社会保障服务、社区文化服务、社区体育服务、社区教育服务、社区就业服务、服务治安服务、社区环境服务、社区计生服务、社区流动人口服务等涉及社区居民的生活、工作、医疗、出行等各种问题。在具体服务形式上，既有政府部门的职能服务、居委会的自治服务，也包括社会组织的志愿服务、企业的经济服务，以及社区居民的自助服务，服务内容涉及社区居民的物质和精神文明生活方面，既包含物质帮助，也包括劳务服务，能够较好地满足居民多层次、多样化的需求。

三 服务主体社会化

社会主义市场经济体制的确立，标志着计划经济体制退出历史舞台，市场成为资源配置的主要方式，起基础性作用。经济体制改革带来了利益格局的变化，社会阶级和阶层结构发生了变化，新的利益群体不断出现，不同利益集团有着不同的利益需求和利益表达方式。在社区服务方面，社区居民对社区服务需求不同，依靠政府提供社区服务的单一模式无法满足居民多样化需要，服务主体多元化是社会发展的必然要求。所谓服务主体社会化是从政府提供社区服务的唯一主体状况演变成为政府、企业、社会组织、社区居民共同参与的多元化服务主体的过程。不同的服务项目交由不同的主体来完成：福利性质的救济项目主要由政府提供或政府出资向社会购买服务的方式来完成，避免效率低下和缺乏监督状况的发生；市场化的社区服务项目应该交由市场部门或社会组织来负责，实行低偿或有偿服务，采取政府、企业、社会组织及社区居民相互合作、相互监督、共同提高服务质量，为居民满意的服务项目。

社区服务最终是靠服务人员来完成的，包括各级职业服务人员和社区志愿者。专职服务人员包括社区服务中心的工作人员、政府出资购买的社区服务工作者。他们所能够提供的服务机构主要包括社区服务中心、老年公寓、残疾人阳光中心、残疾人专业康复机构、社区卫生服务中心、家政服务中心、社区治安派出所等。就目前专职人员的构成状况来看，人员的数量规模不断增加，服务范围不断扩展，但服务质量不高，服务人员的整体素质偏低，无法满足社区居民多层次性需求。须提高社区专职人员的素质，一方面要提高他们的工资待遇，建议实行事业单位待遇、企业编制的方式，解除他们物质生活的后顾之忧；另一方面在制度上下功夫，制定社区服务专职人员工作条例，建立并完善工作人员的管理机制和奖惩制度。对现有工作人员实行必要的专业知识培训，鼓励在职人员参加职业资格考试，把证书和实际业绩共同作为考核或职位提升的依据。引进社会人才，向社会招募知识层次高、具有专业技能的大学毕业生充实到社区服务队伍中来。

社区志愿者是社区服务的主要补充力量，随着社会发展，社区志愿者服务在社区服务中的作用会越来越重要。社区志愿者是最草根的服务队伍，他们具有天生亲民性特点，是发扬社区民主、培养居民自治意识的重要载体，是社区服务可持续发展的主要依靠力量。社区志愿者来自社会组织、社区企业或社区居民，能够满足社区居民特殊的服务需要。其服务方式各具特色，具有灵活性和全面性特征，针对不同的服务对象采用不同的服务方式：可以是"结对子"服务，为老年人、孤儿或残疾人提供一对一服务；可以是互助服务，服务对象之间相互帮助，充当着服务者和被服务者的双重身份；可以是单项服务，对弱势群体提供专项服务。

四 服务资金社会化

社区服务资金的多元化是服务质量的重要保障。政府为社区居民提供服务资金是政府职能所在，政府的资金投入是顺利开展社区服务的前提。除政府资助外，还应该采取社会化的集资方式，通过社会集资、个人捐赠、服务收费等多种方式来弥补现有社区服务资金不足的困境。同时，在募集资金时，提高资金的募集和使用的透明度，建立制度完善的监督机制，提高社会力量参与社区服务资金捐赠的积极性。

首先，要明确政府在社区服务资金投入的主体地位。社区服务所需资金投入体制应采取政府投入为主体，社会化投入为补充，鼓励多元服务主体共同合作的多层次、多途径融入各方资金的融资模式。从我国社区服务的资金来源看，政府投入占总资金量的30%（不包括基础设施投入），与发达国家的50%的水平相比还有很大差距。而且，政府对社区服务资金的投入上具有明显随意性，很多地方政府没有把社区服务资金纳入政府年度财政预算，资金投入量无法得到政策保障。同时，与地方政府行政首脑的个人"爱好"有关，资金投入量的不确定性，影响了社区服务项目的设施，使原有工作计划无法顺利进行。所以，在政府主导地位无法动摇、资金投入量不高的情况下，要从制度入手，保障政府资金投入的数量并确保及时到位。一方面，要求各地方政府在年度预算中，对社区服务的资金做专门财政预算，用于社区基层建设设施的完善、社区服务经费开支和社区服务活动费用。另一方面，加强对政府社区服务经费的监管力度，保证资金的专款专用，防止政府截留和挪作他用；加强对社区服务资金用途的监管，防止资金浪费，保证其实际使用效果。

其次，拓宽社区服务的资金融入渠道，成立专门的社区服务发展基金，形成政府投入为主导，社会各界共同支援，社区服务有偿收费为补充的资金筹集机制，构建常规化、制度化的资金筹集体系。改变社区服务资金过于单一局面，形成资金来源多方面的资金筹集局面，增加社区服务的供给能力，提升服务质量，满足居民不断增长的物质文化的社区服务需求。对社会资金的利用和监督要实行经济原则和效用原则，在保证社区服务公益性和福利性的基础上，实行有偿使用，提高资金的有效利用率，推动社区服务的顺利进行。一方面，放宽对企业捐赠活动的税收范围，凡符合捐赠活动的资金都实行税前扣除或抵税等优费政策，鼓励企业社会捐助的积极性；另一方面，宣传和动员社会力量加入社区服务中来，鼓励社会各界以资金、技术、场所、劳务、信息等各种形式参与社区服务，引导社会力量对社会福利项目的投入。

五 社区服务专业化

专业化是一个内涵丰富的概念，不同学科对这一概念的界定会有所不同，同一学科的界定也有很大出入。此处的社会化包括三个层次的含义：一是职业技能的专业化，突出在技术操作层面，从事社区服务的工作人员要经过职业训练，获取与社区服务相关的从业资格，在职业道德方面达到社区服务的基本要求，在全面考核后，才允许其上岗，开展与社区服务相关的业务。这种要求在经济发达的地方较为适用，在丰厚的物质利益得到保障的情况下，严格要求是服务质量的主要保证；对于欠发达地区，无法获取优厚物质报酬的情况下，专业化要求就应该宽松一点。总之，技能专业化是社区服务的必然趋势。二是职业专业化，突出在工作岗位层面，社区服务业作为一个独立运行社会行业而存在，是人的一种谋生手段，通过服务过程的付出，能够获得劳动报酬，这一报酬足以满足服务者的社会生活需要。即社会服务行业和政府部门和企业一样，能够为社会成员提供就业机会，并获取足够的劳动报酬。三是理念专业化，是最高层次专业化的内涵。志愿服务是社区服务的核心理念，其实质是不计个人得失的志愿者为其他社会成员自愿提供劳务和物质资助，帮助处于困境的社会弱势群体，帮助他们渡过难关，过上正常的社会生活，平等分享社会发展的物质文化财富。

社区服务专业化是社区服务发展的必然要求，也是社会发展的必然趋势，体现出以人为本的社会理念。社区服务要获得进一步的发展就必须实现社会化和专业化，只有坚持志愿服务理念，实行职业化操作，才能够把社区服务的理念和所渗透的奉献精神传递到每一位社区居民，社区服务才能得到他们的广泛支持和积极参与，社会社区服务实现满足居民需求的设置目的。

第三节 社区服务社会化所要重点解决的问题

一 社区社会化服务所面临的主要问题及对策

2002年1月，武汉市确立了"社区建设'883行动'计划"，在市党委政府的领导下，取得了显著成绩。在坚持以"'就业和社会保障、城市建设和管理、社会治安综合治理、综合服务社会化'到社区"的"四到社区"为主要内容，重点解决了"民生""民居""民安""民需"问题，经过10年的不懈努力，武汉市社区面貌发生了翻天覆地的变化。总结武汉市社区建设的成功经验，可以概括为四个方面：一是以"民需"为基础，落实关乎民生的"四到社区"的建设目标，居民的社区生活环境和工作环境都有了明显改观，人们对社区生活的满意度提高了，增加了对社区的归属感。二是确立了以社区居民自治为实施手段，把社区建设和社区服务交由社区居民自行管理，充分体现出社区居民主人翁的责任感。三是转化政府职能，把政府工作重点放在居民的实惠获得方面，加强政府依法行政的力度，推进政府部门的工作重心下移，改变高高在上、发号施令的工作态度，把政府工作延伸到社区服务工作之中。四是确立群众是检验工作效率的唯一准则，把群众满意度作为检验社区建设和社区服务成绩的唯一标准，根据居民需要，因地制宜地出台政策，解决好与居民生活密切相关的问题和矛盾。

但是，我们也应看到社区服务现有水平、服务内容和服务效率和居民的需求之间还有着较大差距，在服务过程中出现很多问题，成为制约社区服务社会化发展的障碍性因素。

(一) 思想认识不到位

与时俱进、开拓创新是政府官员的必备素质。就社区服务而言，一些地方党政部门领导观念还停留在计划经济时代的居委会模式上，对社区建设和社区服务的重要性认识不够，没有把社区服务和构建社会主义和谐社会紧密联系在一起，缺乏社区服务的紧迫感和责任心；有些人受到市场经济的影响，片面追求社区服务营利性，忽视了社区社会化服务的福利性和公益性本质，把社区社会化服务当作产业来抓，过于注重依靠市场对社区服务的调节作用，把企业和社会力量当成社区服务社会化的主导力量，忽略了政府在社会化服务中的职能和作用。由于思想观念的偏差和对社会化社区服务不理解，没有把社区问题作为政府部门的重要工作任务，导致在具体方法上缺乏创新，因循守旧，本是利国利民的好事，却无法得到居民的认可。有些政府部门认识到社区服务的重要性，但出于政绩因素考虑，抓重点工程和面子工程建设，忽视了社区建设的整体推进，大搞形式主义，带来了有限资金和物质的重复投入，导致社会资源的严重浪费。

加大对领导干部的培训，把对部门领导培训作为一种长期机制，利用行政党校，专业技能学习等形式，提高部门领导对社区服务重要性的认识。不同政府部门人员变动是正常的，如何保证在换届后保持政策的延续性，是政府所要解决的问题，就涉及制度建设问题。把社会化建设作为一项日常事务来抓，关乎民生的问题永远是大问题，民生问题解决得不好，会引发出更大的社会矛盾，演变成群体性事件，引发社会动荡。所以，要从制度建设高度来规范政府在社区社会化服务中职责，在年度政府预算中，对社区服务和社区建设加以专门性的资金规划，制订社区服务长远规划目标，向社会公布并接受社会的监督。

（二）服务管理不到位

社会化社区服务要求政府部门、社会组织和市场部门相互配合和通力合作，具体内容包括社区公共服务和社区商业服务，再细化为社区文化、社区教育、社区卫生、社区物管、社区救济、社区就业、社区治安、社区环境等。不同服务项目由不同政府部门来落实，但由于政府部门间关系还没有彻底理顺，导致管理的缺位和越位现象频现，管理空白和重复投入现象严重。此外，由于企业和社会组织的参与，使原本较为复杂的管理格局更加错综复杂，部门间关系沟通，哪个部门应该作为主要的协调机构，与其他政府部门该保持怎样的关系，如何避免服务缺位和错位现象等，这些问题都有待于进一步探索。

对于政府部门间的管理错位和越位现象，要协调各部门间关系，加强部门间合作的默契性，民政、教育、卫生、环保、社保等部门要通过沟通方式，使其他部门知晓本部门在社区服务中所承担的任务和项目运行状况。一方面能够得到相关部门的配合与支持；另一方面防止相似项目的重复建设，避免资源无谓的浪费。在协调政府部门、社会组织和市场部门关系方面，充分发挥好社区居委会的协调作用，居委会对本社区的社会化服务情况最为了解，能够较好地分配好各服务主体间服务范围和内容，成为三大部门间的联系纽带，避免服务空白和服务重叠，让有限的社会化服务资源得到合理配置。

（三）财政投入不足，社区设施不完备

政府部门承担着多项服务社区居民的公共服务职能，是政府权力下放的重要举措之一，政府就成为社区服务理所当然的投入主体。政府部门所面临任务繁多、资金状况紧张的窘境，实行财政分层承担的措施，即市政府投入部分资金、区政府也投入部分资金、街道办再投入部分资金。从表面上看，似乎合情合理，解决了现有财政不足问题。但是，在实际操作过程中，街道办所要求投入的资金却很难到位，采取挪用方式确保其账面资金的到位。在具体服务项目设施和服务方式上，采取打折方式来掩盖街道资金缺失的现实，导致社区服务设施的偷工减料，服务内容质量水平低下，原本惠民的民生工程却因为某一方的财力问题变成了形式主义工程。

街道办作为"两级政府、三级管理"的城市管理模式的第三级管理部门，缺乏财政资金的筹措能力，无法实现政府配套资金的供给任务。为了保证建设项目的质量和能够顺利进行，避免因街道办资金问题影响社区服务的质量，有下列方法可供参考。一是减少或消除街道办配套资金的投入，作为政府部门的最低一层的行政部门，在财政税收方面没有具体的实权，其行政开支几乎完全依靠上级部门的财政拨款，让其拿出资金来援建社区服务项目是不现实的。二是赋予街道办税收权限，在地税收入方面给予其自主权，有权对辖区的企业、市场经营部门收取管理费用和其他税收项目。三是采取市场运作的方式来弥补资金缺口，让有出资能力的企业或个人参与社区服务项目的投资建设，在项目运营过程中，实行有偿服务方式来归还前期垫付资金，但要特别注意是部分项目的有偿服务，防止违背社区服务的公益性和福利性。

（四）社会参与度不高

社区服务社会化要求打破政府"一家独大"的局面，既可以减少政府的财政负担，又可以吸收社会资金和服务，还有利于对政府部门的监管和督促。但是，我国社会化服务还处在初步发展阶段，社会志愿服务队伍还是以大中专学生为主体，具有很强的流动性，且人员组成结构单一、实践能力较弱等特点。他们在社区服务中所起到的作用非常有限，服务项目狭窄、具体业务不够熟练等问题在服务中充分体现出来，影响到社会化社区服务的效果。社会服务的中介组织所能够提供的服务项目多限于文艺体育活动，缺乏长期规划，无法为社区居民提供专业化、多领域的服务。群众性社区自发组织在社区服务中的作用也十分有限，多集中于邻里间的互助行为或共同爱好者间的文化交流，在社区服务中起到局部性帮扶作用。由于社区居民缺乏对社会组织的深入认识和了解，他们对社会组织的作用和功能认识比较模糊，参与社会组织的服务活动的热情不高。缺乏社会组织的引导，社区居民就很难形成自发性群众组织，社区服务社会化的效果很差，人们无法感受到社区服务的实惠，居民对社区的认同感和归属感不强，邻里间互助群众性自我服务行为也不多见，社区居民对社区服务参与的积极性不高。

针对社会组织、社区居民对社区服务参与度不高的问题，必须充分发挥出居委会群众性自治组织的中介作用，加大宣传力度，让社区居民对社会组织的作用和功能有较为透彻的了解。让社会组织的社区服务落实到社区居民的身上，使社区居民亲身感受到社会组织的帮扶作用；给社会组织在社区服务足够宽广的活动空间，宣传、动员、鼓励社区居民参与到志愿活动中来。居委会要对群众性组织做好指导、监督、引导，为群众性自发组织的活动提供便利的活动场所和必要的支持，吸引更多的社区居民加入群众组织之中。

二 社区服务社会化所要重点解决的问题

(一) 社区服务社会化发展与政府职能转变的有机结合

社区服务必须坚持党的领导，政府部门起到指导、协调、支持作用，为社区服务创造良好的发展环境，保障社区服务的良性运行。社区服务的本质在于公益性和福利性，政府要避免"独家经营"模式，把转变职能和发展社区服务相结合，把社区服务社会化作为职能转变的突破口，切实履行好服务和指导职能。

一是要根据本地社会经济发展状况，制订出长期发展规划。在社区服务基础设施建设、服务项目、资金供给、人员配置方面等，都要从整体考虑并做长期规划。基础设施是社区服务工作顺利进行的物质保证，在城市整体规划时，政府要充分考虑到社区服务的办公场所，着手规划设计社区公共服务、社区治安、社区文体活动、便民利民服务等公用住房建设及配套设施。在具体服务内容方面，要坚持以社会弱势群体为重点服务对象，要保证他们的基本生活水平，提供各种服务项目，包括社会救济、医疗保险、就业服务等。在完成社区弱势群体服务基础上，要对全体居民提供公共服务。内容涉及居民的衣食住行等各方面，只要是居民所需的，就要在具体内容的设计上充分加以考虑。财政支持是政府主导地位的主要表现形式之一，政府要在年度财政预算中，把社区服务资金纳入预算之中，为社区服务提供资金保障。社区服务专职人员的要求除具有良好的职业道德外，具体业务技能要精湛，必须走职业化道路。加强对现有在职人员的教育培训，向社会招募知识层次高、业务能力强、爱岗敬业的人才充实到社区服务队伍之中。

二是完善社区服务的管理协调机制。社区服务所包含的内容是多样性的，涉及不同的政府职能部门，还需市场部门和社会部门的共同参与。合理协调各方关系，社会服务的效果就好；反之，就无法满足居民需求。建立并完善政府统一领导、民政部门牵头、相关部门配合、社会广泛参与的社区服务管理体制和工作体制。不仅要协调同级部门之间的关系，还要处理好政府部门的上下级关系。在市、区、街三级部门间建立专门的领导协调机构社区服务工作委员会，专门负责社区建设和社区服务工作。社区服务工作委员会的职责是按照政府对社区服务工作的总体规划要求，制订出服务规划、宣传动员、资金筹集、关系协调、落实政策和指导监督等工作。彻底改变社区服务存在的条块分割、多重领导、单项推进的模式，形成体系健全、多方配合、整体推进的良性发展局面。

三是出台社区服务的法规政策，协调社区服务各部门关系。社区服务社会化发展中，涉及诸多部门间的配合问题，包括政府部门、市场部门和社会部门；政府间关系又包括教育、文化、体育、卫生、公安、财政、劳保、建设、环保、计生、司法等政府职能部门。各部门按照自己的职能要求，履行社区服务义务责任。如果缺乏必要的法规依据，就会各自为政，重复和服务空白现象就在所难免，无法顺利完成社会化社区服务的任务。

（二）社区服务社会化发展与基础民主建设相结合

我国的社区服务建设是一项自上而下的发展模式。早在21世纪之初，民政部在社区治理改革意见中就提出了社区居民自治的设想，确立了加强社区自治组织建设的思路，在基层社会中成立城市社区居民委员会或农村村民委员会。随着经济体制改革的顺利推进，国家政治体制改革取得了一定的成就，社区居民自治措施不断得以强化，并把社区服务视为该社区内民生的重大社会建设工程。我国居民自治还处在低层次的发展状态，居民对社区居民自治缺乏充分了解，对社区自治的参与度不高，影响了社区服务社会化建设的顺利开展，也影响了基层民主建设。城市社区的民主建设运动，可以提高居民政治参与的积极性，为城市现代化建设奠定、创造优良的政治基础并营造出良好的政治氛围。以社区服务为出发点，号召更多居民参与社区服务，既可以扩大社区服务队伍，吸纳更多的社会人力资源，又能够推动基础民主建设的进程，实现社区自治。

在社区服务深入开展过程中，更多居民从社区服务中得到各种急需的社会支持和帮助，缓解了社会压力，暂时或永久性摆脱了困境，激发了人们投身到社区服务事业的热情。但是，正如人们对社区服务的理解和支持需要一个漫长的过程一样，居民对社区居民自治的认识也是需要时间过程的，远非一日之功。社区基础民主自治需要政府、社区居委会、社会组织的宣传动员，在居民中产生社会影响力，并借助于居民在民主自治中得到具体实惠，引导社区居民的积极参与。社会各方的共同努力使人民群众理解社区居民自治与自己切身利益相关，不仅仅是一种政治形式，更与人们现实生活状况息息相关；主动自觉参与到社区服务建设，参与到社区民主建设，与政府、社会组织一起推动民主建设，进而形成社区服务合力。

（三）社区服务社会化发展与服务主体合力作用相结合

我国社区服务具有公益性、福利性特征，但不能排除其营利性特点。不同服务主体在参与内容和收益取向上会有所不同，政府是社区服务公益性本质的最重要保证，政府是社区服务设施最主要的投资人，如社区专职人员的工资拨付、服务项目的资金投入等，正是由于政府财政的支持才保障社区服务的福利性和公益性。企业是社区服务市场化运作载体，可以单独设立项目来参与社区服务，也可以通过政府购买服务的方式与政府职能部门合作参与。市场原则是追求利润最大化，企业在参与社区服务过程中的这一原则是不会改变的，在企业的营利性和社区服务的公益性之间寻找一个平衡点，不仅涉及未来社区服务的发展方向，也涉及现实社区服务的质量问题。社会部门志愿活动是我国目前社区服务的重要补充力量，从国际趋势和中国未来发展方向上看，志愿服务将会逐渐增强，会形成以社会组织为主、政府和市场部门为补充的社区服务发展模式。

协调三大部门间的利益，动员社区居民参与社区服务，在保证服务的公益性和适度产业化的原则基础上，为社区居民提供高效优质的服务项目，实现以人为本、服务社区的本质要求。

第九章 结论与展望

一 结论

残疾人是人类社会发展过程中永远相伴的衍生物，中华民族历来就有帮扶救济残疾人的优良文化传统。现代社会物质、文化的发展、政府执政理念的变化、普通群众慈善意识的增强等因素促进了我国残疾人事业的快速发展，使残疾人能够过上快乐、健康、幸福的生活，平等享受社会和经济发展所带来的物质文化发展成果，平等参与社会生活。在构建社会主义和谐社会进程中贡献自己的力量，充分体现了残疾人残而不废、自强不息的精神面貌。社区是残疾人生活所在地，社区建设和社区服务的成果直接涉及社区居民生活水平提高和社会福利享受状况，更与残疾人的生活质量息息相关，残疾人就业、医疗、康复、教育、出行、文化活动、体育活动等一切衣食住行相关活动都与社区服务的发展状况有关。随着社会进步速度的加快，政府对残疾人社区服务投入不断增加，社区残疾人的生活质量和福利享受水平都有了很大的提高。

从社区服务主体构成看，包括政府部门、经济部门、社会部门、居委会、社区居民等，只有在它们之间形成默契，才会形成合力。尽管我国社区服务水平已经有了很大提高，人民群众所能够享受的服务内容相当广泛，社区服务的成就也得到了社区居民的赞誉和认同，受到了国际社会的认可。但是，与国外社区服务相比，无论从服务范围、服务水平、服务获取途径以及市民服务参与度方面都有一定差距。我国现有社区服务发展的突出问题是：政府在社区服务中的主体地位无法动摇，处于"一家独大"的状况；社会部门社区服务的参与范围十分有限、社会组织的服务方式方法还不够成熟、服务目的不是全部出于公益性，而带有一定的功利性；经济部门是以实现经济利益最大化为主要目的，企业在社区服务中的作用主要体现在对社区居民就业支持和社区服务资金支持，在服务内容选择上仍然突出以利润为出发点，多集中于高利润、收益丰厚的服务行业；社区居民的社区服务参与积极性不高，受思想意识的影响，居民对社区服务的参与活动主要表现在对邻里的生活照顾和对亲友的帮扶，突出以血缘和地缘为中心的"差序格局"模式，享受较多社区服务，而主动付出的较少；社区居委会是居民自我管理、自我教育、自我服务、自我监督的基层群众性自治组织，是真正意义上由居民组成的社会组织。但由于体制方面原因，社区居委会在性质上成为半官方半民间的服务机构，在服务方式上突出政府意志，忽视居民需要，偏离了自治性属性。政府在社区服务中的指导地位是无法动摇的，除上述各服务主体都无法独立承担社区服务的责任外，更与政府部门是社区服务的制定者、监督者、最大出资人的身份是分不开的。但是，政府凭借一己之力开展社区建设和社区服务是无法彻底满足社区居民的多样化、多层次性生活需要，也与"小政府、大社会"的理念相背离。

残疾人是社区建设和社区服务最大受益者，社区服务的初衷是为了提高社会福利水平，保障社区弱势群体的社会生活水平。残疾人是最为弱势群体中的弱势者，最容易受到社会风险的冲击，是最少享受社会发展成果的社会群体。残疾人在社会中的地位和社会对残疾人的态度反映了社会思想观念的发展程度，也体现出了政府执政理念是否依据民生原则，成为衡量社会进步和构建社会主义和谐社会成果的重要标准。为了提高残疾人生活质量，必须改变现有社区服务存在的弊端，走社会化的可持续发展道路：服务对象多元化、服务内容多样化、服务主体社会化、服务资金社会化、社区服务专业化。要正确处理好几方面的关系，注重"三个结合"：社区服务社会化发展与政府职能转变的有机结合、社区服务社会化发展与基础民主建设相结合、社区服务社会化发展与服务主体合力作用相结合。

综观全文，可以总结出当前我国残疾人社区服务的几个基本结论。

1. 残疾人社区服务是提高残疾人生活水平主要的保障手

残疾人因身体、心理等方面原因，在与正常人的社会竞争中处于非常不利的弱势地位。尽管残疾人在不断努力，始终坚持发扬自强不息的精神品质，但身心缺陷导致了残疾人在工作就业、教育、出行、就医等方面处于不利地位。残疾人家庭和亲友在残疾人照顾和关怀方面都付出了巨大努力，在他们的帮助下，残疾人的生活状况有了一定程度改善。由于核心家庭数量的不断增多，人口社会流动速度增快，家庭对残疾人保障功能在弱化；另外，政府在积极加强社区服务建设，把残疾人社会照顾的任务逐渐从完全由家庭担负转化为以家庭照顾为主、社会机构照顾为辅的照顾模式。在社会组织发展处于起步阶段、社会力量非常有限的状况下，社会机构照顾也只是停留在经济比较发达地区，对于绝大多数地方而言，社会机构等同于社区残疾人照顾机构。这些机构包括政府创办的养老中心、阳光服务中心、孤残儿童收养机构等，概括而言，依然是社区服务的内容所在。在现有社会生产力不高，社会物质水平比较低下的状况下，我国残疾人生活水平能够获得如此巨大改善，已经是中国政府创造的又一奇迹。中国残联对残疾人生活水平提高和社会权益保障方面起到了积极的推动作用，残联所取得的成就与社区服务的开展是分不开的。以社区服务为平台，开展各项残疾人服务工作，在康复、医疗、预防、就业和入学方面对残疾人加以特殊照顾，保证了残疾人的权益。街道办是连接政府和残疾人的桥梁，负责宣传政府颁布的有关残疾人法规、政策，落实优惠措施；了解社区残疾人生活状况，把残疾人所遇到的问题和困难及时向上级政府职能部门反映，争取在最短时间内解决好残疾人生活难题。其他政府职能部门在残疾人社区服务中都发挥了应有的作用，对残疾人的社会生活水平的提高做出了一定的贡献。总之，社区服务的开展不仅惠及普通社区居民，更给残疾人带来巨大实惠，残疾人的生活状况有了大的改变，精神面貌也得到了一定的提高。

2. 残疾人社区服务是政府的主要职责，政府主导地位依然无法动摇

在目前，政府在残疾人社区服务中的地位和作用是无法替代的。

在国外和中国香港地区，社会组织在社区服务中的作用已经超越政府，其服务范围和服务内容也全面超越了政府。但不能以此为依据，认为中国政府应该从社区服务中退出来，把权力让渡于社会组织。国情不同，社区服务的发展模式就必然会有所差异。中国社区服务是一种自上而下的发展模式，政府是社区服务最主要的推动力量，政府在社区服务的资金投入、项目建设的规划监督、社区服务内容界定方面都起到了重要的作用。残疾人社区服务是在社区建设和社区服务基础上发展起来的，加强对残疾人群体的关注，从残疾人身心特点出发，有针对性地开展服务项目，体现出差异原则。尽管我国慈善事业取得了一些成绩，慈善机构的数量在不断增加，人们的慈善意识不断被唤醒，但社会组织和企业的慈善行为不可能遍及所有残疾人，最为可靠和稳定的方式依然源于残疾人社区服务。慈善组织对服务对象的选取有着某种特殊要求，只有符合条件的残疾人才会被慈善社会组织所关注。而政府开展的社区服务是关注所有社会弱势群体，没有条件限制。此外，政府社区服务对象是全体社会成员，不会因为年龄、文化、种族及语言的不同就区别对待。服务每一位残疾人是政府的职能所在，为残疾人提供各种保险和社会福利，在政策上实行优惠和减免，在确保差异的前提下，强调残疾人在社区服务中享受公平待遇，使残疾人能够公平享受社会发展成果。

3. 残疾人社区服务需要多元化服务主体密切配合，走社会化道路是必然选择

残疾人社区服务是在政府主导下，多家部门共同参与的服务方式。政府部门只是简略的统称，根据职能不同又可分为民政部门、财政部门、人力资源和社会保障部门、残联、街道办等。从社会结构组成看，社区服务部门包括政府部门、社会部门、经济部门、社区居委会、社区成员等。社区服务现有状况是，各部门之间缺乏必要的默契，各自为政，服务缺位和越位现象屡见不鲜。究其原因是没有专门部门负责协调各服务主体之间的关系；从更深层次上讲，是制度因素导致各服务主体缺乏配合。所以，在社区服务多家部门共同参与的状况下，要力求在服务资金、项目设置、主体配合、服务对象调整等方

面入手，走残疾人社区服务社会化道路，具体包括服务对象多样化、服务内容多样化、服务主体社会化、服务资金社会化、社区服务专业化。社会化道路不仅要求在具体实际操作中的默契，更要求在制度方面的相互配合和约束。在涉及残疾人服务内容上做到效率性和人性化相结合，即用最小的社会资源投入获取最大的社会产出；把残疾人作为工作重心，残疾人服务对象是一个个活生生的社会成员，而不是工作个案的材料。

二　展望

残疾人社区服务的发展历程伴随着政府执政理念和社会成员慈善观念的变化过程。我国社区服务发展采用政府主导的发展模式，与世界其他发展中国家的现有服务水平和福利状况比较，中国社区服务取得了非常大的成就，为发展中国家的残疾人社区服务树立了榜样，体现了社会主义制度的优越性，也充分保障了残疾人的生存权和发展权。展望未来，中国残疾人社区服务发展将会出现更加喜人的发展局面。

1. 法律将取代政策法规在社区服务中的指导作用

新中国成立以来我国依法治国取得了巨大成就，用法律来规范人际间的关系成为时代发展的必然趋势。任何一项新兴事物总是要经历从无到有、逐渐强大的发展历程，残疾人社区服务也是如此。从以政府为主导、完全依靠政府力量推动社区服务发展，到社会力量共同参与、构成可合力作用；从依赖政府法规政策约束各服务主体关系，到法律层面的强制力约束，体现出我国社区服务的曲折历程。由于政府出台的政策和法规更重视政府利益、眼前利益和经济效益，往往忽视服务对象利益、长远利益和社会效益，使社区服务偏离了公益性、福利性的本质。要从根本上改变这一现象，就必须从制度出发、从法律入手，依靠国家意志约束政府行为，包括其他服务主体，协调好他们之间的利益关系，让社区居民特别是社会弱势群体得到实实在在的好处。在社区服务中要做到有法可依、有法必依，一切以法律为准绳，避免社区服务中政策依据真空和各自为政现象发生。

2. 政府的主导地位依然存在，但表现形式会有所改变

政府是社区服务最主要的力量，突出了政府的主导地位，具体表现在：政府是资金投入最大的出资人、社区服务的发起者和协调者、社区服务的监督者和服务提供者。社区服务公益性和福利性正是由于政府的强力介入而体现出来。如果没有政府部门的大力支持，社区服务不会有如此之快的发展速度，就会偏离福利性本质。随着社会组织在社会发展中的作用不断扩大以及人们对社会组织的认识的进一步加强，社会组织将会逐步取代政府部门的地位，在社区服务中发挥出越来越重要的作用，这也是社区服务发展总趋势。但不能因此就认定政府会从社区服务领域内全身而退，完全把社区服务的责任交给社会组织和经济部门来完成。政府在社区服务中的主导地位依旧无法改变，但身份要有些许变化，要从前台转向幕后。首先，政府主要出资人的身份不容改变。发达国家的英、美等国的政府社区服务的出资比率占到所需资金的一半，基础性设施和无法营利的社区服务行业，依然依靠政府投入来维持正常运行，离开了政府扶持，依靠社会组织和市场运营，就会改变社区服务的本质属性，不利于弱势群体利益，也违背了政府开展社区服务的初衷。其次，政府部门从管理者转化为服务者。由于社会部门和市场在社区服务中的作用不断显现，政府部门主要职能不仅要充当社区服务的管理者角色，更要转向于服务的提供者。社区服务涉及的内容非常广泛，有极具市场价值的高利润行业、微利行业、无利可图的行业，政府承担社区服务福利性的职责，无利可图的行业的承担者理应是政府，以保障社区服务的公益性属性。最后，政府从前台走向幕后。我们一直在提倡"小政府、大社会"的结构模式，"小政府"要求政府部门管理应该归政府管理的职责，把诸如社区服务的社会职责交还给社会部门来处理。

3. 国际社会组织对中国社区服务的参与热情会空前高涨

中国社区建设和社区服务运动并不是闭门造车式的自我想象，而是在借鉴和学习国外成功的案例和实践经验基础上，依据中国国情所开展的自上而下式的社会建设运动。闭关自守必然落后成为刺激中国实行改革开放的基本动力之源。几十年的改革开放实践使我们深刻领

会到立足中国实际,敢于学习国外先进经验,两者成功结合是社会主义事业不断前进的成功秘诀所在。政府在社区服务方面也大胆借鉴了国外经验,取得了巨大成就。同时,政府立足于中国国情,不断探索总结具有中国特色的社区服务经验,中国经验受到了外国政府和国际社会组织的兴趣和关注。国际社会组织非常关心发展中国家的人民生存状况,也力求利用某些先进经验推广到其他国家和地区,为人类共同美好生活做出贡献。中国社区服务模式对世界上所有国家都有着巨大的吸引力,引发了国际社会组织对中国社区建设和社区服务经验的浓厚兴趣,吸引它们参与到中国社区服务,一方面把中国先进的经验向世界推广,另一方面把国外先进的经验带到中国。国际社会组织参与中国社区服务途径相当宽泛,如资金支持、技术指导、人员培训等。国际社会组织在中国能够参与的社区服务内容有很多,如社区医疗、康复、疾病预防、就业、无障碍实施设计等。社会弱势群体一直是国际社会组织重点关注的对象,国际社会组织在残疾人康复和残疾预防方面积累了丰富的经验,对减少我国残疾发生率和残疾康复将会起到积极推进作用。

残疾人社区服务是涉及中国 8000 多万残疾人幸福生活的大事,也涉及 1/5 家庭的安定幸福。党和政府极其重视残疾人事业发展,并取得了举世瞩目的成就,受到国际社会的高度赞扬,受到国内残疾人的一致称颂。残疾人事业不仅仅是关系到社会弱势群体的事业,也是涉及构建和谐社会的重大社会工程,和睦友好的社会秩序形成要以最底层社会弱势群体为把手和着力点。社会底层安定了,社会发展的根基才会更牢靠,构建伟大社会主义和谐社会的宏伟目标才能最终实现。

附 录

残疾人社区服务现状问卷调查

尊敬的残疾人朋友：

　　本问卷是华中师范大学社会学院对武汉市社区服务过程中有关残疾人社区社会福利和社区服务情况所做的一次书面调查，此次调查的结果将对市级部门制定和完善我市残疾人政策起到一定的推动作用。您的所有信息我们将严格保密，谢谢您的支持与配合！

　　填表说明：本表所填内容为残疾人状况，在备用答案上打钩或填写，若无提示说明，请单选。

一 个人基本情况

1. 性别：1）男；2）女
2. 年龄：1）18岁以下；2）18—25岁；3）26—35岁；4）36—50岁；5）50—60岁；6）60岁以上
3. 婚姻：1）未婚；2）已婚；3）离异；4）丧偶
4. 文化程度：1）小学及以下；2）初中；3）高中、中专；4）大专、本科；5）硕士及以上
5. 残疾时间：1）天生；2）后天
6. 你的残疾类型和残疾程度：1）视力、____级；2）听力____级；3）言语、____级；4肢体、____级；5）智力、____级；6）精神、____级；7）多重
7. 生活自理状况：1）不能自理；2）部分能够自理；3）不能

自理

8. 您是否为低保对象：1）是；2）否

9. 工作状况：1）无工作、待岗、下岗；2）党政机关工作；3）国有企业工作；4）非公有制企业工作；5）自由职业；6）社会组织；7）离退休；8）学生；9）其他

10. 如果你在工作，月平均工资为：1）1000元以下；2）1000—3000元；3）3000—5000元；4）5000元以上

11. 上个月的残疾医疗、康复费用为（____元）（填写）

12. 生活情况：1）独自生活；2）与父母生活；3）与子女生活；4）与兄弟姐妹生活；5）与其他亲戚；6）与邻居、朋友；7）其他

13. 居住情况：1）单位住房；2）自购房；3）租住房；4）无住房；5）其他

二 需求状况

1. 当您有困难时，首先要寻求帮助的是：1）父母、子女；2）兄弟姐妹；3）亲戚、朋友、邻居；4）残联；5）街道办；6）居委会；7）民政部门；8）社会组织（志愿者）；9）工作单位；10）市场经济部门；11）其他_____

2. 您认为最需要的是：1）康复；2）就业；3）维权；4）扶贫；5）医疗；6）社会融合、理解；7）养老；8）教育；9）医疗器械；10）生活服务；11）文体；12）志愿者服务；13）其他

3. 您认为影响残疾人就业的因素是（可多选）：1）缺乏合适的岗位；2）缺乏技能经验；3）行动不便；4）社会歧视；5）不愿工作，家庭可以养活；6）其他原因

4. 您参加过社区举办的康复活动：1）从来没有；2）偶尔；3）经常

5. 您参加过社区组织的哪些培训（可多选）：1）康复；2）就业培训；3）教育培训；4）维权培训；5）文体培训；6）组织建设培训；7）其他

6. 您一共参加过多少次就业培训：1）没有；2）1次；3）2—3次；4）4—5次；5）6次以上

7. 您现在最大的困难是：1）经济问题；2）子女教育；3）康复；4）家庭关系；5）其他

8. 目前为止，您得到最多帮助的组织是：1）残联；2）居委会；3）社会组织；4）街道办；5）民政；6）工作单位；7）市场经济部门；8）其他

三 态度状况

1. 您对残联的了解程度：1）不知道；2）只是听说过，没接触过；3）了解，经常接触

2. 您对残联工作满意度：1）不满意或没接触；2）一般，无所谓；3）满意，可以信赖

3. 您对居委会的了解程度：1）不知道；2）只是听说过，没接触过；3）了解，经常接触

4. 您对居委会工作满意度：1）不满意或没接触；2）一般，无所谓；3）满意，可以信赖

5. 您对街道办的了解程度：1）不知道；2）只是听说过，没接触过；3）了解，经常接触

6. 您对街道办工作满意度：1）不满意或没接触；2）一般，无所谓；3）满意，可以信赖

7. 您对民政部门的了解程度：1）不知道；2）只是听说过，没接触过；3）了解，经常接触

8. 您对民政部门工作满意度：1）不满意或没接触；2）一般，无所谓；3）满意，可以信赖

9. 您对社区志愿者的了解程度：1）不知道；2）只是听说过，没接触过；3）了解，经常接触

10. 您对社区志愿者满意度：1）不满意或没接触；2）一般，无所谓；3）满意，可以信赖

11. 您对社区市场部门的了解程度：1）不知道；2）听说过，没接触过；3）了解，经常接触

12. 您对社区市场部门工作满意度：1）不满意或没接触；2）一般，无所谓；3）满意，可以信赖

13. 你对现在生活状况满意状况：1）不满意；2）比较满意，会慢慢变更好；3）非常满意

耽误了您宝贵的时间，我们深表歉意，再次感谢您的支持！

残疾人社区服务访谈提纲

1. 您生活的主要来源有哪些？

2. 您主要的开支项目有哪些？

3. 您生活在遇到困难时都向哪些人或部门寻求帮助？为什么？

4. 您参加过社区为残疾人举办的活动吗？有哪些活动？

5. 您是否到过残疾人阳光家园？参加过康复、文化、劳动技能培训、娱乐活动吗？

6. 您得到过哪些部门的帮助？怎样想到向他（们）寻求帮助的？

7. 您认为残疾人在社区服务中最需要的服务项目是哪些？为什么？

8. 您现在最大的困难是什么？希望相关部门能够做些什么？

9. 您得到过社区志愿者的服务吗？希望得到哪些方面的服务？

10. 您对现在的生活满意吗？对未来有怎样的想法？

参考文献

一 著作类

安国启等:《中国社区志愿者行动手册》,中国社会出版社 2004 年版。

艾伦·特韦尔维特里:《社区工作》,中国社会出版社 2002 年版。

奥利弗、萨佩:《残疾人社会工作》,中国人民大学出版社 2009 年版。

薄绍晔:《中国残疾儿童现状与需求调查研究》,华夏出版社 2008 年版。

彼得·德鲁克著:《新社会——对工业秩序的剖析》,沈国华译,上海人民出版社 2002 年版。

蔡禾:《城市社会学:理论和视野》,中山大学出版社 2003 年版。

蔡禾、周林刚:《关注弱势:城市残疾人群体研究》,社会科学文献出版社 2008 年版。

陈宪:《社区服务与社区经济》,上海大学出版社 2000 年版。

陈振明等:《"西方马克思主义"的社会政治理论》,中国人民大学出版社 1997 年版。

邓朴方:《人道主义的呼唤》(第一——第三辑),华夏出版社 2006 年版。

丁元竹等:《志愿活动研究》,天津人民出版社 2001 年版。

邓正来:《国家与社会:中国市民社会研究》,四川人民出版社 1997 年版。

方明、王颖:《观察社会的视角——社区概论》,知识出版社 1991 年版。

郭清:《社区健康和谐之路——重大疾病社区预防与控制适宜技术评价研究》,科学出版社 2009 年版。

侯钧生：《西方社会学理论教程》，南开大学出版社2001年版。

侯岩：《中国城市社区服务体系建设研究报告》，中国经济出版社2009年版。

胡代光、周安军：《当代国外学者论市场经济》，商务印书馆1996年版。

贾春增：《外国社会学史》，中国人民大学出版社2000年版。

康少邦、张宁：《城市社会学》，浙江人民出版社1986年版。

卡罗尔、A. K. 巴克霍尔茨：《企业与社会：伦理与利益相关者管理》，机械工业出版社2004年版。

李迎生：《社会工作概论》中国人民大学出版社2004年版。

刘翠霄：《各国残疾人权益保障比较研究》，中国社会科学出版社1994年版。

刘晓英、孙喜斌、刘民：《中国残疾预防对策研究》，华夏出版社2008年版。

刘升平、夏勇：《人权与世界》，人民法院出版社1996年版。

［美］罗伯特·诺齐克：《无政府、国家与乌托邦》，中国社会科学出版社1991年版。

李亚平、吴铎：《1996年YMCA社区服务国际研讨会论文集》，华东师范大学出版社1997年版。

［美］莱斯特·M. 萨拉蒙等著：《全球公民社会：非营利部门视野》，贾西津、魏玉等译，社会科学文献出版社2002年版。

刘连煜：《公司治理与公司社会责任》，中国政法大学出版社2001年版。

卢代富：《企业社会责任的经济学和法学分析》，法律出版社2004年版。

梅云彬：《老年残疾人及其社会支持研究》，武汉理工大学出版社2010年版。

乔治·A. 斯蒂纳、约翰·F. 斯蒂纳著：《企业、政府与社会》，华夏出版社2002年版。

宋林飞：《西方社会学理论》，南京大学出版社1997年版。

史柏年：《社会保障概论》，高等教育出版社 2004 年版。

史柏年：《社会工作实务》（中级），中国社会出版社 2007 年版。

孙秋云、曹志刚：《社区与社会建设八讲》，华中科技大学出版社 2011 年版。

沈千帆主编：《北京市社区公共服务研究》，北京大学出版社 2011 年版。

唐忠新：《现代城市社区建设概论》，上海交通大学出版社 2008 年版。

童泽：《人道主义与残疾人发展》，中国社会出版社 2008 年版。

威·伯恩斯多夫、霍·克诺斯普主编：《国际社会学词典》，王蓉芳译，中国人民大学出版社 1987 年版。

王健：《社区服务社会化体系建设研究》，四川出版集团巴蜀书社 2009 年版。

王巍：《社区治理结构变迁中的国家与社会》，中国社会科学出版社 2009 年版。

向德平：《城市社会学》，高等教育出版社 2005 年版。

徐永祥：《社区工作》，高等教育出版社 2004 年版。

熊斌、董志强：《残疾人力资源开发——一般分析以及基于重庆的实证研究》，四川大学出版社 2002 年版。

杨敏：《社会行动的意义效应》，中国人民大学出版社 2007 年版。

于显洋：《社区概论》，中国人民大学出版社 2006 年版。

杨团主编：《非营利机构评估——上海罗山市民会馆个案研究》，华夏出版社 2001 年版。

郑杭生：《社会学概论新修》（第三版），中国人民大学出版社 2003 年版。

郑杭生：《和谐社区建设的理论与实践：以广州深圳实地调查为例的广东特色分析》，党建读物出版社 2009 年版。

郑杭生、杨敏：《社会互构论：世界眼观下的中国特色社会学理论的新探索——当代中国"个人和社会关系研究"》，中国人民大学出版社 2010 年版。

郑杭生、杨敏：《中国社会转型与社区制度创新：实践结构论及其运用》，北京师范大学出版社 2008 年版。

郑杭生、李迎生：《中国社会学史新编》，高等教育出版社 2007 年版。

郑成功：《社会保障学——理念、制度实践与思辨》，商务印书馆 2000 年版。

郑秉文、何春雷：《社会保障分析导论》，法律出版社 2001 年版。

周弘：《福利的解析——来自欧美的启示》，上海远东出版社 1998 年版。

周林刚：《社会支持与激发权能：以城市残障人福利实践为视角》，社会科学文献出版社 2009 年版。

二　期刊类

崔凤鸣：《推动残疾人融合教育的几个问题》，《教育发展研究》2010 年第 6 期。

陈喜强、刘婵婵：《社区残疾人保障的现状分析与政策建议》，《公共管理学报》2002 年第 12 期。

陈社英：《社区服务讲座》，《中国民政》1988 年第 1 期。

陈雅丽：《城市社区服务供给体系及问题解析——以福利多元主义理论为视角》，《理论导刊》2010 年第 2 期。

陈雅丽：《国外社区服务相关研究综述》，《云南行政学院学报》2007 年第 4 期。

陈茜：《珠海市社区工作者队伍建设问题初探》，《中共珠海市委党校珠海市行政学院学报》2008 年第 3 期。

陈家喜、刘军：《街道办事处：历史变迁与改革趋向》，《城市问题》2002 年第 6 期。

陈晓龙、毛春梅：《对当前街道办事处管理体制改革的构想》，《浙江工商大学学报》2006 年第 2 期。

陈维政、吴继红、任佩瑜：《企业社会绩效评价的利益相关者模式》，《中国工业经济》2002 年第 7 期。

段建军：《引入市场模式：改善社区服务供给的必然选》，《广州广播电视大学学报》2008 年第 1 期。

丁建定：《我国残疾人服务体系的完善对策》，《社会工作》2012 年第

10 期。

郭悠悠、刘林：《残疾人社区康复的历史与现状》，《中国农业大学学报》（社会科学版）2011 年第 1 期。

郭涵业：《提高教师素质、树立新的形象》，《现代特殊教育》1994 年第 6 期。

郭伟和：《社区服务的性质功能和目标之我见》，《中国社会工作》1998 年第 1 期。

高鉴国：《城市公共社区服务的性质与目标》，《泰山学院学报》2003 年第 3 期。

黄剑、曹洪华、唐杰等：《残疾人劳动力空间转移探析》，《西北人口》2008 年第 5 期。

胡湘明：《论中国青年心理健康的社会支持系统》，《青年探究》1996 年第 5 期。

贺寨平：《国外社会支持网研究综述》，《国外社会学》2001 年第 1 期。

黄安心：《关于创新城市社区管理服务的几点重要思考》，《城市观察》2012 年第 2 期。

何炜：《西方政府职能理论的源流分析》，《南京社会科学》1999 年第 7 期。

何永红、刘纬国：《论街道办事处公共服务功能的社会化转变》，《四川行政学院学报》2003 年第 4 期。

胡勇：《街道办事处与社区居民委员会关系探讨》，《中国政治》2003 年第 2 期。

黄震海：《促进我国社会组织发展的若干思考》，《学术界》2011 年第 6 期。

李莉：《残疾人社区康复模式探讨——从社会保障实施社会化的视角》，《河南大学学报》（哲学社会科学版）2007 年第 11 期。

刘同昌：《青岛市城区残疾人就业状况调查》，《人口学刊》2006 年第 1 期。

李荣峰、何绍刚：《促进残疾人就业的社会工作介入路径分析》，《劳动保障世界》2010 年第 11 期。

赖德胜、廖娟、刘伟:《我国残疾人就业及其影响因素分析》,《中国人民大学学报》2008 年第 1 期。

刘在花、刘玉娟:《推进残疾儿童教育公平任重道远——四论残疾儿童教育公平》,《中国特殊教育》2007 年第 2 期。

刘岩华:《试论我国残疾人教育立法的完善与发展》,《中国特殊教育》1998 年第 4 期。

刘继同:《从"个人不幸"到"社区照顾"———中国残疾人福利典范的战略转变》,《唯实》2007 年第 1 期。

林永俱、刘豪兴:《中国社会保障的立法建设问题》,《社会学研究》1994 年第 5 期。

黎光宇:《残疾人犯罪问题及其司法应对》,《江西社会科学》2007 年第 9 期。

罗财喜:《从古代残疾人法律制度审视当今残疾人保障法的完善》,《吉首大学学报》(社会科学版)2005 年第 10 期。

李强:《社会支持与个体心理健康》,《天津社会科学》1998 年第 1 期。

刘伟能:《社区服务的理念、功能和特色》,《中国社会工作》2001 年第 2 期。

刘小敏:《社区信息服务体系有关问题的研究》,《情报科学》2003 年第 4 期。

刘辉:《市场失灵理论及其发展》,《当代经济研究》1998 年第 8 期。

李振邦:《浅谈社区服务社会化的途径》,《学术交流》1995 年第 1 期。

罗萍:《略论社会转型呼吁社区服务发展》,《武汉大学学报》(社会科学版)1995 年第 5 期。

刘祖云:《香港与武汉:城市社区服务比较》,《华中师范大学学报》2000 年第 1 期。

马洪路:《康复机构中的医疗社会工作》,《中国康复理论与实践》2001 年第 4 期。

马廷慧：《成年智障人士康复训练服务的思考与实践》，《中国特殊教育》2004年第6期。

梅运彬、王国英：《残疾人新旧指称语对比研究》，《苏州大学学报》2010年第2期。

钱宁：《从人道主义到公民权利——现代社会福利政治道德观念的历史演变》，《社会学研究》2004年第1期。

孙莹：《如何区分社会工作者与社区工作者》，《中国社会导刊》2007年第14期。

邵敏：《无障碍设施呼叫系统的电气设计方案探讨》，《徐州建筑职业学院学报》2011年第9期。

孙树菡、毛艾琳：《我国残疾人康复需求与供给研究》，《湖南师范大学社会科学学报》2007年第1期。

吴胜利：《残疾人法律援助制度中国家责任的体现》，《法制与社会》2007年第8期。

谭少华、赵万民：《基于双核心模式的城市无障碍环境建设》，《重庆建筑大学学报》2007年第8期。

唐钧：《关于城市社区服务的理论思考》，《中国社会科学》1992年第1期。

唐钧：《当前我国城市社区服务综议》，《社会学研究》1990年第10期。

唐镰：《从就业能力角度探讨政府、企业和人在残疾人就业中的作用》，《教学与研究》2008年第3期。

王明美：《社区建设的中外比较研究》，《江西社会科学》2007年第8期。

吴铎：《社区服务若干理论问题的探讨——内地与香港社会福利发展第四次研讨会观点综述》，《中国社会工作》1997年第6期。

王学义、龙少华：《社区服务与管理：影响因素及实证研究》，《四川行政学院学报》2000年第9期。

王来华：《论城市社区服务的基本特征和社会功能》，《天津社会科学》1991年第5期。

王凌云、张龙：《利益相关者对企业战略成功的影响》，《经济管理》2003年第14期。

向德平：《社区组织行政化：表现、原因及对策分析》，《学海》2006年第3期。

许琳：《残疾人就业难与残疾人就业促进政策的完善》，《西北大学学报》（哲学社会科学版）2010年第1期。

夏学銮：《中国社区服务的内容体系、运行机制和其他》，《社会工作》1998年第1期。

肖安邦：《论社区服务的理念和目标》，《中共陕西省委党校学报》1999年第4期。

徐永祥：《社区服务的本质属性与运行机制》，《华东理工大学学报》（社会科学版）2002年第4期。

徐淳厚：《试论商业企业的社会责任》，《经济纵横》1987年第9期。

谢建社：《推进残疾人服务职业化、专业化转变——以广州为例》，《福建论坛》（人文社会科学版）2008年第10期。

杨敏、郑杭生：《社会互构论：全貌概要和精义探微》，《社会科学研究》2010年第4期。

杨敏、高霖宇：《社会互构论视野下民间力量和社会和谐》，《天津社会科学》2011年第2期。

闫宇豪、李翔：《社会转型期残疾人就业问题探》，《科技情报开发与经济》2007年第5期。

闻加友、申红洪：《论残疾人就业生态化支持系统的建构》，《西北大学学报》2010年第1期。

阎安：《残疾人高等教育发展道路探讨》，《社会工作》2010年第2期。

杨立雄、吴伟：《中国残疾人扶贫政策的演变与评价》，《湖南师范大学学报》2009年第1期。

袁文水：《试论我国残疾人法律保障体系建设》，《法治与社会》2009年第8期。

颜青山：《残疾人事业的伦理学辩护及其限制》，《湖南师范大学社会科学学报》2007年第5期。

袁华音:《社区服务刍议》,《社会科学》1990年第6期。

阎革:《我国城市社区服务的起因、性质和发展趋势》,《广西大学学报》(哲社版)1993年第2期。

杨宜勇:《社区就业:中国城市就业的新增长点》,《北京化工大学学报》(社会科学版)2001年第2期。

郑杭生、杨敏:《社会互构论的提出》,《新华文摘》2003年第11期。

朱晓卫:《关于进一步推进社区建设问题的思考》,《杭州商学院学报》2003年第3期。

张建伟、胡隽:《中国残疾人就业的成就、问题与促进措施》,《人口学刊》2008年第2期。

朱光远:《谈城市无障碍化的建设》,《现代城市研究》2005年第10期。

张圣林:《论残疾人法律援助工作存在的问题与对策》,《中国残疾人》2005年第10期。

郑雄飞:《残疾理念发展及"残疾模式"的剖析与整》,《新疆社科论坛》2009年第1期。

张文宏、阮丹青:《城乡居民的社会支持网》,《社会学研究》1999年第3期。

周业勤:《我国城市社区的理论建构及其实践路径》,《安徽大学学报》(哲学社会科学版)2012年第1期。

张康之:《建立引导型政府职能模式》,《新视野》2000年第1期。

中国残联组联部:《我国残疾人组织发展历程》,《中国残疾人》2009年第11期。

赵琼:《国外企业社会责任理论述评——企业与社会的关系视角》,《广东社会科学》2007年第4期。

周勇、鲁金玉:《企业志愿者活动:实现CSR的一个有效路径》,《企业经济》2011年第3期。

周晓易、胡茜贤:《捐赠是"苦口",还是"良药"?》,《经济观察》2009年第8期。

周春霞:《浅析社会组织与政府关系发展的新特点》,《社会主义研究》2010年第6期。

张建东、高建奕:《西方政府失灵理论综述》,《云南行政学院学报》2000年第5期。

张启强:《布坎南的有限政府论》,《北京科技大学学报》(社会科学版)2007年第1期。

周文林:《中国残疾人状况分析》,《社会学研究》1993年第5期。

赵竹良:《现代化进程中的中国残疾人问题》,《社会科学》1994年第1期。

周文林:《中国残疾人状况分析社会学研究》,《社会学研究》年第5期。

三 外文类

Antonucci, T. C. Social Elations, "An Examination of Social Networks, Social Support, and Sense of Control", In: J. E. Birren & K. W. Schaie, *Handbook of the Psychology of Aging*. San Diego, CA: Academic Press, 2001.

Brent S. Fulston. *Chinese Disability Policies and Teacher Attitudes towards Integrated Education*, PhD. Dissertation, University of Southern California, 1998.

House J. S., Lindis K. R., Umberson D. "Social Relation and Health", *Science*, 1998.

Wellman B., Wortley S., "Different Strokes from Different Folks: Communities and Social Support", *American Journal of Sociology*, 1990.

Fischer C., "To Dwell Among Friends: Personal Network in Town and City", *Russell and Russell*, 1982.

T. R. Batten, *Training for Community Development, A Critical Study of Method*, London: Oxford University Press, 1962.

Delgado, *New Arenas for Community Social Work Practice with Urban Youth*, New York: Columbia University Press, 2000.

UN. Secretary General, *Social Progress through Community Development*,

New York: United Nations Bureau of Social Affairs, 1955.

R. P. Lane, *The Field of Community Organization Preceding of National Conference of Socialwork*, New York: Columbia University, 1939.

Werhane, R. E. Freedman, *The Blackwell Encyclopedic Dictionary of Business Ethic*, USA: Blackwell Business, 1998.

Clarkson, "A Stakeholder Framework for Analyzing and Evaluating Corporate Social Performance", *The Academy of Management Review*, Jan. 1995.

Marsden, *Big Business and the Corporate Citizen—Are They One and Same?* The First National Conference on Corporate Citizenship, Deakin University, 1998.